Inhalt

Enrico Sperfeld — 4
Editorial

I. Themenschwerpunkt: Leistung und Gnade

Johannes Preusker — 11
Die Suche nach den Zeichen. Ein begriffsgeschichtlicher Entwurf über den Zusammenhang von Tod, Gnade und Leistung

Jens Kramer — 17
Die Lust an der Gnade. Biblisch-theologische Betrachtungen

Martin Hähnel — 24
Verdienstlichkeit. Ein Schlüssel zum Verständnis des Verhältnisses von „Leistung" und „Gnade"?

Friedrich Hausen — 38
Die „Moral des Geldes" im Blick einer Antworttheorie moralischer Verpflichtung

Regula Zwahlen — 48
Zur Leistung berufen. Der Mensch in Sergij Bulgakovs Wirtschaftsphilosophie

Ruud Welten — 58
Arbeit, Kapital und Gnosis. Michel Henrys Lesart von Marx

II. Interviews

Reformation, Kapitalismus und Sozialstaat. — 70
Ein Gespräch mit **Margot Käßmann**

Kapitalismus von Gottes Gnaden. — 78
Dirk Kaesler über Max Webers Große Erzählung vom ideengeschichtlichen Zusammenhang zwischen Protestantismus und Kapitalismus

III. Impulse

Julia Schimming — 85
Leistung + Gnade = Vergebung?
Von der Schwierigkeit, sich mit Verrätern zu versöhnen

Sabine Schmidt, Anne Kemper — 92
Arbeitswelt

Idris Nassery — 100
Max Weber, die Scharia und Aspekte islamischer Wirtschaftsethik.
Eine kritische Würdigung der Beobachtungen Max Webers

Stefan Scherbaum, Maja Dshemuchadse — 108
Webers Protestantismusthese und die Wahrnehmung des Individuums.
Ein kognitionspsychologischer Ansatz

Felix Ekardt — 117
Protestantismus, Glück und die Transformationsbedingungen
zur Nachhaltigkeit jenseits des Wachstumsdenkens

IV. Buchbesprechungen

Hanna-Barbara Gerl-Falkovitz — 128
Harald Seuberts magistrales Werk *Zwischen Religion und Vernunft* (2013)

Albrecht Voigt — 134
Glauben zwischen ‚peinlichem Vorfall' und intellektueller Redlichkeit.
Volker Gerhardts *Sinn des Sinns. Versuch über das Göttliche* (2013)
im Spannungsfeld von Glaube und Wissen

Martin Büscher — 136
Sergej Bulgakov, *Philosophie der Wirtschaft –
Die Welt als Wirtschaftsgeschehen* (2014)

Dirk Uffelmann — 139
Steffen Huber, *Einführung in die Geschichte der polnischen Sozialphilosophie. Ausgewählte Probleme aus sechs Jahrhunderten* (2014)

V. Seitenblicke

Beatrix Kersten — 144
Autopoiesis

Alexandra Grüttner-Wilke — 146
Lyrik im Geist der Dialogphilosophie. Gedichte

Sandra-Maria Lernbecher — 148
Ein Fundament für die Zukunft der Menschheit. Tagungsbericht zur Internationalen Konferenz „Edith Steins Herausforderung heutiger Anthropologie", Wien-Heiligenkreuz, 23.–25.10. 2015

Autorinnen und Autoren — 154

BEILAGE: **Anna Maria Martini**, Wirtschaftsethik der Weltreligionen

Work Hard Play Hard.
Bildbeitrag von Carmen Losmann

Die visuelle Illustration des Themenschwerpunkts „Leistung und Gnade" liefern Filmstills aus dem 2011 erschienenen Dokumentarfilm *Work Hard Play Hard* von Carmen Losmann. Die 1978 geborene Filmemacherin studierte an der Kunsthochschule für Medien Köln und wurde für ihren Debütfilm mit zahlreichen Preisen ausgezeichnet, u. a. 2014 mit dem Grimme-Preis. Angeregt durch eine Serie von Selbstmorden, die 2007 die Riege der Entwickler des französischen Automobilherstellers Renault erschütterten, erkundet sie darin eine Arbeitswelt, die den Einzelnen bis ins Mark seines persönlichen Seins fordert und formt.

Kommentarlos und mit klarem Blick werden Menschen unter anderem in ihrem durch die durchgestylte Glätte moderner Unternehmensarchitektur geleiteten Arbeitsalltag mit seinen depersonalized workplaces, nesting zones und coffee corners gezeigt, um den Spagat zwischen konstruktiver Selbstkritik und authentischer Souveränität bemüht vor dem Tribunal eines Assessment Centers und im Outdoor-Teamtraining, das sie in einer befremdlichen Mischung aus erlebnispädagogisch fehlgeleitetem Kindergeburtstag und meditativer Selbsterfahrung unter anderem mit verbundenen Augen in einen unterirdischen Stollen und in die Wipfel eines Föhrenwalds treibt. Die heutige immaterielle Arbeitswelt ist schwer abzubilden. Sie lässt an den Schreibtischen von Marketingabteilungen, Back Offices und Managementhierarchien bei einer nie zuvor dagewesenen Verfügbarkeit, Motivation und Flexibilität der Arbeitenden tagtäglich die Grenzen zwischen Broterwerb, Selbstverwirklichung und Selbstausbeutung ins Fließen geraten. Ihre Parameter und Denkmuster sickern aufgrund der ihr zugeschriebenen ungeheuren Bedeutsamkeit in viele andere Organisations- und Lebensformen ein. Es ist eine Welt, die im Rahmen einer Leistungs-, Effizienz- und Optimierungslogik funktional und folgerichtig erscheint, doch durch den ruhigen Fokus der fragenden Kamera betrachtet eine beklemmende Aura rasenden Stillstands und subtiler, doch nicht minder totalitärer Vereinnahmung der Person ausstrahlt. Der Filmemacherin und der Produktionsfirma HUPE Films als Inhaberin der Bildrechte sei gedankt für die Möglichkeit, die Stills abzudrucken.

Editorial

Verehrte Leserin, verehrter Leser,

kämpfen auch Sie mit den vielfältigen und widersprüchlichen Anforderungen einer leistungsorientierten Welt, deren Credo zufolge man „flexibel", „strukturiert", „belastbar", „effizient", „den eigenen Marktwert steigernd" und „virtuell perfekt" auftreten sollte? Die Wurzeln des neuzeitlichen Arbeitsethos, in dem diese oft überzogenen Anforderungen kulminieren, suchte Max Weber mit seiner *Protestantischen Ethik* wirkmächtig und zugleich äußerst umstritten in der Radikalisierung der reformatorischen These Luthers, dass Gott dem Menschen unabhängig von erbrachten Leistungen Gnade gewähre. Die Spur dieser These lässt sich durch die Kirchen- und Philosophiegeschichte bis in unseren säkularen Alltag verfolgen. Die Fragen, die sich der große Reformator zum Verhältnis von Leistung und Gnade stellte, lesen sich in die heutige Zeit übersetzt etwa so:

- Kann man sich im „Ablasshandel" durch Geld sein späteres Seelenheil erkaufen? → Kann man durch Geld glücklich werden?
- Kann sich der Mensch durch gute Werke vor Gott rechtfertigen? → Muss der Einzelne Leistungen erbringen, um das Recht auf soziale Absicherung durch die Gesellschaft zu erlangen?

Aus Anlass des 500. Jahrestages von Luthers Thesenanschlag hinterfragt das *Journal für Religionsphilosophie* den Zusammenhang von „Leistung" und „Gnade".

Die Autoren reflektieren wirtschaftsethische Positionen der Konfessionen und Religionen oder verfolgen den Ideengehalt des historischen „Rechtfertigungsstreites" protestantischer und katholischer Theologen bis in die sozialphilosophischen Debatten um Arbeitsethos, Kapitalismus und Postwachstumsökonomie hinein. Es zeigt sich, dass im „säkularen Rechtfertigungsstreit" die Begriffe „Anerkennung" und „Glück" an die Stelle des Gnadenbegriffs getreten sind. Unverändert geht es aber noch immer darum, ob sich durch Leistung Heilserwartungen rechtfertigen lassen.

Die Rubrik „Themenschwerpunkt" eröffnet JOHANNES PREUSKER mit einem philosophiehistorisch detaillierten Beitrag über die Vorläufer und Nachfolger der Positionen im Rechtfertigungsstreit. Facettenreich zeichnet er die Entwicklung des Gnadenverständnisses vom Gilgamesch-Mythos über das frühe Judentum, über Paulus, Augustinus (und dessen Lehre von der doppelten Prädestination) und das Mittelalter bis zu Luther und Calvin nach, deren Auffassungen Max Weber später in seine *Protestantismus-Kapitalismus-These* einschließe.

Aus einer Untersuchung der Etymologie und alltagssprachlichen Verwendung des Gnadenbegriffs entwickelt der Theologe JENS KRAMER in seinem an Belegstellen reichen Beitrag wesentliche Aspekte von Gnadenverhältnissen: Erstens seien Gnadenverhältnisse hierarchisch strukturiert, zweitens werde Gnade aus Wohlwollen gewährt, und drittens brauche Gnade weder begründet zu werden, noch könne man sie einklagen. Auf dieser Folie untersucht Kramer das biblische Gnadenverständnis an einer Vielfalt von Textstellen. Die Bibel lege nahe, dass *Gnade* vor allem als Ausdruck der Lust und Freude Gottes an der liebevollen Zuwendung zum Menschen zu verstehen sei. Zudem zeigt Kramer die Gabe-Struktur der Gnade auf, die in den beiden Folgebeiträgen eine entscheidende Rolle spielt und die vorliegende Ausgabe mit dem im Journal Nr. 2 gesetzten Themenschwerpunkt „Gabe, Anerkennung, Alterität" verbindet.

MARTIN HÄHNEL vertieft die Auseinandersetzung um „Leistung und Gnade", indem er den Verdienst-Begriff als Produkt von erbrachter Leistung und geschenkter Gnade einführt. Dadurch macht er den Schnittpunkt nicht nur von Leistung und Gnade, sondern auch von Tugend und Gabe kenntlich, an dem er klassische Gerechtigkeitstheorien von Thomas von Aquin über Luther und Kant bis zu Rawls diskutiert. Mit Blick auf die heutige Zeit sieht Hähnel eine Maßlosigkeit in der Verhältnisbestimmung von Leistung und Gnade. Die von Weber beschriebene *Protestantische Ethik* habe durch die Förderung einer Art „Verdienstnihilismus" möglicherweise zu dieser Maßlosigkeit beigetragen. Im Bemühen um einen Ausgleich müsse sich der Mensch heute fragen lassen, wofür er von Natur aus dankbar sei.

FRIEDRICH HAUSEN macht den Vergleich eines wenig formalisierten, auf persönlichen Beziehungen aufbauenden Wirtschaftssystems mit einer relativ unpersönlichen, möglichst viele Leistungen quantitativ verrechnenden Ökonomie zum Ausgangspunkt seiner Überlegungen. Letzteres System erzeuge eine „Moral des Geldes", die mit der *Antworttheorie der Verpflichtung* ein markantes Gegengewicht erhalte. Moralische Ansprüche erwachsen dieser Theorie zufolge in letzter Konsequenz aus der vorgängigen Gabe lebenswichtiger Güter. Pflichtgemäßes moralisches Handeln wird als angemessene und erwartete Antwort auf diese Gabe verstanden, durch die der Einzelne sich in seiner Gegenwart, Freiheit und Würde erfahre. Die Gemeinschaft der vorgängigen Geber könne gemäß einer *theonomen Ethik* auch bis zu einem göttlichen Wesen zurückverfolgt werden.

Eine äußerst originelle Verbindung von Religion und Wirtschaft wird von REGULA ZWAHLEN referiert, die sich mit Sergij Bulgakov auseinandersetzt (dessen erstmals in deutscher Sprache erschienene *Philosophie der Wirtschaft* in diesem Journal von MARTIN BÜSCHER rezensiert wird), einem Autor, dessen Lebensweg ungewohnte Perspektiven verspricht: Der zwischenzeitlich gemäßigte Marxist und spätere orthodoxe Priester sah zu Beginn des 20. Jahrhunderts in der von Weber beschriebenen innerweltlichen Askese die Chance zur Überwindung der „Weltindifferenz" des orthodoxen Christentums, das aufgrund seiner Lehre von der Gottebenbildlichkeit des Menschen in der Arbeit ein Abbild göttlicher Schöpfung erkennen müsse. So verstanden sei Leistung nicht Bedingung für die Erlösung des Einzelnen, sondern Berufung. Bulgakov vermeide in seiner Vision einer orthodoxen Wirtschaftsethik somit nicht nur die Beförderung eines egoistischen Kapitalismus, sondern auch die Unterstützung eines die Person in ihrer Gottebenbildlichkeit missachtenden Sozialismus.

Auch Ruud Welten rezipiert mit Michel Henry einen Autor, der in der kritischen Auseinandersetzung mit Marx zu einem Wirtschaftsverständnis abseits der gängigen Alternativen Sozialismus und Kapitalismus gelangt. Dem französischen Phänomenologen sei es gelungen, „Arbeit" weder quantitativ noch vergegenständlicht zu beschreiben, sondern über den Begriff der „reinen Arbeit" als lebendige Selbsterfahrung des Menschen und somit – aus christlicher Sicht – als leibliche Erfahrung der Inkarnation göttlicher Gnade. Im Ergebnis zeigen sich bemerkenswerte Gemeinsamkeiten zwischen diesem Arbeitsbegriff eines Bezugsautors der westlich-katholischen Philosophie und der im vorherigen Beitrag diskutierten östlich-orthodoxen Arbeitsbestimmung Bulgakovs.

Die Theologin Margot Kässmann stellt als engagiert-wortgewandte Vertreterin der Evangelischen Kirche Deutschlands im Interview die wirtschaftsethischen Überzeugungen ihrer Kirche in den Zusammenhang mit den Wurzeln protestantischer Glaubensüberzeugungen in der Reformation. Mit ihrer Wertschätzung von Musik, Ritualen, Spiritualität und Kontemplativität macht sie zugleich deutlich, welche Grenzen die lutherische Glaubenspraxis dem neuzeitlichen Arbeitsethos setzt.

Der ausgewiesene Weber-Spezialist Dirk Kaesler vertritt anschließend eine differenzierte Sichtweise auf Max Webers *Die Protestantische Ethik und der Geist des Kapitalismus* und arbeitet die Stärke der Weber-These als *Großer Erzählung* heraus, wodurch sich sowohl ihre „Unwiderlegbarkeit" als auch die berechtigte Kritik an der mangelnden Wissenschaftlichkeit Webers erklären lassen. Kaeslers Einschätzungen werden durch die Vielfalt der Weber-Rezeption der Autoren dieses Journals bestätigt. Während Weber in einigen Artikeln deutlich kritisiert wird (z. B. Preusker: „antikatholisch", Nassery: „verkürzte Darstellung des Islam"), zeigt sich bei anderen (z. B. bei Zwahlen) die Produktivität der Weber-These in der Ideengeschichte.

Die folgende Rubrik „Impulse" versammelt Beiträge aus verschiedenen Feldern und Disziplinen, die für die religionsphilosophische Debatte reizvolle und bedeutsame Anstöße und Bezugspunkte darstellen. Abseits der Reflexionen über Wirtschaft diskutiert Julia Schimming den Nexus von „Leistung" und „Gnade" anschaulich in Bezug auf den Umgang mit Schuld. Im Rückgriff auf die Lebensgeschichten von Stasi-Spitzeln aus den Dokumentarfilmen *Vaterlandsverräter* und *Anderson* macht sie die Bedingungen und Herausforderungen wirklicher Vergebung deutlich.

Im folgenden Beitrag machen Anne Kemper und Sabine Schmidt bei gängigen Untersuchungen zur „Arbeitswelt" teils eine starke Einschränkung auf Effizienzorientierung und teils eine Fixierung auf Kapitalismuskritik aus. Ihre eigene praxisgesättigte Untersuchung der Arbeitswelt-typischen Phänomene Reorganisation, Zusammenarbeit und „Gutdastehen-Wollen" bemüht sich daher um eine vielfältige Perspektive auf individueller, sozialer und struktureller Ebene.

Der Beitrag Idris Nasserys zur muslimischen Wirtschaftsethik bietet die große Chance, nicht nur – wie so oft in diesen Tagen – über den Islam, sondern mit einem islamischen Wissenschaftler zu diskutieren. Nassery argumentiert gegen Max Webers Reduktion des Islams auf eine „Kriegerreligion" mit einem starren Rechtssystem und zieht Webers Behauptung eines engen Zusammenhangs zwischen der Religion und der wirtschaftlichen Rückständigkeit der islamisch geprägten Länder in Zweifel.

In eine ähnliche Richtung arbeiten die Psychologen Stefan Scherbaum und Maja Dschemuchadse, jedoch mit ganz anderem Ergebnis. Sie beziehen sich auf eine kognitionspsychologische Studie, der zufolge calvinistische Niederländer eine stärkere Zielorientierung und Selbstvergewisserung aufweisen als katholische Italiener oder Atheisten. Die Besonderheiten der kognitiven Prozesse der Probanden werden von den Autoren über ein systemtheoretisches Ebenen-Modell in einen Zusammenhang mit der (Ethik der) jeweiligen Gruppe von Menschen gleicher Weltanschauung gebracht.

Der Nachhaltigkeitsforscher Felix Ekardt richtet abschließend den Blick auf notwendige ökonomische Veränderungen angesichts des Klimawandels, für den er mit Max Weber das von Gnadenerwartungen beförderte kapitalistische Wachstumsparadigma als Grund anführt. Eine Veränderung der Glückserwartungen hin zu einer Moral des „weniger ist mehr" hält Ekardt für nicht realistisch, da er das in der Befriedigung des Bedürfnisses nach Mehr enthaltene Glücksversprechen als anthropologische Konstante ansieht. Die angestrebte Postwachstumsgesellschaft müsse daher v. a. durch institutionelle Maßnahmen verwirklicht werden.

An dieser Stelle wird die Brisanz der philosophischen Auseinandersetzung mit „Leistung und Gnade" besonders deutlich: Ein geringerer Ressourcenverbrauch hinge auch von einer Relativierung der mit dem Weber'schen „Geist des Kapitalismus" verbundenen Wachstums- und Konkurrenzorientierung ab, die einer nachhaltigeren und friedlicheren Welt entgegensteht. Wenn also Leistungsansprüche unter dem Einfluss veränderter kulturell-religiöser Gnaden- bzw. Glückserwartungen mehrheitlich anders beurteilt werden könnten, dürften sich die Bedingungen für eine nachhaltigere Wirtschaft verbessern.

Kunst und Kultur, Buchbesprechungen: Der in den Beiträgen reflektierte und ausgefochtene „Rechtfertigungsstreit" um das richtige Verhältnis von Leistung und Gnade bzw. Glück wird durch Film-Stills aus Carmen Losmanns „Work hard, play hard" veranschaulicht. Aus diesen Bildern sprechen die funktionalen Annehmlichkeiten einer modernen Arbeitswelt mit ihren sorgfältig gestalteten, luftigen Räumen, aber auch der Leistungsdruck, der Selbstvermarktungsanspruch und die Einsamkeit des arbeitenden Subjekts, das vor dem Tribunal des unpersönlichen Marktes auf Gnade hofft und längst nirgendwo mehr Zuflucht vor der göttlich anmutenden Immaterialität einer orts- und zeitungebundenen Arbeit findet. Diese Situation wird von Beatrix Kersten im Beitrag „Autopoiesis" u. a. mit den eingangs dieses Editorials zitierten Begriffen lyrisch in Worte gefasst. Eine andere poetische Perspektive eröffnen dagegen die vom Religionsphilosophen Romano Guardini inspirierten Gedichte von Alexandra Grüttner-Wilke.

Einige der diesjährigen Rezensionen beziehen sich direkt auf das Schwerpunktthema, andere Buchbesprechungen bewegen sich im weiteren Umfeld der Religionsphilosophie: Hanna-Barbara Gerl-Falkovitz befasst sich mit Harald Seuberts eindrucksvollem Hauptwerk „Zwischen Religion und Vernunft"; Albrecht Voigt beschäftigt sich mit Volker Gerhardts „Der Sinn des Sinns" betiteltem „Versuch über das Göttliche"; von Martin Büscher stammt die Rezension zu Sergij Bulgakovs „Philosophie der Wirtschaft" und Dirk Uffelmann bespricht Steffen Hubers „Einführung in die polnische Sozialphilosophie".

Last but not least wagt Anna Maria Martini mit dem beiliegenden Poster einen markanten Überblick über die zwischen den Religionen und Konfessionen sehr verschiedenen Auffassungen über den Zusammenhang von „Leistung" und „Gnade" und die daraus resultierenden wirtschaftsethischen Positionen.

Die Vielfalt und Diversität der Beiträge macht deutlich, dass „Leistung" und „Gnade" weder Alternativen noch Pole sind. Sie stehen unabhängig von weltanschaulichen Orientierungen in einem Spannungsfeld. Während „Gnade" von Religionswissenschaftlern untersucht wird, arbeiten sich am Begriff „Leistung" gewöhnlich eher Sozialwissenschaftler ab. Die produktive Verknüpfung beider Begriffe unter religionsphilosophischen Auspizien gibt einem Verständnis von Religionsphilosophie Ausdruck, wonach Glaubensüberzeugungen als nachhaltig wirksame, kulturprägende Antworten auf die großen Sinnfragen aufzuspüren und weiterzudenken sind. Religionsphilosophie ist dann weniger ein „Nebenerwerb" von Theologen als vielmehr eine zentrale Aufgabe der Kulturphilosophie.

Egal, welche Arbeit letztlich auf Sie wartet: Wir wünschen Ihnen, liebe Leserin, lieber Leser, in mußevollen Stunden eine inspirierende Lektüre!

Enrico Sperfeld

SchwerPunkt

JOHANNES PREUSKER — Die Suche nach den Zeichen. Ein begriffsgeschichtlicher Entwurf über den Zusammenhang von Tod, Gnade und Leistung — 11

Die Untersuchung geht von der Materie als Grundproblem der Religion aus. Im Blick auf die Leiblichkeit des Menschen stellt das Nicht-Haften und Vergehen des Körperlichen eine zentrale Herausforderung an die reflexive Kapazität dar. Der Text beabsichtigt, den Diskurs von Gnade und Leistung auf der Basis der Todesproblematik nachzuzeichnen. Dahingehend gestaltet sich die Zielstellung als ein begriffsgeschichtlicher Aufweis der wesentlichen Korrelation zwischen Vorstellungen des Postmortalen, der Gnade und der Leistung.

JENS KRAMER — Die Lust an der Gnade. Biblisch-theologische Betrachtungen — 17

Im Artikel geht es v. a. um zwei „Spurensuchen". Zum einen um biblische Spuren des Begriffes „Gnade", der sowohl alt- also auch neutestamentlich bedeutsam ist. Dabei ist auffällig, dass insbesondere im Neuen Testament der Begriff „Gnade" (griech. charis) die Lust meint, mit der Gott sich den Menschen zuwendet. Darauf aufbauend ergibt sich eine theologische Spurensuche, wobei hier die Gnadenlehre Augustins und Luthers im Vordergrund steht. Schließlich wird der Zusammenhang von Gnade und Gabe entfaltet. Abschließend geht es um die Frage, inwiefern ein theologischer Gnadenbegriff für Menschen relevant ist, die sich selbst als nicht religiös verstehen. Durch die Gnade Gottes, so die Quintessenz dieses Beitrags, werden die Menschen frei, selbst gnädig zu sein, unabhängig davon, wie sehr sie diese Gnade Gottes für sich persönlich annehmen.

MARTIN HÄHNEL — Verdienstlichkeit. Ein möglicher Schlüssel zum Verständnis des Verhältnisses von „Leistung" und „Gnade" — 24

Die Frage nach der Verdienstlichkeit, also der allgemeinen Beurteilung dessen, was jemandem zukommt oder bereits zugekommen ist, ob nun als Folge oder Wirkung einer erbrachten Leistung oder als unerwartetes Geschenk, steht genau im Spannungsfeld von Leistung und Gnade. Der Beitrag widmet sich dem Phänomen der Verdienstlichkeit in seinen verschiedenen Formen (z. B. als Produkt der Tugend, in Gestalt der Gabe etc.) und untersucht im Anschluss daran seine ethischen Implikationen, in der Hoffnung etwas mehr Licht in das Verhältnis von Leistung und Gnade zu bringen.

FRIEDRICH   Die „Moral des Geldes" im   38
HAUSEN   Blick einer Antwortheorie der
              moralischen Verpflichtung

Je mehr für gelingendes Leben und Handlungsfähigkeit von einem bestimmten Gut abhängt, desto größer wird auch dessen moralische Relevanz. Insofern tendiert der Neoliberalismus, der dem Markt und dem wirtschaftlichen Wettkampf eine größere Wirkung auf die Verteilung wichtiger Güter einräumt, dazu, eine „Moral des Geldes" zu nähren und entsprechend das Gewicht konkreter Pflichten und Tugenden zu beeinflussen. Wie weit reicht jedoch eine Imprägnierung unserer Pflichten durch Bedingungen des Marktes? Zur Frage der Quellen der Verpflichtung skizziere ich einen Ansatz der Moralbegründung, die „Antworttheorie der Pflicht", die theonomen Ethiken nahesteht. Nach diesem Ansatz sind Pflichtbewusstsein und pflichtgemäßes Handeln sowohl erwartete als auch angemessene Antworten auf den Erhalt besonders bedeutsamer Güter.

REGULA M.   Zur Leistung berufen –   48
ZWAHLEN   Der Mensch in Sergij Bulgakovs
              Wirtschaftsphilosophie

Eine Schlüsselrolle für die Wende im Denken von Sergij Bulgakov, dem jungen marxistischen Dozenten für politische Ökonomie in Moskau und späteren russisch-orthodoxen Theologen in Paris, spielen Max Webers Thesen zur protestantischen Arbeitsethik. Gleichzeitig wendet sich Bulgakov den religiösen Wurzeln der europäischen Wirtschaftsgeschichte zu. Im Zuge dessen regt er die Entwicklung einer orthodoxen Arbeitsethik an. Bulgakovs christliche Wirtschaftsphilosophie ist als Antwort auf die marxistisch-leninistische Religionskritik zu lesen. Der Schlüssel eines christlichen Arbeitsethos liegt nach Bulgakov im Menschen als Ebenbild des Schöpfers. Ziel menschlicher Leistung ist nicht Erlösung, sondern Verwirklichung schöpferischen Potenzials.

RUUD   Arbeit, Kapital und Gnosis.   58
WELTEN   Michel Henrys Lesart von Marx

Die Frage nach der Bedeutung der Arbeit beschäftigt die Menschheit schon seit Jahrhunderten. Sie stellt sich nicht allein den Philosophen, Sozialwissenschaftlern oder Theologen, es ist vielmehr eine Frage, mit der wir alle uns regelmäßig im Alltagsleben konfrontiert sehen. Warum arbeite ich? Wohin führen letztlich meine ganzen Anstrengungen? Diese Problematik wird im Lichte der Philosophie des französischen Phänomenologen Michel Henry (1922-2002) dargestellt. Henrys phänomenologische Interpretation von Marx ermöglicht es, die Frage nach der Arbeit neu zu stellen und zu beantworten.

Die Suche nach den Zeichen.
Ein begriffsgeschichtlicher Entwurf über den Zusammenhang von Tod, Gnade und Leistung

Johannes Preusker

Die folgende Untersuchung geht von der Materie als Grundproblem der Religion aus. Im Blick auf die Leiblichkeit des Menschen stellt das Nicht-Haften und Vergehen des Körperlichen eine zentrale Herausforderung an die reflexive Kapazität dar. Die Absicht des Textes ist es, den Diskurs von Gnade und Leistung auf der Basis der Todesproblematik nachzuzeichnen. Dahingehend gestaltet sich die Zielstellung als ein begriffsgeschichtlicher Aufweis der wesentlichen Korrelation zwischen Vorstellungen des Postmortalen, der Gnade und der Leistung.

1. Das Gilgamesch-Epos

Die um 1200 v. Chr. auf Akkadisch fixierten Erzählungen um die Figur des Gilgamesch bilden das größte poetische Werk aus vorhomerischer Zeit und das älteste Dokument in der Kulturgeschichte des Todes. König Gilgamesch und sein Gefährte Enkidu bewegen sich in einem Kosmos, der nach altorientalisch-archaischer Vorstellung in Ober-, Mittel- und Unterwelt gegliedert ist. Letztere birgt alle Toten in einer homogenen Trostlosigkeit und einem unerbittlichen Fortdauern ohne Verheißung. Der von Todesangst geprägte Mensch zehrt sich geradezu in materiellen Opfern auf, um die latent brüchige Achse zu den gewaltigen Göttern aufrecht zu erhalten.

Zum exemplarisch offenen Bruch kommt es, indem Enkidu eine Keule des Himmelsstieres gegen die Göttin Ischtar schleudert: Er wird mit einer tödlichen Krankheit gestraft. Folgende Textstelle dokumentiert die Reaktion Gilgameschs zunächst unter der Signatur traditionell-archaischer Todesmetaphorik: „Was ist das nun für ein Schlaf, der dich gepackt hat? / Du wurdest umdüstert und hörst mich nicht mehr!"[1] Doch schon das Erstaunen über jenen Schlaf kündigt ein reflexives Novum an, das den mythischen Kreislauf von Geburt und Tod sprengt: „Enkidu, mein Freund, den ich liebte, ist zu Erde geworden! / Werd ich nicht auch wie er mich betten / Und nicht aufstehn in der Dauer der Ewigkeit?"[2] – Es ist das Unwiederbringliche am Tod des Nächsten, welches Gilgamesch selbst trifft und zum Leitmotiv seiner anschließenden Suche nach Unsterblichkeit wird. Dabei entbehrt diese mental-lineare Bewegung noch jeglicher Finalität und markiert ein offenes Spannungsfeld: „Gilgamesch, wohin läufst du? / Das Leben, das du suchst, wirst du sicher nicht finden!"

Für den Kulturkreis der Sumerer, Akkader und Babylonier lässt sich also folgendes Begriffsfeld konstatieren: Der Tod ist der opake Exponent eines gewaltsamen Pantheons, dessen Unterstützung Opfer verlangt. In diesem Sinne ist hier noch keine spezifische Gnadenlehre entfaltet. Auch die Leistung kann den Menschen nicht aus dem magisch-mythischen Bannkreis lösen, sondern höchstens seine Schattierungen in der Unterwelt minimal wandeln. Gilgamesch empört sich zwar über die Uneinholbarkeit des Todes, aber die lineare Denkanstrengung, welche er auf den Weg bringt, vollzieht sich noch innerhalb der archaischen Kartographie des Jenseits.

2. Das Judentum und die jesuanische Lehre

Die hebräische Kultur – wie die Akkader semitischen Ursprungs – weist im Laufe ihrer Begriffsgeschichte vier wesentliche Strömungen auf. 1200–800 v. Chr. zeigt sich noch klar die Verwandtschaft mit dem Kontext des Gilgamesch-Epos'. Der *scheol* ist die Unterweltssphäre, in welche alle Verstorbenen unterschiedslos eingehen: „Die Toten ängsten sich tief unter den Wassern und denen, die darin wohnen."[3] Allerdings sind in dieser Vorstellung bereits zwei neuartige Akzente angelegt, nämlich die Doppelbedeutung des *scheol* als Ort und Zustand sowie die postmortale Wahrung der Identität.

800–600 v. Chr. kommt es unter dem Druck der Assyrer zu einer radikalen Konzentration auf Jahwe als einzigen Gott, dessen Einfluss sich allein auf das Diesseits beschränkt: „Ich liege unter den Toten verlassen wie die Erschlagenen, die im Grabe liegen, deren du nicht mehr gedenkst und die von deiner Hand abgesondert sind."[4] Im Blick auf das menschliche Leben erlaubt das Gottesbild eines personalen Gegenübers erstmalig die Entfaltung eines Gnadenbegriffs, der freilich noch Spuren archaischen Zorns trägt: „[D]enn ich will mich nicht mehr über das Haus Israel erbarmen, daß ich ihnen vergäbe."[5] Was hier von den Israeliten gebrochen worden ist, lautet *chesed*, Bundestreue. Diese gestaltet sich nicht mehr als Aufrechnen von Opfern, sondern als liebendes Erkennen Gottes.[6] Die Leistung eines entsprechenden Lebenswandels wird noch im Diesseits beantwortet.[7]

Im dritten Schritt, den das hebräische Denken 600–300 v. Chr. vollzieht, wird der Widerspruch zwischen göttlicher Allmacht und gottloser Unterwelt durch die Übernahme der leiblichen Auferstehung und des Weltgerichts gelöst.[8] Diese Gedanken stammen von den Persern, welche das Babylonische Exil des Judentums beendeten. Es kehrt eine Verheißung für die Toten ein, und der *scheol* erfährt eine Teilung in den Bereich der Guten und den der Bösen. Jahwe als Heilgott erweckt alle Toten zum Gericht. Mit diesem reflexiven Einbegreifen des Todes geht eine Ausdifferenzierung der Gnade in *chen*, *rachamim* und *chesed* einher. Im Sinne von Gunst lässt sich *chen* verstehen: „Ich kenne dich mit Namen, und du hast Gnade vor meinen Augen gefunden."[9] Das Erbarmen entspricht *rachamim*: „Ich habe dich einen kleinen Augenblick verlassen; aber mit großer Barmherzigkeit will ich dich sammeln."[10] Eigentlicher Gegenstand des Bundes bleibt *chesed*: „Nun will ich das Gefängnis Jakobs wenden und mich des ganzen Hauses Israel erbarmen und um meinen heiligen Namen eifern."[11]

300 v. Chr.–200 n. Chr. kulminiert die seit Ezechiel greifbare Individualisierungstendenz in der Konzentration auf die unsterbliche Seele als Träger der Persönlich-

keit.¹² Im Endgericht, nun über das Innerweltliche hinausreichend, steigt der Gute aus dem *scheol* in den Himmel auf, wobei der Böse in das ewige Aus der *Gehenna* abgedrängt wird. Der Seelenbegriff floss im Zuge des Hellenismus in das hebräische Denken ein, und überhaupt ist die jesuanische Lehre nur vor dem Hintergrund der jüdischen Auseinandersetzung mit der griechischen Philosophie zu verstehen. Das Novum bei Jesus liegt in der totalen Orientierung der Existenz auf Gott hin unter Abwendung von der Welt. In seinen Worten verwandeln sich Himmel und Hölle gänzlich in Zustände, über welche die Transzendenzdimension immer schon antizipiert ist. Das Gericht entspringt keineswegs einem archaischen Rachemuster, sondern dem Nexus von Liebe und Gerechtigkeit, in welchem der Mensch bis zur letzten Konsequenz ernst genommen wird. – Das irdische Leben als Spielball des Göttlichen, wie es von Gilgamesch bis Plotin¹³ geschildert wird, ist überwunden.

3. Paulus und Augustinus

Als erster Theologe des Christentums stellt Paulus den Gnadenbegriff in den Mittelpunkt seines Denkens, wobei er *charis* für *chen* (Gunst) und *eleos* für *chesed* (Treue) verwendet. Seine Schriften sind von der Gestalt Christi durchherrscht, in welcher sich die Entäußerung Gottes bis zum Nicht-Gott am Kreuz offenbart. Das die antike Welt aufstörende Novum der personalen Gnadenmacht des einen Gottes mündet in einen Universalismus, der zwei miteinander korrelierende Begriffe kennt: Wahl und Freiheit. Im Römerbrief heißt es, dass „die, welche empfangen die Fülle der Gnade und der Gabe zur Gerechtigkeit, herrschen im Leben durch den einen Jesus Christus"¹⁴, wobei die Gnadenwahl „nicht an jemandes Wollen oder Laufen, sondern an Gottes Erbarmen"¹⁵ liegt. Wem sich Gott zuneigt – „Gnade" und „neigen" sind urverwandt –, ist angesichts seiner Kenose im Verbrechertod ganz und gar unabhängig von jeglicher menschlicher Leistung.

Während bei Paulus Gnade und Glaube noch eine Einheit bilden, expediert der Kirchenlehrer Augustinus die Gnade vollends in die Transzendenz Gottes. *Gratia* läuft nicht nur den verdienstlichen Werken, sondern auch der Willensentscheidung zum Glauben selbst voraus.¹⁶ Geleitet von der Frage nach dem Bösen und evoziert durch die Abwehr des Pelagianismus, verschärfte Augustinus die einfache Gnadenwahl bei Paulus zur doppelten Prädestination. Demnach sind die einen Menschen zur Seligkeit bestimmt, die anderen aber zur Verdammnis. Zu Lebzeiten kann es keine Gewissheit über das göttliche Urteil geben, welches sich erst im Endgericht zeigt: „[D]ann wird aller Guten, und nur der Guten, wahres und vollkommenes Glück und aller Bösen, und nur der Bösen, […] furchtbares Unglück offenbar werden."¹⁷

4. Die Scholastik und Martin Luther

Durch Augustinus arriviert die Gnade zu einem Zentralbegriff des Mittelalters, welches diesen in der Nachfolge des Aristoteles als eine der ontologischen Perfektion Gottes korrespondierende Hypostase denkt. Es wird zwischen vier Aspekten der *gratia* unterschieden: *operans* (den Willen wirkend), *praeveniens* (den Willen berufend), *subsequens* (dem Willen zum Guten nachfolgend) und *cooperans* (bei der Realisierung der guten Werke mitwirkend). Innerhalb der Scholastik gärt die bereits von Augustinus selbst als problembeladen reflektierte Gnadenlehre in Form der Opposition von Intellektualismus und Voluntarismus. Letzterer, vertreten durch Johannes Duns Scotus, betont den freien Willen zu Gott und die Sünde als je eigene Tat. Thomas von Aquin hingegen sieht in der Kontemplation kein menschliches Verdienst, sondern die Gnadenwirkung Gottes.

Der wirkungsmächtigste Mönch der Augustiner-Eremiten, die sich seit dem 14. Jahrhundert unter Betonung der Erbsünde gegen die Voluntaristen stellten, war Martin Luther. Vor dem Hintergrund der spätmittelalterlichen Frömmigkeit mit ihrer extremen Furcht vor dem strafenden Gott wurde der Gedanke der doppelten Prädestination zu einer Qual für Luther. Im sogenannten Turmerlebnis von 1518 fand er hinter der Gerechtigkeit Gottes die Gnade wieder, von der Paulus ausgegangen war. Von diesem Wendepunkt ausgehend, findet eine tiefgreifende Rückbesinnung auf die Gestalt Christi als personale Gnadenmacht Gottes statt. Ist die Gnade in der Scholastik noch eine rein ontologische Größe göttlichen Sich-Verhaltens, an welcher der Mensch nur qualitativ-habituell teilnehmen kann, so weist Luther sie als relational-dynamische Gotteswirklichkeit aus.[18] Die Relektüre von Paulus und Augustinus führt zu einer Beibehaltung der doppelten Gnadenwahl, genauer: zu ihrer erneuten Behauptung. – In der katholischen Kirche hatte sich diese Denkfigur nicht ganz durchgesetzt. Auch darf die Zuwendung Gottes nicht etwa sentimental missverstanden werden; Gnade ist wesentlich externe Gabe, eine Heilsgewissheit bleibt aus.

Ein weiteres Novum des lutherischen Denkens gegenüber dem Mittelalter ist die Nivellierung der Hierarchie von geistiger und körperlicher Leistung. Jeder Mensch, sei er ein Mönch, sei er ein Handwerker, ist im Blick auf Christus (Erb-)Sünder und Berufener gleichermaßen. Mit Luthers Universalisierung des Gnadenbegriffes wird nicht nur die Verwandtschaft von „Wirklichkeit" und „Werk" deutlich, sondern auch der folgende Imperativ verständlich: „Deswegen wisset, dass wir arbeiten und Gott die Sorge überlassen müssen."[19]

5. Johannes Calvin und Max Weber

Das Ringen mit der Sünde und die Furcht vor dem richtenden Gott hat Calvin mit Luther gemeinsam, und so wird dessen Schrift *Der Kleine Katechismus* zur Vorlage für die erste Fassung der *Institutio Christianae Religionis*: Das Gesetz zeigt die menschliche Unfähigkeit auf, den göttlichen Willen zu tun, und bereitet so das Evangelium als Botschaft von Gottes unverdientem Gnadenhandeln vor. Zwar kommt es im Zuge der Abendmahlsdebatte zu einer Distanzierung des Genfer Humanisten von den Lutheranern, aber im Spannungsfeld zwischen schrecklicher Majestät Gottes und tröstender Gemeinschaft Christi bleiben der Augustinermönch und der Reformator aus Noyon entfernte Geistesverwandte.

Dem traditionell-humanistischen Interesse am verborgenen Geisthandeln Gottes entsprechend, spitzte Calvin das augustinische Erbe zu, indem er das Motiv einer Mehrung des göttlichen Ruhmes ausformte. Während der Mensch bei Luther nach Gottes unergründlicher Gerechtigkeit erwählt oder verworfen ist, bringt Calvin die Guten und die Bösen als Instrumente der Gottesverehrung zu folgenreicher Geltung. Besonders die Verdammten sind „Werkzeuge seines Zorns [und] Beispiele seiner Strenge"[20], „seinen Ruhm zu verherrlichen".[21] Der Index von Abweg und Fall ist für Calvin eine Anthropologie der Arbeit; die Menschen sind „zu dem Zweck geschaffen, daß sie sich in Arbeiten üben, und keine Opfer gefallen Gott mehr, als wenn jeder in seine Berufung eingespannt nutzbringend für das gemeine Beste zu leben bemüht ist"[22].

Im lutherischen Denken hatten weltliche Leistungen den Bezirk eines gelebten Gottesdienstes nicht verlassen. Calvin geht insofern über diesen hinaus, als sein Arbeitsbegriff auf ein Forum anscheinender Heilsgewissheit abhebt. Wer sich stetig in seinen Werken aufzehrt, lebt nicht bloßen Gottesdienst, sondern ein Opfer für die göttliche Majestät. Hier untersteht die postmortale Existenz also ganz der doppelten Prädestination, die Gnade liegt ganz in Christus, und die menschliche Leistung erfährt eine neue Sakralisierung.

Ursprünglich ab 1550 von Opponenten der Reformation verwendet, ist der Begriff des Calvinismus durch den Soziologen Max Weber in der Wissenschaft salonfähig geworden.[23] In seiner Schrift *Die protestantische Ethik und der Geist des Kapitalismus* behauptet er einen Zusammenhang zwischen dem theologisch motivierten Erfolgsstreben des Protestantismus und der modernen Kapitalwirtschaft. In der heutigen Forschung ist diese These nicht mehr haltbar, da sich Webers Quellen in der Hauptsache auf englische und amerikanische Puritaner beziehen[24], deren Gedankengut eine 200jährige Mixtur mit anderen Strömungen darstellt.

Eingebettet in den Kulturkampf des 19. Jahrhunderts, ließ Weber seine antikatholischen Reflexionen so weit vorauseilen, dass er sie zeitlebens methodologisch nicht mehr einholen konnte.[25] Doch es liegt die Frage am Weg, welchen Horizont er dank seines Übersehens für uns erst sichtbar gemacht hat. Dies ist der Horizont einer Wechselwirkung zwischen Wirtschaft und Theologie, die bis in die Industrie- und Leistungsgesellschaft hinaufreicht. In der Umbruchszeit von Renaissance, Säkularisierung und heraufziehendem Banken- wie Kaufmannswesen bot der sakrale Arbeitsbegriff Calvins dem Gestaltungswillen nolens volens eine entsprechende Option. Zusätzlich zeigt die Biographie des Theologen *„im Schatten einer Kathedrale"* (Jean Cadier), wie er sich als Neuordner des Genfer Gemeinwesens bereits innerhalb der zeitgenössischen Wirtschaftsstrukturen bewegte und sich dabei stets auch selbst als Werkzeug Gottes verstand.

6. Ausblick

Die heutige Debatte um Schein und Sein des Burnouts kann nur vor dem Hintergrund der Konstruktion eines Einzelsubjekts verstanden werden, wie wir sie von Descartes und der Aufklärung geerbt haben. Nach wie vor herrscht die Tendenz zur Verwechslung von Selbststand mit Autonomie, Selbstgabe mit Preisgabe und Sinnsuche mit Optimierungstechnik. Wäre es angesichts einer solch hypertrophen Entwicklung nicht eine gnadenreiche Therapie, die Reformatoren dahingehend wieder wahrzunehmen, dass Freiheit ohne relationale Bindung unmöglich ist?

Anmerkungen

1. Wolfram von Soden (Hg.), *Das Gilgamesch-Epos*, übers. von Albert Schott, Stuttgart: Reclam 1997, S. 73, V. 13–14.
2. Ebd., S. 85, V. 30–31.
3. Hiob 26,5.
4. Ps 88,6.
5. Hos 1,6.
6. Hos 6,6.
7. Hiob 42,10.
8. Ez 37,1–14. Am 5,18.
9. Ex 33,12.
10. Jes 54,7.
11. Ez 39,25.
12. Ps 49,16. Ps 73,23–26.
13. Plotin, *Enneade III*, engl. übersetzt von Arthur Hilary Armstrong, Cambridge und London: Harvard University Press 1993, S. 92f.
14. Röm 5,17.
15. Röm 9,16.
16. Augustinus, *De diversis quaestionibus ad Simplicianum* (= Corpus Christianorum, Bd. 44), Turnholti: Brepols 1970, S. 32, Z. 211.
17. Ders., *Vom Gottesstaat*. Buch 11 bis 22, übers. von Wilhelm Thimme, München: Dtv 1991, S. 586.
18. Markus Wriedt, *Gnade und Erwählung. Eine Untersuchung zu Johann von Staupitz und Martin Luther*, Mainz: von Zabern 1991, S. 231.
19. „Ideo scitote nobis laborandum esse et deo curam tradendum." Martin Luther, *Predigten des Jahres 1529, Predigt Nr. 49 (27. Juni)* (= D. Martin Luthers Werke. Kritische Gesamtausgabe, Weimar: Böhlau 1904, Bd. 29), S. 441, Z. 25f.
20. Johannes Calvin, *Unterricht in der christlichen Religion*, übers. von Otto Weber, Neukirchen-Vluyn: Neukirchener 1997, III, 24, 12, S. 658.
21. Ebd., III, 24, 14, S. 660.
22. Vgl. ebd., III, 18, 3, S. 544f.
23. Christoph Strohm, *Johannes Calvin. Leben und Werk des Reformators*, München: C.H.Beck 2009, S. 6.
24. Max Weber, *Religion und Gesellschaft. Gesammelte Aufsätze zur Religionssoziologie*, Eggolsheim-Bammersdorf: Dörfler 2005, S. 92, 98, 114.
25. Heinz Steinert, *Max Webers unwiderlegbare Fehlkonstruktionen. Die protestantische Ethik und der Geist des Kapitalismus*, Frankfurt am Main: Campus 2010, S. 130–135.

Die Lust an der Gnade. Biblisch-theologische Betrachtungen

Jens Kramer

Im vorliegenden Artikel geht es im Wesentlichen um zwei „Spurensuchen". Zum einen um biblische Spuren des Begriffes „Gnade", der sowohl alt- also auch neutestamentlich bedeutsam ist. Dabei ist auffällig, dass insbesondere im Neuen Testament der Begriff „Gnade" (griech. charis) die Lust meint, mit der Gott sich den Menschen zuwendet. Darauf aufbauend ergibt sich eine theologische Spurensuche, wobei hier die Gnadenlehre Augustins und Luthers im Vordergrund steht. Schließlich wird der Zusammenhang von Gnade und Gabe entfaltet. Abschließend geht es um die Frage, inwiefern ein theologischer Gnadenbegriff für Menschen relevant ist, die sich selbst als nicht religiös verstehen. Durch die Gnade Gottes, so die Quintessenz dieses Beitrags, werden die Menschen frei, selbst gnädig zu sein, unabhängig davon, wie sehr sie diese Gnade Gottes für sich persönlich annehmen.

Beobachtungen

Gnadenbrot, Gnadenfrist, Gnadenstoß – Wörter, die im Zusammenhang mit dem Begriff „Gnade" im Deutschen begegnen, verheißen oft wenig Positives, sind sie doch vornehmlich auf einen bevorstehenden Tod oder doch zumindest auf ein nahes Ende fokussiert. Selbst der positiv konnotierte Begriff der „Gnadenhochzeit" lässt deutlich das bevorstehende Ende der Ehe und des Lebens erahnen. Etymologisch geht unser Wort „Gnade" wahrscheinlich auf das althochdeutsche Wort *ginada* zurück, was so viel wie „Wohlwollen" oder „Gunst" bedeutet.[1] Im weiteren Verlauf wurde das Wort insbesondere bei der Gewährung von Vergünstigungen, z. B. durch Fürsten, verwendet. Eine ähnliche Konnotation liegt bei den bereits benannten Begriffen wie „Gnadenbrot" und „Gnadenfrist" zugrunde.

Aus diesem rein etymologischen Befund wird deutlich, dass Gnade zwei Ebenen beinhaltet. Zum einen bedarf es einer Person, die auf Gnade angewiesen ist, und es bedarf zum anderen einer weiteren Person, die diese Gnade gewährt. Es handelt sich demnach um ein hierarchisches Verhältnis, in dem die Voraussetzung für Gnade eine prekäre Situation ist, ohne die es gar keiner Gnade bedürfte. Deutlich wird dieses Verständnis beim Wort „Gnadenhof". Als Gnadenhof werden Einrichtungen verstanden, die ausgesetzte Tiere aufnehmen und vermitteln. Diesen Tieren wird sozusagen Gnade gewährt, indem sie auf dem Gnadenhof versorgt werden.

Gnade ist ferner auch ein juristischer Terminus. Gemäß Art. 60 Abs. 2 GG hat der Bundespräsident das Begnadigungsrecht des Bundes, das nicht justiziabel ist. Gnade, so kann daraus geschlossen werden, ist ein Recht, dessen Gewährung nicht eingeklagt werden kann und gegen das nicht geklagt werden kann. Eine Begründung, warum der Bundespräsident Gnade gewährt oder verwehrt, braucht nicht gegeben zu werden, d. h. Gnade ist gewissermaßen willkürlich und unterliegt keinem Rechtfertigungszwang. Während gerichtliche Entscheidungen entsprechend der geltenden Gesetzgebung begründet werden müssen, spielt die Begründung eines Gnadenaktes juristisch gesehen keine Rolle.

Aus diesen Beobachtungen ergeben sich drei Schlussfolgerungen, die für die Entfaltung eines theologischen Gnadenbegriffs bedeutsam sind: 1. Voraussetzung für Gnade ist eine Hierarchie, Gnade wird dabei von oben nach unten gewährt;[2] 2. Gnade geschieht aus Wohlwollen dem Gnadenempfänger gegenüber, ohne dass immer deutlich ist, woher dieses Wohlwollen rührt; 3. Gnade ist Willkür, braucht demzufolge weder begründet zu werden noch kann sie eingeklagt werden.

Zur Entfaltung eines christlich-theologischen Gnadenverständnisses ist zunächst nach dessen Ursprüngen in der Bibel zu fragen.

Biblische Spurensuche

Im Alten und Neuen Testament werden unterschiedliche Wörter für den mit „Gnade" übersetzten Begriff verwendet. Alttestamentlich sind dies vornehmlich zwei Begriffe: ḥēn und ḥæsæd. Die meisten Belege für ḥēn stammen aus dem profanen Bereich und beruhen auf der wohlwollenden Haltung eines Höhergestellten gegenüber einem niedriger Gestellten (z. B. Gen 39,4; 1 Sam 16,22), wobei auch JHWH als derjenige gelten kann, der gnädig ist (z. B. Num 6,25f.). An einigen Stellen ist auch von einer Bedingung für die Gnade die Rede (z. B. Dtn 24,1).[3] Auch das Wort ḥæsæd kommt im profanen Kontext vor, sehr häufig jedoch mit JHWH als Subjekt (insbesondere in den Psalmen). Übersetzt wird ḥæsæd zumeist mit Güte und Barmherzigkeit. Auch hier geht es um eine wohlwollende Haltung, die jedoch nicht zwangsläufig auf dem Verhältnis von höher und tiefer gestellten Personen beruht (z. B. Gen 40,14; 2 Sam 2,5). Bei ḥæsæd geht es eher darum, dass „ein vorher bestehendes Gemeinschaftsverhältnis"[4] zugrunde liegt, was dann auch bei den Vorkommen mit JHWH als Subjekt angenommen werden kann. Die Gnade JHWHs ist wie die einer Mutter, die sich ihrer Kinder annimmt (Jes 49,15). Genauso nimmt sich JHWH seines Volks an, auch wenn es sündigt (Mi 7,18f.).

Die beiden alttestamentlichen Begriffe ḥēn und ḥæsæd erweitern das eingangs skizzierte Verständnis von Gnade. Zwar kommt ḥēn in seiner Bedeutung dem deutschen Wort „Gnade" insofern nahe, als es hier eher um ein „Begnadigungsrecht" geht, doch wird durch ḥæsæd deutlich, dass die Gnade JHWHs zu seinem Volk eine natürliche ist, kein Akt der Willkür, sondern Ausdruck der Liebe.

Im Neuen Testament liegt dem Wort „Gnade" das griechische Wort χαρις (charis) zugrunde, das eine grundsätzlich andere Konnotation hat als das deutsche Wort „Gnade". *Charis* meint vielmehr Freude, Lust, Liebreiz und darüber hinaus auch Gunst oder Dankbarkeit[5], was sich im deutschen Wort „begnadet" widerspiegelt. Klaus Berger bezeichnet Gnade als das „freie, unerzwingbare, glückhaft geschenkte Offensein füreinander"[6], denn mit *charis* ist nicht nur das Gewähren von Gnade, sondern auch die Dankbarkeit gemeint. Es handelt sich demnach um ein Wechselspiel, bei dem Geben und Nehmen ineinander fließen, was den Zusammenhang zur Gabetheologie, der weiter unten entfaltet wird, bereits anklingen lässt.

In Luthers Übersetzung des Neuen Testaments kommt der Begriff der „Gnade" mehrfach und an zentralen Stellen vor. Selten wird er in den Evangelien verwendet, wie am Beginn des Lukasevangeliums. Der Engel Gabriel verheißt hier Maria die bevorstehende Schwangerschaft mit einleitenden Worten: „Sei gegrüßt, du Begnadete!" (1,28) und weiter: „Fürchte dich nicht, Maria, du hast Gnade bei Gott gefunden." (1,30). Interessanterweise gelten hier streng genommen nur zwei der drei eingangs genannten Bestimmungen von Gnade. Zwar liegt eine Hierarchie zugrunde (Gott wendet sich an Maria), ohne dass es hierfür eine konkrete Begründung gibt (Willkür). Nicht zwangsläufig deutlich wird jedoch, worin die Gnade selbst besteht. Maria befindet sich anscheinend in keiner Notlage, so dass sie eines bestimmten Gnadenhandelns nicht unbedingt bedürfte. Ähnlich ist dies in Lk 2,40, wo von Jesus die Rede ist, bei dem die „Gnade Gottes" sei. An beiden Stellen ist anscheinend etwas anderes gemeint als das, was gemeinhin als „Gnade" gilt. Vermutlich handelt es sich hier um allgemeine Redensarten der damaligen Zeit.[7]

Als zusammengefasster Ausdruck des Verständnisses von *charis* im Neuen Testament kann Apg 20,24 gelten. Paulus spricht hier zu den Ältesten von Ephesus und erklärt, dass es seine Aufgabe als Apostel ist, „das Evangelium von der Gnade Gottes" zu bezeugen. *Charis* wird „zum Inbegriff des Evangeliums und des von Gott her in Christus Geschehenen. Der Begriff tritt so gleichsam an die Stelle jener Zentralmetapher der Verkündigung Jesu, die sich ja ihrerseits als Auslegung des im Zeugnis Jesu selbst schon Geschehenden verstand: der nahe gekommenen und in Glaube und Nachfolge zugänglichen *Gottesherrschaft*."[8] Die Botschaft vom Gekreuzigten und Auferstanden lässt sich demnach zusammenfassend als *charis* Gottes beschreiben.

In den paulinischen Briefen erhält dieses Gnadenverständnis seine besondere theologische Prägung, wobei hierfür zwei Stellen hervorgehoben seien: Röm 5,12–21 und 2 Kor 8–9. Im Römerbrief entfaltet Paulus die Kerngedanken seines Gnadenverständnisses und stellt dar, dass alle Menschen durch Sünde und Tod mit Adam verbunden sind, durch die Gnade, die größer ist als die Sünde, sind die Menschen jedoch mit Christus verbunden. Auf diese Weise leben die Menschen in Frieden mit Gott (Röm 5,1f.). Paulus verwendet die Begriffe *charis* (Gnade) und *dorea* (Gabe, Geschenk) an dieser Stelle parallel, ein weiteres Indiz für den noch genauer darzustellenden Zusammenhang von Gnade und Gabe. „Das Ereignis des göttlichen Gnadenhandelns und das Ereignis des Schenkens im Zug der Liebestat Jesu wirkt sich als Freispruch der Sünder aus und schlägt sich im Geschenk der Gerechtigkeit nieder, das die Sünder in Gerechte verwandelt und sie der Macht des Todes entreißt, durch den die Sünde ihre Herrschaft ausübte."[9]

Im zweiten Korintherbrief ermuntert Paulus die Gemeinde in Korinth, sich an der Kollekte für Jerusalem zu beteiligen. Für die in diesem Beitrag interessierende Frage nach Gabe und Gnade sind die Kapitel 2 Kor 8–9 darum besonders bedeutungsvoll. Paulus verbindet hier nämlich Gnade und Gabe. *Charis* wird verwendet in seiner Bedeutung als Liebeswerk oder Liebesgabe der christlichen Gemeinden für die Gemeinde in Jerusalem. Die *charis* der Gemeinden wird wiederum verstanden als Zeichen der *charis* Gottes. So schreibt Paulus in 2 Kor 8,1, dass die *charis* Gottes in den Gemeinden Mazedoniens wirksam gewesen ist, weil sie viel für Jerusalem gegeben haben, und in 2 Kor 9,14f. schließt er seine Ausführungen damit, dass den Korinthern für die Gaben gedankt werden wird „wegen der überschwänglichen Gnade Gottes bei euch" (2 Kor 9,14, Lutherübersetzung). Die Gabe selbst wird wiederum als Gabe Gottes verstanden: „Gott aber sei Dank für seine unaussprechliche Gabe!" (2 Kor 9,15). „Aus dieser Sicht heraus, in der die Gabe der Geber der Zuwendung Gottes zu ihnen entspricht, wird auch die χαρις, nämlich die Liebestat, in der er arm wurde, um uns reich zu machen, in 8,9 als Anruf an die Korinther verstanden, von ihrem Überfluß zu verschenken (8,11–15)."[10] Gnade bedeutet hier a) die Zuwendung Gottes zu den Menschen. Diese Zuwendung geschieht aus reiner Liebe und ist an keine Bedingungen geknüpft. Sehr wohl findet b) diese *charis* Gottes einen sichtbaren Ausdruck, nämlich in der Gabe für Jerusalem. Und schließlich ist c) auch vom Dank an Gott für das Liebeshandeln die Rede. „Paulus nützt daher den ganzen möglichen Bedeutungsspielraum des griechischen Wortes *charis* aus, den das deutsche Wort Gnade nicht kennt. Dadurch kann Paulus ganz organisch miteinander verbinden, was für uns oft weit auseinanderliegt [...]."[11]

Theologische Spurensuche

Der etymologische und der biblische Befund haben theologische Konsequenzen. Wenn von der „Gnade Gottes" die Rede ist, dann ist damit weniger ein juristischer Gnadenakt gemeint, sondern vielmehr ein Ausdruck der Lust und der Freude Gottes, die in der liebevollen Zuwendung zu den Menschen ihren Ausdruck finden und der Glaube ist die vertrauende Antwort des Menschen darauf. Gottes Gnadenhandeln ist demnach ein Lusthandeln, ein Liebeshandeln, mit dem er sich den Menschen zuwendet.

In der Theologiegeschichte wurde „Gnade" sehr unterschiedlich verstanden und interpretiert, ohne dass an dieser Stelle alle Nuancen berücksichtigt werden können. Grundsätzlich unterscheidet sich das Gnadenverständnis in der Ost- und Westkirche. Entsprechend den griechischen Kirchenvätern bewirkt die Gnade Gottes eine Vergöttlichung des Menschen.[12] Für die Westkirche ist das Gnadenverständnis von Augustinus von besonderer Bedeutung. Ausgangspunkt seiner Gnadenlehre ist ein Sündenverständnis, nach dem sich der Mensch im Zustand der totalen Sündhaftigkeit (*peccatum originale*) befindet und damit auch unfähig ist, das Gute zu wollen. Gottes Barmherzigkeit besteht nun darin, dass Gott „die Selbstverschlossenheit des Menschen aufbricht, seinem Leben eine neue Orientierung gibt und ihn befähigt, das Gute zu wollen."[13] Durch Gottes Gnade wird der Mensch gleichsam fähig zu sich selbst zu kommen. „Sie befreit den Sünder aus dem Griff der Sünde, was der Sünder von sich aus gar nicht könnte, weil er seiner selbst zuinnerst enteignet und entfremdet ist: zu einer Wirklichkeit der Sünde geworden ist, aus der nichts anderes als Sünde hervorgehen kann. [...] Nur wenn dem Menschen die Wirklichkeit geschehen ist, die ihn selbst zu einer anderen, guten Wirklichkeit macht, kann er entsprechend leben."[14] Gnade wird bei Augustinus zu einer selbständigen Größe, zu einer inneren Eigenschaft des Menschen, weshalb Thomas von Aquin Gnade später auch als Habitus der menschlichen Seele verstand. Luther knüpft in seiner Rechtfertigungslehre an Augustinus an, erweitert jedoch dessen Gnadenverständnis. Während für Augustinus Gnade eine im Menschen wirkende göttliche Kraft ist, bleibt diese für Luther außerhalb seiner selbst. Die Gnade wird durch das Wort Gottes als Evangelium, als Zusage der Barmherzigkeit im Hören und im Vertrauen darauf angenommen. *Sola gratia*: Der Glaubende wird — um Christi willen — aus Barmherzigkeit angenommen. Dabei bewirkt der Glaube nicht die Gnade, sondern durch den Glauben kann diese erkannt werden (*sola fide* und nicht *propter fidem*). Luthers Gnadenverständnis ist konsequent christologisch und er betont, dass es theologisch gesehen keine Willensfreiheit gibt, wodurch eine Mitwirkung des Menschen beim Heilsgeschehen ausgeschlossen ist.[15]

Die Gabe der Gnade

Auch wenn für Luther Gnade ganz und gar von Gott ausgeht und menschliches Zutun damit ausgeschlossen ist, zeigen die biblischen Befunde doch eine große Nähe zum Gabediskurs. Indem Paulus beispielsweise Gnade und Gabe im Zusammenhang der Kollekte für Jerusalem miteinander verbindet, wird auch das Zutun des Menschen bedeutsam. Gabe, mit Seneca verstanden als der Dreiklang von Geben-Nehmen-Weitergeben, ist auf mindestens zwei Beteiligte angewiesen: den Gaben-Geber und den Gaben-Nehmer, der wiederum zum Gaben-Geber wird. Ähnlich verhält es sich mit dem paulinischen Verständnis der Gnade Gottes. Gottes Gnade wirkt in den Menschen — wobei die unterschiedliche Wirkung der Gnade bei Augustinus und Luther an dieser Stelle vernachlässigt werden kann — und die Menschen nehmen diese Gnade im Glauben an. Der Glaube ist die Annahme der Gnade, und indem die Gnade Gottes durch die Menschen angenommen wird, geben sie diese auch weiter durch eigenes Gnadenhandeln oder durch die Kollekte für Jerusalem wie bei Paulus.

Dem Gabeverständnis von Mauss folgend, besteht eine Pflicht zur Gabe.[16] Schöpfungstheologisch bedeutete dies eine Selbstverpflichtung Gottes zur Gabe, denn Gott gibt, ohne dass es hierfür eine Voraussetzung gäbe. Ob es sich allerdings um eine „reine Gabe" im Sinne Derridas handelt, darf bezweifelt werden,[17] weil ja die Reziprozität der Gabe nicht durchbrochen ist. „Gottes initiative Gabe hat ihren Sinn darin, die gute Wechselseitigkeit hervorzurufen. Die gute Wechselseitigkeit zwischen den Menschen, aber eben auch zwischen den Menschen und Gott: zwischen einem Gott, der von den Menschen empfangen will, was er sich selbst nicht geben kann — die Teilnahme der Menschen an seiner Liebe — und den Menschen, die sich als Liebende von Gott empfangen und sich nicht selbst dazu machen können."[18]

Die Gabe der Gnade Gottes, die Gott frei den Menschen gibt und die diese wiederum frei annehmen können oder nicht, lässt die Menschen zu Menschen werden. „Es ist die Gabe, worüber Größeres nicht gegeben werden kann."[19] Gerade durch den Verweis auf die Gabe erhält das Gnadenverständnis eine besondere Bedeutung, denn auch hier handelt es sich in einem gewissen Sinn um einen Gaben-Tausch: Gott schenkt den Menschen seine Gnade, die diese im Glauben annehmen und selbst wiederum Gnade üben.[20]

Gibt es eine „säkulare Gnade"?

Der hier entfaltete Gnadenbegriff ist in erster Linie ein christlich-theologischer. Es kann allerdings auch darüber hinaus gefragt werden, welche Relevanz dieser für nicht-religiöse Menschen hat. Dabei ist zum einen von der allgemeinen Bedeutung des Wortes *Gnade* auszugehen, durch die deutlich wurde, dass Gnade auch ein juristischer Begriff ist. Demnach übt eine höhergestellte bzw. legitimierte Person das Gnadenrecht aus und setzt Gnade über das Recht. Nach Camus ist „Gerechtigkeit ohne Gnade [...] nicht viel mehr als Unmenschlichkeit".[21] Insofern korrespondieren Gnade und Gerechtigkeit in dem Sinne, dass Gerechtigkeit auf Gnade angewiesen ist.

Gnade spielt darüber hinaus auch in zwischenmenschlichen Bereichen eine Rolle. Menschen, die Schuld auf sich geladen haben, sind auf die Gnade ihrer Mitmenschen angewiesen, damit ihr Leben nicht von der Schuld erdrückt wird. Dies ist keine juristische Frage, sondern beruht auf der Beziehung der Menschen untereinander. Dass Gnade jedoch nicht zwangsläufig mit Schuld korrespondiert, wird am Beispiel der „Gnadenlosigkeit" deutlich. Der Fußball-Trainer Horst Hrubesch wird von seinen Spielern „Mister Gnadenlos" genannt,[22] wobei diese ja keine „Schuld" auf sich laden, sondern eher „Fehler" begehen, die vom Trainer nicht hingenommen werden. Die gemeinte Gnadenlosigkeit besteht demnach in der Nicht-Akzeptanz von Fehlern. Anders ausgedrückt: Auch Menschen, die Fehler begehen, sehen sich als gnadenbedürftig. Somit ist Gnade gerade im zwischenmenschlichen Bereich ein zentraler Begriff, der das Zusammenleben der Menschen bestimmt. Wie sehr die Menschen auf Gnade angewiesen sind, zeigt sich insbesondere, wenn die Gnade fehlt.[23]

Darum ist auch für die Beziehung der Menschen untereinander das Verständnis des griechischen Begriffs *charis* hilfreich. Die Zuwendung — und damit die Gnade — erfolgt nicht, weil dies juristisch so festgelegt ist, sondern sie erfolgt, weil dies der Gnaden*geber* so *will*. Damit klingt auch hier der Zusammenhang zum Gabebegriff an. Zwar geht auch im zwischenmenschlichen Bereich der Gnade eine Schuld bzw. ein Fehler voraus, insofern kann auch hier nicht von einer „reinen Gabe" gesprochen werden. Aufgrund des Zusammenhangs zum Gabe-Diskurs kann jedoch auch von einer Reziprozität der Gnade ausgegangen werden. Wer Gnade empfängt und annimmt, kann selbst Gnade weitergeben. Diese Weitergabe der Gnade kann sich sowohl auf den ersten Gnadengeber als auch auf andere beziehen. In jedem Fall erfolgt die Gnade nicht aufgrund juristischer Übereinkünfte, sondern aufgrund der Lust, gnädig zu sein. Gnade ist demnach ein Liebeshandeln, unabhängig von der Religiosität der Beteiligten.

Die Gnade Gottes freilich, mit der er sich den Menschen zuwendet und durch die diese frei werden, selbst gnädig zu sein, wirkt unabhängig davon, wie sehr diese erkannt wird.

Anmerkungen

1 Vgl. FRIEDRICH KLUGE, *Etymologisches Wörterbuch der deutschen Sprache*, Berlin/New York ²³1999, S. 329f.
2 Wobei die Hierarchie in gewissem Sinne umgekehrt wird, weil die Macht gerade darin besteht, nicht von seinem Recht Gebrauch zu machen, vgl. Lk 22,24–30.
3 Bisweilen wird auch vom „ḥēn-Erweis" gesprochen; vgl. HENNING GRAF REVENTLOW, Art. „Gnade I", in: TRE 13, Berlin/New York 1994, S. 459–464, hier: S. 460.
4 Ebd., S. 461.
5 Vgl. *Langenscheidts Großwörterbuch Altgriechisch*, Berlin ²⁹1997, S. 744.
6 KLAUS BERGER, Art. ‚χαρις', in: EWNT, Bd. III, Stuttgart ²1992, S. 1095–1102, hier: S. 1096.
7 Vgl. EUGEN RUCKSTUHL, Art. ‚Gnade III', in: TRE 13, Berlin/New York 1994, S. 467–476, hier: S. 473.
8 JÜRGEN WERBICK, *Gnade*, Paderborn 2013, S. 24 (Hervorhebung im Original).
9 RUCKSTUHL, Gnade, S. 469.
10 Ebd., S. 470.
11 KLAUS BERGER, *Kommentar zum Neuen Testament*, Gütersloh ²2012, S. 651.
12 Vgl. z. B. IRENÄUS: „Gott ist Mensch geworden, damit der Mensch Gott werde." (*Ad. haer.* III 19,1).
13 WOLF-DIETER HAUSCHILD, Art. ‚Gnade IV', in: TRE 13, Berlin/New York 1994, S. 476–495, hier: S. 481.
14 WERBICK, Gnade, S. 43.
15 Vgl. insbesondere seine Schrift gegen Erasmus *De servo arbitrio* WA 18, S. 600–787.
16 Vgl. MARCEL MAUSS, *Die Gabe. Form und Funktion des Austausches in archaischen Gesellschaften*, Frankfurt am Main 1990, insbesondere S. 36ff.
17 Vgl. z B. JACQUES DERRIDA, *Falschgeld: Zeit geben I*, München 1983.
18 JÜRGEN WERBICK, „Gottes-Gabe. Fundamentaltheologische Reflexionen zum Gabe-Diskurs", in: VERONIKA HOFFMANN (Hg.), *Die Gabe. Ein „Urwort" der Theologie?*, Frankfurt am Main 2009, S. 15–32, hier: S. 21.
19 So WERBICK, Gnade, S. 24, in Anlehnung an Anselms Proslogion und Schelling.
20 Bo K. Holm differenziert hingegen zwischen Gabe-Tausch und Liebe, um die Andersartigkeit der Rechtfertigung hervorzuheben, vgl. Bo K. HOLM, „Der fröhliche Verkehr. Rechtfertigungslehre als Gabe-Theologie", in: VERONIKA HOFFMANN (Hg.), *Die Gabe. Ein „Urwort" der Theologie?*, Frankfurt am Main 2009, S. 33–53, hier: S. 47ff.
21 Die Herkunft des Zitats ist unbekannt. Umgekehrt in Lessings Minna von Barnhelm: „Ich brauche keine Gnade, ich will Gerechtigkeit".
22 Vgl. http://www.faz.net/aktuell/sport/fussball/horst-hrubesch-im-gespraech-meine-spieler-nennen-mich-mister-gnadenlos-12616471.html (Zugriff am 10. Mai 2015).
23 Vgl. den Beitrag von Julia Schimming in diesem Heft.

Verdienstlichkeit
Ein Schlüssel zum Verständnis des Verhältnisses von „Leistung" und „Gnade"?

MARTIN HÄHNEL

> „Man verdiente nichts; man gab nichts aus; und alle lebten."
> Charles Péguy

Die Frage nach der Verdienstlichkeit, also der allgemeinen Beurteilung dessen, was jemandem zukommt oder bereits zugekommen ist, ob nun als Folge oder Wirkung einer erbrachten Leistung oder als unerwartetes Geschenk, steht genau im Spannungsfeld von Leistung und Gnade. Inwiefern kann es gerecht sein, für Geleistetes angemessen entlohnt zu werden? Ist das, was einem zukommt, gleichbedeutend mit dem, was einem zusteht? Kann man Geschenke irgendwie „verdienen" oder sind wir besser beraten, auf das „Unverdiente zu hoffen" (Jacob Burckhardt)? Der Beitrag widmet sich dem Phänomen der Verdienstlichkeit in seinen verschiedenen Formen (z. B. als Produkt der Tugend, in Gestalt der Gabe etc.) und untersucht im Anschluss daran seine ethischen Implikationen, in der Hoffnung etwas mehr Licht in das Verhältnis von Leistung und Gnade zu bringen.

Im Laufe der okzidentalen, d. h. zumeist christlich geprägten Geistes- und Ideengeschichte mag es wohl selten ein gleichzeitig so unerschöpfliches wie unüberschaubares Thema gegeben haben wie die Deutung des Zusammenhangs zwischen dem, was gemeinhin unter „Leistung" verstanden, und dem, was als „Gnade" bezeichnet werden kann. Beide Begriffe eröffnen uns einen unermesslichen Spielraum schwer voneinander abgrenzbarer Assoziationen. Somit scheint auch der damit verbundene Versuch, sich einen unabhängigen philosophischen Begriff von diesem Zusammenhang zu machen, nahezu aussichtslos, da sich die Phänomene von „Leistung" und „Gnade" über die Zeit doch fast bis zur Unkenntlichkeit in soziale, ökonomische, ethische, theologische und politische Erscheinungsformen verflüchtigt haben.

Im Folgenden werde ich dennoch den Versuch wagen, einige aus bestimmten Transformationsprozessen hervorgegangene Erscheinungs- und Explikationsformen des Verhältnisses von „Leistung" und „Gnade" darzustellen. Im Zuge dessen sollen insbesondere die *gegenseitige inhaltliche Verwiesenheit* der Begriffe sowie auch die *hohe semantische Produktivität*, die sich ergibt, wenn man „Leistung" und „Gnade" in Beziehung zueinander setzt, deutlich werden. Allerdings ist hierbei auffällig, dass bei der Erklärung des Zusammenhangs nicht ersichtlich werden kann, wodurch eine solche Differenzierung überhaupt ermöglicht wird. Es soll sich daher zeigen, dass wir auf den Gedanken einer natürlichen Verdienstlichkeit (siehe Eingangszitat) zurückgreifen müssen, auf dessen Basis es uns erst erlaubt sein wird, derartige Unterscheidungen zu treffen. Nur vor diesem Hintergrund kann „Leistung" als ein Allgemeinbegriff für das, was uns als äußerste Möglichkeit gegeben ist, und „Gnade" als dasjenige, was zur Vervollkommnung von Vermögen hinzutritt, ohne für diese Vervollkommnung von jenem Vermögen in Anspruch genommen werden zu können, aufgefasst werden. Um nun vor diesem Hintergrund entscheidende Gemeinsamkeiten und Unterschiede überhaupt herausarbeiten zu können, müssen wir ein solches Konzept der natürlichen Verdienstlichkeit entwickeln, mit dem es uns möglich ist zu zeigen, wo „Leistung" aufhört und „Gnade" beginnt (und vice versa).

1. Der Status der Verdienstlichkeit: Begriffliche Vorklärungen

Es ist wohl zu einem Gemeinplatz geworden, dass man zwischen der Tatsache, dass ‚sich jemand etwas verdient hat', und der Tatsache, dass jemandem unverdientermaßen etwas zugekommen ist, unterscheidet. Wollen wir an dieser Stelle aber nicht die sich hier sogleich aufdrängende Frage nach der Gerechtigkeit stellen – d. h. die Frage, ob es unter bestimmten Umständen gerecht oder ungerecht ist, dass jemandem ein Verdienst[1] zugekommen ist, für das er nichts getan bzw. „geleistet" habe –,[2] sondern eher darauf schauen, woher bzw. wodurch jemandem Verdienstlichkeit zugesprochen werden kann oder nicht, dann stoßen wir auf eine spezifische Ausprägung der nicht selten als absoluter Gegensatz bezeichneten Differenz von „Leistung" und „Gnade".

Wenn wir uns dem Problem der Verdienstlichkeit annähern wollen, können uns die Ergebnisse der Studie von Max Weber zur protestantischen Ethik gewiss einen ersten Zugang bieten. In dieser berühmt gewordenen Abhandlung bekommen wir paradigmatische Fälle vorgeführt, die veranschaulichen sollen, wie „Leistung" und „Gnade" in eins zusammenfallen und infolge dieser Koinzidenz ihren Differenzcharakter verlieren. Nach dem Verlust dieser Differenz könne einzig am wirtschaftlichen Erfolg – d. h. in einem spezifischen Sinne am Verdienst – „abgelesen" werden, inwiefern einem Leistungserbringer „Gnade" zugekommen sei oder nicht.[3] Die Frage, inwieweit dabei „Blindleistungen" oder ungewollte, aber gute Unterlassungen, also Leistungen ohne eine sogenannte Verdienstbasis, Produkte solcher Gnadengaben sein können, wird hierbei unerheblich bzw. erhält eine späte Antwort bei Albert Camus, welcher in den „Blindleistungen" selbst (Beispiel ist hier der Mythos des Sisyphos) die Verdienstbasis erblickt. Indem Sisyphos darauf verzichtet, das ihm ein äußerer Verdienst zukommen kann, findet er in diesem Verzicht, der quasi eine Ablehnung ist, die Legitimation für die ewige und durch nichts zu befriedigende Revolte, in der Camus schließlich den Sinn bzw. die Absurdität des menschlichen Handelns sieht.

In der Moderne, Weber weiter folgend, wird die Verdienstlichkeit also ausschließlich nach Leistungskriterien bewertet,[4] sodass der Faule dabei sehr schlecht wegkommen muss und nur der Fleißige Anspruch auf (moralischen) Verdienst erheben dürfe.[5] Im Grunde gilt diese Auffassung noch bis in die heutigen Tage hinein, wo nicht selten die Ablehnung von Leistungsansprüchen bzw. die Unfähigkeit, solchen Leistungsansprüchen nachzukommen, durch spezifische Solidaritätsforderungen, die im Grunde ebenso „Leistungen" darstellen, kompensiert werden soll. Immer gilt dabei, dass sich Verdienst an der Leistung (darunter zählt auch das Sparen) messen soll, aber nicht umgekehrt – das gilt übrigens auch für die „Blindleistungen" des Sisyphos.

Allerdings sehen nicht alle Philosophen, Soziologen und Ökonomen die von Weber so präzise gefasste „innerweltliche Askese" als Ursache für den Sparzwang an, sodass auch darüber diskutiert werden sollte, wo Leistungen angebracht sind und an welcher Stelle sie vielleicht auch hätten ausgespart werden können. Wenn wir nun vor dem Hintergrund der Weber-These ausdrücklich von Verdienst in Bezug auf Leistung und Gnade sprechen wollen, sollten wir zunächst auch klarstellen, wie sich ersteres auf letzteres bezieht. Wir können dementsprechend *formaliter* annehmen, dass Verdienst oder Lohn eine Wirkung oder Folge von selbsterwirkter Leistung bzw. geschenkter Gnade ist, d. h. nicht mit dieser oder jener identisch sein kann. *Materialiter* ist es interessant zu untersuchen, *worin* dieser Lohn bestehen kann und wie sich dieser zu der Art und Natur der Ursache, d. h. der jeweiligen Leistung bzw. des jeweiligen Gnadengeschehnisses, verhält. Weiterhin ist es von Bedeutung zu ergründen, weshalb wir, wenn wir von Verdienst oder „Lohn" sprechen, damit stets einen positiven Wert verbinden. So kann es doch auch sein, dass aus einer Leistung oder Gabe ein negativer Verdienst entspringt. Bekanntlich kann man sich auch Schlechtes oder Böses „verdienen". Dieser Sachverhalt wird gemeinhin als „Strafe" bezeichnet und deutet zumeist auf das Versagen oder die verfehlte Anwendung einer zu erbringenden Leistung bzw. auf das Ausbleiben einer mehr oder weniger erwarteten Gabe hin. Verdienstlichkeit ist folglich nicht nur im Zielhorizont einer Belohnungsstrategie zu finden, sondern begegnet uns auch in der allgemeinen Vergeltungstheorie. Klassische Vergeltungstheoretiker wie Kant oder Hegel sehen in der Strafe einen gerechtfertigten Ausgleich für vergangene Verbrechen und folgen damit dem klassischen Reziprozitätsprinzip von *Do, ut des*. Gegen diese reziproke Vergeltungstheorie hat sich allerdings Max Scheler gewendet, der die Vergeltung gerade nicht als unmittelbare Gegenwirkung auf eine Straftat verstanden wissen möchte, sondern diese vielmehr in den Horizont der Verzeihung und Dankbarkeit[6] zu stellen beabsichtigt: „Nur da also ist Vergeltung, ist Strafe und Belohnung sittlich gefordert, wo Verzeihung und Dankbarkeit evident dem sittlichen Können unmöglich ist."[7] Scheler stellt sich zwar mit Kant gegen die Auffassung, dass „gutes Wollen mit aller Art von Rechnen auf göttlichen Lohn und göttlicher Strafe irgendwie zusammen bestehen könne."[8] Allerdings denkt Kant nach Ansicht Schelers etwas zu kurz, wenn er meint, dass die gesamte Problematik mit dem Ausschluss der Erwartung auf Lohngüter und Strafübel aus der Moral erledigt sei. Denn es bleiben, so Scheler, auch bei Kant „eudaimonistische Lohn- und Strafspekulationen"[9] übrig, d. h. durch die Einführung eines vergeltenden Richters (Stichwort Gottespostulat) weiterhin wirksam. Für Kant gibt es zwar die Furcht vor dem Strafübel und das Rechnen auf das Lohngut, nicht aber die „Furcht vor der Strafe als Strafe und der Hoffnung auf Belohnung als Belohnung."[10] In diesem Sinne wäre es die Aufgabe einer Moralpsychologie zu zeigen, dass die Furcht vor dem Strafübel eine andere ist als die Furcht vor dem Strafcharakter der Strafe, denn nach Scheler ist es auch möglich, dass trotz Beseitigung der Furcht vor dem Strafübel die Furcht vor der Strafe als solcher bestehen bleibt. Genau Umgekehrtes könnte übrigens auch für den Verdienst gelten: Obwohl das Rechnen mit einer Belohnung ausgeschlossen werden kann, ist die Hoffnung, belohnt zu werden, damit noch nicht gleich „gestorben".

Seit einiger Zeit findet auch eine metaethische Behandlung des Phänomens der Verdienstlichkeit statt, die uns bei der Erhellung der hier vorgetragenen Problematik helfen könnte.[11] Gegenwärtige Theorien zur Verdienstlichkeit, die sich meist zwischen deontologischen und utilitaristischen Ansätzen bewegen, versuchen ihre Überlegungen auf eine irreduzible Verdienstbasis zu gründen, von der aus eine Beurteilung über das Vorliegen eines Verdienstes erst möglich werde: „The truism that all deserving is deserving in virtue of some ground or other."[12] Allerdings ist der hier geforderte Rekurs auf eine solche Basis bereits an sich selbst problematisch, da echtes Verdienst, das sich nicht im Rahmen eines wie subtil auch immer verdeckten Tauschhandels abspielen soll, letztlich grundlos ist.[13] Wenn wir demnach sagen, dass jemand A *aufgrund von* B verdiene, dann geben wir zwar eine kausale Erklärung des Verdienstes an, können uns aber die Natur des Verdienstes nicht erklären. Verdienstlichkeit, die einen Grund *für sich* anführt, bleibt damit eine Sache des eindeutig angebbaren Leistungsumfanges.

Nicht nur aus phänomenologischer, sondern auch aus begrifflicher Perspektive handelt man sich durch die Herstellung einer Abhängigkeit von einer Verdienstbasis begründungstheoretische Probleme ein. So sind wir normalerweise der Auffassung, dass jemand, der sich im Sport unerlaubte chemische Substanzen zuführt und dadurch die beste Leistung erzielt, einen Sieg nicht *verdient* habe. Diese Frage verweist damit automatisch auf die Frage nach der Möglichkeit von leistungsunabhängigem Verdienst. So sagen wir beispielsweise auch, dass jemand Respekt *verdiene*, weil er schlicht und ergreifend ein Mensch *ist*. Dafür muss der Mensch, *gerade weil* er Mensch ist, auch nichts „leisten". Natürlich könnte hier sofort der speziesistische Einwand erhoben werden, dass jemand nur Respekt verdiene, weil er ein Mensch sei, und dass sich hierbei vor allem auf theologische Begründungen gestützt würde. Diese Auffassung führt in der Tat eine Verdienstbasis ein – und zwar die rein theologisch begründete Menschenwürde – und schließt damit Tiere aus dem Kreis derer aus, die ebenfalls Respekt verdienen.[14]

Bislang haben wir Beispiele betrachtet, die einen Grund für den Verdienst angeben. Wenn wir Verdienstlichkeit aber auch als etwas verstehen wollen, das *keinen Grund für sich* anzugeben braucht, dann können wir dies nur tun, indem wir den Verdienst *als Sache der Gnade* verstehen. Es ist gerade das schlechthinnige Merkmal der Gnade oder der Gabe,[15] keinen Grund zu haben. Wie kann es uns aber ohne Rekurs auf eine solche Basis überhaupt gelingen, zu erkennen, ob in diesem oder jenem Fall Verdienstlichkeit vorliegt?

Zuvor habe ich bereits erwähnt, dass man sich sowohl Gutes als auch Schlechtes verdienen könne. Dieses Sich-Verdienen, das zunächst eindeutig auf den Leistungsgedanken abzuzielen scheint, bezieht sich dabei nicht selten – als Verdienstbasis – auf persönliche Charaktermerkmale und zu erwerbende Fähigkeiten, kurzum auf Tugenden, die dazu dienen, dass man sich etwas durch Übung erwerben kann (z. B. Lob), um dementsprechend auch schlechte Eigenschaften, d. h. Laster zu verhindern, deren Wirkung darin besteht, sich zu schädigen und Tadel einzuholen. Letztlich fällt eine ethische Bewertung an dieser Stelle nicht schwer, weil Verdienst sich an der vorhandenen oder verlorenen Qualität der Handlung und Haltung eines Akteurs bemisst. Maßstab dieser Bewertung ist die bereits am Anfang erwähnte Gerechtigkeit, die traditionell auf einer reziproken Regel, d. h. dem „Gesetz" der Angemessenheit, der sogenannten Goldenen Regel, basiert. So erhält derjenige den gerechten, d. h. angemessenen Preis für eine Leistung, der sie auch erbringt. Wird die Leistung nicht erbracht, z. B. weil derjenige keine Lust hat, verhindert ist oder etwas anderes als das Erwartete tut, steht dem Akteur auch nicht der für die Erfüllung der vollen Leistung vorgesehene Lohn zu. Diese Logik erscheint so einleuchtend wie begründungsbedürftig, weil hier unter anderem nicht deutlich wird, worin das gerechte Maß, das wir voraussetzen, besteht. So kann die gezielte Unterlassung einer Leistung bisweilen sogar gerechter sein als die pflichtgemäße Erfüllung, z. B. wenn eine Norm zu hoch angesetzt ist und damit eine Überforderung des Leistungserbringers evoziert. Hier gilt es zuvor zu klären, woraus die Norm abgeleitet wird – aus den objektiven Erfordernissen oder aus der Selbstverpflichtung zur Einhaltung einer Norm, die man sich selbst gesetzt hat?

Es kann also in diesen Fragen immer wieder zu Unstimmigkeiten kommen, sodass die Vermutung naheliegt, dass die komplementäre Rede von Leistung und Verdienst ein bestimmtes Korrektiv, die bereits angesprochene Gerechtigkeit, benötige. Um dieses Korrektiv freilegen zu können, müssen wir zunächst a) von einem lohnunabhängigen und b) von einem lohnabhängigen Begriff des Verdienstes ausgehen: Wenn a) jemand es verdient hat, einen Preis zu gewinnen, dann heißt dies noch nicht, dass er ihn auch bekommen muss (z. B. „ewige" Nobelpreiskandidaten). Hingegen impliziert b) die Aussage, dass jemand einen Preis verdient, wenn er im 100m-Sprint gewonnen hat, dass er ihn auch bekommen sollte. An ersteres schließen sich gemeinhin reziproke Gerechtigkeitsfragen an, da es naturgemäß ungerecht erscheint, dass jemand so lange auf einen Preis warten muss, den er auch verdient hat. Allerdings kann die Gerechtigkeit nicht das alleinige Kriterium zur Bewertung von Verdienstlichkeit – gerade im Hinblick auf das Konzept der „Gnade" – sein. So gibt es Beispiele, wo Ungerechtigkeiten (die oft als Schicksalsschläge erlebt werden) sich als positive Verdienste, d. h. Gaben, herausstellen, da sie die Betroffenen zu einer inneren Umkehr und Läuterung bewegen können. Gerade hier stellt sich die Bedeutung des Unverdienten heraus, das sich eben in Gestalt einer *rückkehrlosen Gabe*, als Akt der Begnadung, zu erkennen gibt. Um hier aber nicht allzu schnell ein neues Theologumenon einzuführen, sollten wir deshalb prüfen, ob es möglich ist, diesen Begriff in eine Handlungstheorie und Ethik zu integrieren, die nicht allzu großen metaphysischen Ballast mit sich trägt, sich aber auch nicht vorschnell einer deontologischen oder utilitaristischen Ethik preisgeben muss, welche keinen Platz für das Unverdiente haben kann, weil einerseits das Unverdiente kein Teil des moralischen Sphäre sein kann (z. B. bei Kant) bzw. im Rahmen der unendlichen Optimierungspraxis des Utilitarismus (irgendwann) *alles* verdient werden könne, d. h. das Unverdiente als Noch-nicht-Verdientes qualifiziert würde und damit als singuläres Phänomen verschwände. In diesem Zusammenhang ist es vor allem auch eine ethisch-ästhetische Aufgabe, verschiedene Figuren des Unverdienten zu entdecken und zu beschreiben. Solche Figuren sind schwer bestimmbar, obwohl sie in unserer Lebenswelt und Alltagssprache tief verwurzelt sind: Glück, Schicksal, Liebe, Vergebung, Lob, Gehorsam, Schönheit etc. Vor allem bezüglich letzterem – an der Schönheit des Kunstwerks – ließe sich das Unverdiente bzw. Unverdienbare konkret veranschaulichen. Ist das Kunstwerk ein unvordenkliches „Geschenk" oder eher ein Produkt, dessen Entstehung von nichts anderem abhängt als von der Absicht seines Schöpfers? Von Walter Benjamin stammt das bekannte Diktum, dass das Kunstwerk im Zeitalter der technischen Reproduzierbarkeit seinen aurahaften Status verloren habe; das Kunstwerk ist nicht mehr länger die gestaltgewordene und selbstvergessene Intention eines „begnadeten" Künstlers, sondern das Ergebnis einer lückenlosen und dokumentierten Berechnung. Wieso also noch vom Kunstwerk sprechen, wenn wir Designgegenstände haben, die einen bestimmten Zweck erfüllen, einer Mode folgen oder einfach nur günstig in der Anschaffung sind? *Beauty follows function.*

Wir befinden uns so gesehen in einem Zeitalter des ubiquitären Funktionalismus, wo alles eine Funktion hat und nicht unabhängig von seinen Entstehungsbedingungen existieren darf. Funktionen sind die Ergebnisse einer wissenschaftlichen Entlarvungsmethode, die allein dem Zweck dient, der Natur ihre Gesetze abzulauschen, aber dennoch nicht das sichtbar machen kann, was alles ausmacht. Aus dem vormaligen rationalen Satz „Nichts ist ohne Grund" ist somit der Satz „Nichts ist ohne Funktion" geworden. Sogar die Funktionslosigkeit der Kunst selbst soll eine Funktion übernehmen (z. B. bei Adorno eine gesellschaftliche). Zwar zeigt uns ein Blick in die Evolutionsgeschichte immer wieder, dass es in der Natur Anzeichen für Überdeterminiertes gibt oder gegeben hat, doch ist dieses Nicht-Funktionale kein Ausdruck einer vernünftigen Ordnung der Natur mehr, sondern dysfunktionaler Teil der Art selbst, die dadurch repräsentiert wird. Nichtsdestoweniger scheint das Kunstwerk, gerade wenn es sich nicht von der Natur emanzipiert, weiterhin der beste Kandidat zu sein, um uns das zu zeigen, was wir nicht verdienen können. Das Kunstwerk ist sozusagen das Ferment des Unverdienten; es ist eine Hervorbringung, ein Tun, keine außerordentliche Leistung. Dabei ist der Künstler kein Macher, sondern tritt vor dem Geschaffenen zurück, insofern er so tut, als ob er nicht dessen Schöpfer sei; er macht sich vielmehr empfangsbereit für die Gabe, wird ganz Gefäß.

3. Verdienstlichkeit und (christliche) Moral

Wir haben gesehen, dass eine Rede über Verdienst nicht ohne einen Verweis auf das stattfinden kann, was wir nicht verdienen können. Das Thema der Verdienstlichkeit ist – das wurde im vorangegangenen Kapitel angedeutet – vor allem in moralischer Hinsicht zum Streitpunkt zwischen den christlichen Konfessionen geworden.[16] Während ein nicht-moralischer Verdienst, der in Form einer ungewöhnlichen Anstrengung geschehen kann, noch wertfrei ist, scheint die Übertragung auf das Gebiet der Moral problematisch, und zwar in dem Sinne, dass moralischer Verdienst durch tugendhaftes Handeln,[17] d. h. durch moralisch gute Leistungen, erworben bzw. individuell oder kollektiv herbeigeführt werden kann. Die religionsphilosophisch interessante Frage ist hier, ob sich die Idee eines moralischen Verdienstes in der Ethik der Neuzeit nicht selbst abgeschafft habe, vor allem dadurch, dass man aufgrund des selbstzweckhaften Leistungsstrebens es nicht mehr für nötig halten musste, einem damit zur Hypothese gewordenen Gott zu gefallen. Konsequentialisten, Pflicht- und Tugendethiker können sich Verdienstlichkeit dementsprechend auf je eigene Weise, aber unter der gemeinsamen Prämisse von *etsi deus non daretur,* aneignen: Während der Konsequentialist den Verdienst an das Prinzip der universellen Glücksmaximierung, der Pflichtethiker diesen an die Idee einer Gesinnungs- und Schulderfüllungsoptimierung koppelt, entlarvt der Tugendethiker sowohl das deontologische als auch das konsequentialistische Programm und stellt es als das dar, was es nicht sein will – ein moralischer Egoismus.[18] Allerdings ist auch die Tugendethik kaum in der Lage, diesen moralischen Egoismus zu überwinden, wenn sie nicht aus der Idee der Gabe gespeist wird. Aus einer „gnadenlosen" Tugendethik folgt daher – streng zu Ende gedacht – ebenfalls ein Verdienstnihilismus, der sich letztlich darin täuschen muss, irgendeinem Anspruch gerecht zu werden. Hier wäre es auch notwendig, das Verhältnis zwischen Tugenden und Gaben bzw. erworbenen und eingegossenen, d. h. geschenkten Tugenden genauer zu untersuchen.[19]

Gerade im Hinblick auf Kant wird die

Rede über Verdienstlichkeit in ihrer ganzen Ambivalenz offensichtlich. So sagt Kant, dass nur die unvollkommenen Tugendpflichten verdienstvoll seien.[20] Allerdings gibt es neben diesen verdienstvoll-unvollkommenen Tugendpflichten auch überverdienstliche Handlungen, die der Pflicht entgegenstehen.[21] Diese Handlungen sind nach Kant aber moralisch nicht relevant; im Gegenteil, sie behindern sogar das pflichtgemäße Mehrtun:

> „Was jemand pflichtmäßig mehr thut, als wozu er nach dem Gesetze gezwungen werden kann, ist verdienstlich (meritum); was er nur gerade dem letzteren angemessen thut, ist Schuldigkeit (debitum); was er endlich weniger thut, als die letztere fordert, ist moralische Verschuldung (demeritum). Der rechtliche Effect einer Verschuldung ist die Strafe (poena); der einer verdienstlichen That Belohnung (praemium) (vorausgesetzt daß sie, im Gesetz verheißen, die Bewegursache war)."[22]

Interessant ist vor allem Kants Auffassung von „Belohnung", die er im Sinne z. B. von Finderlohn zu verstehen scheint. Claudia Blöser hat daraufhin bei Kant zwei Verdienstbegriffe ausfindig gemacht. Einmal spricht Kant von „Leistungsverdienst",[23] welcher sich auf die Schuldigkeit, deren Begleichung verdienstvoll genannt werden kann, erstreckt; und ein anderes Mal bezieht er sich – quasi die moralpsychologische Rückseite der gleichen Medaille – auf einen „Gesinnungsverdienst".[24] Hieraus geht letztlich hervor, dass von Verdienst im weiten Sinne – als womöglich „Überverdienstliches" – niemals in Bezug auf das Gesetz, sondern nur in Bezug auf die Gesinnung gesprochen werden kann. Kant bemerkt an einer anderen Stelle:

> „Verdienst ist nicht ein Vorzug der Moralität in Beziehung aufs Gesetz (in Ansehung dessen uns kein Überschuss der Pflichtbeobachtung über unsere Schuldigkeit zukommen kann), sondern in Vergleichung mit anderen Menschen, was ihre moralische Gesinnung betrifft."[25]

Und weiter:

> „Auch kann er in einem fernerhin geführten guten Lebenswandel keinen Überschuss über das, was er jedesmal an sich zu tun schuldig ist, herauszubringen; denn es ist jederzeit seine Pflicht, alles Gute zu tun, was in seinem Vermögen steht."[26]

Damit säkularisiert Kant die christliche Idee des Verdienstlichen, indem er den „überverdienstlichen Anteil"[27] ausscheidet bzw. subjektiv als „eigenliebige Einbildung"[28] entlarvt, um fortan Verdienstlichkeit – gemäß der klassischen Weberthese – allein auf den moralisch relevanten Leistungsverdienst einzuschränken.

Erst John Rawls wird die Verdienstidee 200 Jahre später wieder aufgreifen, um sie auf seine Weise aus einer Theorie der Gerechtigkeit zu verbannen. John Rawls verbindet den Verdienstlichkeits-Gedanken allerdings nicht mit der Kantischen Pflicht, sondern mit der Tugend und vertritt dabei die Auffassung, dass der positive Eintrag der Verdienstlichkeit in konstitutive Gerechtigkeitsprozesse bestimmten Personen einen natürlichen Vorteil verschaffe, der sich jedoch als unverträglich mit der Ursituation des „veil of ignorance" erweise. Wo Gerechtigkeit grundsätzlich als Fairness verstanden werde, dort habe Verdienst, ob nun als Leistungs- oder Gesinnungsverdienst, nichts zu suchen. Wenn nach Rawls Verdienstlichkeit aber nicht mehr in realen gesellschaftlichen Zusammenhängen auftauchen dürfe, so könne sie wohl nur noch in Form einer spezifischen Gefühlspsychologie weiterleben?[29] Dementsprechend liegt bei David Hume der Verdienst auch in der unmittelbaren Befriedigung (*pleasing sentiment of approbation*), nicht in Gott. Daraus folge nach Hume auch zwangsläufig die entschiedene Ablehnung der mönchischen Tugenden (*monkish virtues*), welche für ihn – ähnlich wie für Kant – nichts anderes sind als Kennzeichen der Selbstliebe. Allerdings schildert Hume auch eindrücklich den Zusammenhang von Verdienst und Bedürfnisbefriedigung im *Fleiß*. Begehren sei ihm zufolge etwas rein Immanentes, d. h. man könne nicht etwas begehren, das uns die unmittelbare Befriedigung entzöge. Bereits Spinoza hat dies erkannt:

> „Die *Begierde* ist ein Verlangen mit dem Bewußtsein desselben. – Aus dem allem geht darum hervor, daß wir nichts erstreben, wollen, verlangen oder begehren, weil wir es für gut halten, sondern daß wir umgekehrt darum etwas für gut halten, weil wir es erstreben, wollen, verlangen oder begehren."[30]

Der Fleißige befriedigt schon sein Begehren durch den Fleiß selbst, aber nur weil der Fleiß es auch ist, der ihn zum Genuss dessen führt, was durch seinen Fleiß hervorgebracht wurde.[31] So wird a) die lästige Gartenarbeit deshalb schön, weil sie zu einem sichtbar schönen Ergebnis *führt*. Stattdessen bleibt sie b) lästig, wenn sie nur deshalb verrichtet wird, *um* einen schönen Garten zu haben. So könnten wir uns aber vorstellen, dass jemand im Bewußtsein von a) oder b) die Gartenarbeit verrichte, aber nach getaner Arbeit ein Sturm alles wieder zunichtemache: War die Gartenarbeit dann *umsonst*? Im Falle von a) wohl nicht, im Falle von b) wohl schon.

Ohne Zweifel ist die Reduktion der Verdienstlichkeit auf eine psychologische Qualität mit erheblichen ethischen Problemen verbunden. So kann einem Verbrecher die prinzipielle Möglichkeit zur Bestrafung und Wiedergutmachung genommen werden, wenn, wie Derek Parfit annimmt, eine Person A_{t1}, die ein Verbrechen begangen hat, nichts mit der Person A_{t2} (die gleiche Person zu einem späteren Zeitpunkt) zu tun habe. Jeder Verbrecher verdient aber sowohl Bestrafung als auch Wiedergutmachung bzw. soll die Möglichkeit auf Verzeihung eingeräumt bekommen. So kann nach Parfit aufgrund fehlender personaler Identität ein Verdienst zu einem Zeitpunkt t_1 einen Verlust zu einem anderen Zeitpunkt t_2 nicht aufwiegen: „A benefit at one time cannot provide compensation for a burden at another time, even when both come within the same life."[32]

Anders als bei Rawls, Kant und der modernen Moralpsychologie soll es aber weiterhin erlaubt bleiben, die Frage nach der Verdienstlichkeit auch auf Gott zu beziehen. Hier hat meines Erachtens die protestantische Ethik, wie Max Weber sie beschreibt, eine unumkehrbare Dichotomie begründet, die bis heute nicht mehr versöhnt werden kann und in den besagten Verdienstlichkeitsnihilismus führen musste.[33] Indem die protestantische Ethik nämlich jegliche Verdienstlichkeit *qua* „Überverdienstlichkeit" allein Gott zuschreibt (bzw. in einen prälapsaren Zustand projiziert), dabei jedoch eine äquivalente Übertragung des Überverdienstlichen ins Profane untersagt, entledigt sie damit die guten Werke ihres moralischen Verdienstcharakters. Stattdessen wird Verdienst voll und ganz zur Sache der individuellen oder kollektiven Leistung. Diese Entleerung hat ihre Ursache insbesondere in der Ablösung des calvinistischen Gnadenkapitals durch ein säkulares Kapital, das wir heute in Form des Geldes kennen. Es wäre m. E. allerdings zu kurz gedacht, gleichsam in einer Art Rückgang auf die religiösen Wurzeln der Marktwirtschaft, die ultimative Erklärung für dieses Phänomen darin zu suchen, indem man nachweise, dass der weltliche Reichtum als eine Form der säkularen Gnade angesehen werden müsse. Dem widerspricht unter anderem die These, dass Gütererwerb in unseren Tagen zu einem großen Teil eine Sache des persönlichen oder gemeinschaftlichen Nutzenkalküls geworden ist, infolge dessen man nicht mehr zu hoffen braucht, dass einem eines Tages der Reichtum „in den Schoß fällt".[34]

4. Das Problem der Verdienstlichkeit guter Werke – eine abschliessende Annäherung

Das eben in seinen verschiedenen Facetten ausgeleuchtete Thema von Verdienstlichkeit ist in seiner Gänze natürlich nicht einfachhin zu erfassen. Allerdings mögen hier noch einige abschließende Bemerkungen zur Verdienstlichkeit guter Werke erlaubt sein, die in eine eher theologische Richtung zielen. Luther hat bekanntlich die Idee der Verdienstlichkeit als notwendigen Beitrag zum Heil abgelehnt. Dazu Kierkegaard:

> „Luther wollte die Werke der ‚Verdienstlichkeit' berauben und sie in eine andere Stellung bringen, nämlich so, daß sie für die Wahrheit des Glaubens zeugen sollten; die weltliche Sinnesart aber, die Luther aus dem Grunde verstand, nahm die Verdienstlichkeit fort – samt den Werken."[35]

Nur über den Glauben, der vor der tätigen Liebe stehe, könne die Gnade sich verwirklichen. Luther lehnt dabei die Liebe als *habitus* ab, da sie nicht (wie bei Thomas von Aquin) die Voraussetzung für die Verdienstlichkeit von Akten sein könne. So bemerkt Thomas: „Lohn aber heisst das, was für Verdienst gegeben wird."[36] Lohn-Gerechtigkeit gebe es also nur unter Gleichen. Da Gott und Mensch aber ungleich seien, könne jeder nur auf seine Weise tätig werden. Der Mensch empfange von Gott also den Lohn, wozu Gott ihm die Wirkkraft gegeben habe. D. h. ein Mensch bekommt nach Thomas tatsächlich etwas, wenn er tut, was er soll – nicht mehr und nicht weniger. Was der Mensch aber tun soll, sei dementsprechend das, wozu er von Gott die Fähigkeit bekommen habe. Allerdings rechne sich der Mensch diese Fähigkeit nicht als Verdienst an, weil sie ihm geschenkt worden sei. Dennoch gebe es so etwas wie Verdienst, dieser sei aber als „nachfolgende Ursache"[37] (*meritum autem nostrum est causa subsequens*), nicht als intendierter Zweck zu begreifen. Solche nachfolgenden Ursachen können Thomas zufolge allerdings nur der Liebe zugeschrieben werden, da sie allein Quelle des Verdienstes sein könne. Im Lichte der Liebe ist bei Thomas von Aquin der Lohn Abschluss und die Gnade Anfang des Werkes. Wir sollten uns also klar werden, dass eine Antwort auf die Frage nach dem angemessenen Verhältnis zwischen „Leistung" und „Gnade" aus theologischer Perspektive nur möglich ist, wenn wir zuvor auch die Stellung der Liebe innerhalb dieses Zusammenhangs bestimmt haben.

Trotz wiederkehrender Versuche, Verdienstlichkeit als ein „Tun der Gabe" zu bestimmen, hat sich die gegenwärtige Einstellung zum Leben von der Kultur der kontemplativen Betrachtung mehr und mehr zur produktivistischen Leistungsgesellschaft hin entwickelt. Wo sich der mittelalterliche Mensch noch als Sachverwalter der göttlichen Schöpfung berufen fühlte, legte er sich später im Zuge der Säkularisierung die Verantwortung vollständig selbst auf und wurde vom nebenamtlichen Sachverwalter zum hauptamtlichen, d. h. vollbeschäftigten Verantwortungsträger. Bei dieser Transformation spielte insbesondere der Protestantismus, dem im Laufe der historischen Entwicklung das Maß für die richtige Verhältnisbestimmung zwischen Tugend und Gabe, Leistung und Gnade sowie Arbeit und Muße verloren gehen musste, eine entscheidende Rolle. So weitet Gerhard Schmidtchen, anders als Weber, das puritanisch-calvinistische Motivationsmodell sogar auf den gesamten Protestantismus aus. Schmidtchen zeigt damit auch die Kehrseite eines allgegenwärtigen Leistungsstrebens auf:

„Der Charakter der protestantischen Antriebsverfassung und der im Protestantismus entbundenen Ausgriffskräfte offenbart sich an ihrem Versagen. Persönlichkeitsdesorganisation und Selbstmord sind die Kehrseite einer Kultur, die mit höherer Wahrscheinlichkeit die größte gesellschaftliche Leistung hervorbringt."[38]

Dies habe nach Schmidtchen vor allem damit zu tun, dass der Protestantismus unter dem Gesetz des offenen Systems steht, welches mit Hilfe der Durchsetzung des Leistungsgedankens auf den unbedingten Ausgleich vormaliger Ungleichheiten aus ist.[39] Unbeabsichtigte Folgen davon waren und sind eine Quasi-Sakralisierung der Arbeit und eine Ökonomisierung der Muße.

Was können wir im Hinblick auf die Bestimmung des Verhältnisses von „Leistung" und „Gnade" diesen Thesen abgewinnen? Obwohl es auf den ersten Blick nicht so aussieht, bewegen wir uns heute weiter auf ein „Zeitalter des Ausgleichs" (Max Scheler) zu, wo sich vieles des eben Gesagten nicht mehr auf seine religiösen Wurzeln zurückverfolgen lässt. Somit wäre es an der Zeit, die Frage nach dem Verhältnis von „Leistung" und „Gnade" zur Frage nach dem, was jeden Menschen *von Natur aus* mit Dankbarkeit erfüllt, zu erweitern. Von diesem Punkt einer natürlichen Verdienstlichkeit aus, die auch Wohlwollen genannt werden könnte, ließe sich womöglich gut zeigen, dass das, was wir tun, immer schon aus Gnade geschieht.

Anmerkungen

1 Im Deutschen heißt es bekanntlich „der Verdienst", in der Bedeutung von Lohn oder Gewinn, aber auch „das Verdienst", was vielmehr einen Anspruch auf Dankbarkeit ausdrücken soll. Der folgende Beitrag geht bewusst von einem engen Zusammenhang zwischen diesen

beiden Bedeutungen aus, versucht aber Differenzierungen, dort wo sie notwendig sind, beizubehalten.

2 Im Neuen Testament, im Gleichnis von den Arbeitern am Weinberg (Mt 20, 1–16), wird diese Problematik paradigmatisch ansichtig.

3 Dagegen behauptet Max Weber für die katholisch-mittelalterliche Tradition, dass man sich in dieser die Heilsgewissheit durch das „allmähliche Aufspeichern verdienstlicher Einzelleistungen" (Ders., *Die protestantische Wertethik und der Geist des Kapitalismus*, München 2006, S. 93) erwerben könne. Gerade jenes „Aufspeichern" wäre aus calvinistischer Perspektive unmöglich, da es aufgrund der Prädestination keine Garantie geben könne, ob verdienstliche Leistungen wirklich im Sinne der „Belohnung" anerkannt würden.

4 Die Idee der Arbeit als tätiger Muße wird durch die professionelle Lohnarbeit ersetzt. Die Bemessung der eigenen Leistung in Form realen Lohnes hat ihre Wurzel in der puritanischen Idee des Gewinnstrebens und der Sparsamkeit und ist somit die Substantialisierung einer bestimmten Gesinnungshaltung: „Alle Gelegenheiten ausnutzen, *um etwas zu leisten* (kursiv, M.H.), ob früh oder spät, und keine Gelegenheit verpassen; überall sein und fleißig nach Gewinn streben, dies wird er im Berufsleben emsig tun und dennoch der Welt sein Herz verschließen." (Morgan, *The puritan family*, S. 42, zitiert aus: Charles Taylor, *Die Quellen des Selbst: Die Entstehung der neuzeitlichen Identität*, Frankfurt a. Main 1996, S. 395). Charles Taylor hat in seiner Untersuchung über die Entstehung der neuzeitlichen Identität darin einen entscheidenden Wendepunkt ausgemacht, der unmittelbaren Einfluss auf das kapitalistische Erwerbsstreben haben sollte. Alles, so Taylor, hinge fortan von der „inneren Gesinnung" ab.

5 In David C. McClellands Buch *Die Leistungsgesellschaft*, Stuttgart 1966, wird ein enger Zusammenhang zwischen dem reformatorischen Persönlichkeitstyp, der sich auf sich selbst verlässt, und der Leistungsmotivation geknüpft. Gegen die „Gnadengesellschaft" des Mittelalters bildet sich die Leistung mehr und mehr als Abgrenzungskriterium gegenüber der vormaligen Ständegesellschaft heraus. „,Rationalisierung der Lebensführung' bedeutete also mehr als Sittsamkeit und Strenge, nämlich ein unablässiges Bemühen, das eigene Selbst zu verbessern, *etwas zu leisten* (kursiv, M.H.)." (Ebd., S. 94) Dass es mitunter zu verwirrenden Annahmen hinsichtlich des Verhältnisses von Leistung und Verdienst kommt, beweisen neuere Veröffentlichungen. Z. B. heißt es: „Leistung kann zum wirtschaftlichen Erfolg führen – oder auch nicht. In unserer Gesellschaft wird von Millionen Frauen und Männern sehr viel geleistet, mit und ohne wirtschaftlichen Erfolg, oft unter Verzicht auf Bezahlung. Und es wird sehr viel verdient, mit und ohne Leistung, manchmal sogar auf Kosten des Gemeinwohls." (Erhard Eppler, *Eine solidarische Leistungsgesellschaft*, Bonn 2011, S. 77). Verdienst wird hier ausschließlich an den Leistungsbegriff gekoppelt, sodass die alte DDR-Maxime „Ich leiste was, ich leist' mir was." wieder aktuell wird. Daraus folgt dementsprechend, dass wer nichts leistet, auch nichts bekommen kann bzw. nichts bekommen *darf*.

6 Die Redensart „Vergelt's Gott" ist dagegen keine Strafandrohung, sondern eine Dankesformel. Somit kennen wir – analog zur Verdienstlichkeit – auch einen nicht strafbezogenen Gebrauch von „vergelten".

7 Max Scheler, *Der Formalismus in der Wertethik und die materiale Wertethik*, Bern 1980, S. 368.

8 Ebd.

9 Ebd.

10 Ebd., S. 369. Der Phänomenologe Dietrich von Hildebrand betont auch für die christliche Idee des Lohnes im Himmel: „Sinn und Bedeutung der Lohnidee beruhen primär nicht in der moralischen Wirkung, nicht in der Lohnvorstellung, sondern in der Tatsache der Belohnung selbst." (Ders., „Über die christliche Idee des himmlischen Lohnes", in: Ders., *Die Menschheit am Scheideweg*, Regensburg 1954, S. 518.) Dieser Gedanke entspricht – allerdings direkt auf den Bereich der übernatürlichen Tugenden bezogen – genau der berühmten Aussage Spinozas, wonach „das Glück nicht der Lohn der Tugend ist, sondern die Tugend selbst." (Ders., *Ethik*, Leipzig 1975, S. 379.)

11 Einen ersten systematischen Überblick über das Thema der Verdienstlichkeit, allerdings nur unter deontologischem Blickwinkel, bietet der Artikel von Christoph Horn in: O. Höffe (Hg.), *Lexikon der Ethik*, München 1997, S. 316f.

12 Alan Zaitchik, „On deserving to deserve", in: *Philosophy and Public Affairs* 6, 4 (1997), S. 373.
13 Vgl. dazu Jean-Luc Marion, „Vom Grund und Ungrund der Gabe", in: Walter Schweidler, Emilie Tardivel, *Gabe und Gemeinwohl*, Freiburg 2015 (in Vorbereitung).
14 Heutige Moraltheorien würden im Hinblick auf die Wahl einer Verdienstbasis das theologisch begründete, speziesistische Menschenwürdekonzept gern durch das Kriterium der Empfindungsfähigkeit ersetzen. Sicherlich verdienen Tiere Respekt, weil sie empfindungsfähig sind. Ist dies aber der *gleiche* Respekt, den man Menschen zollen sollte?
15 Über das Problem der Gabe im Hinblick auf Fragen der Alterität und Anerkennung siehe die ausführliche Behandlung in: *Journal für Religionsphilosophie* 2 (2013).
16 Es wäre eine spezielle Aufgabe, Verdienstkonzepte in den anderen Weltreligionen zu untersuchen, z. B. Tham bun im Buddhismus.
17 George Sher, *Desert*, Princeton 1989, S. 132–149.
18 Daher plädiert u. a. Alasdair MacIntyre für eine nicht-individuelle, kommunitaristische Deutung der Verdienstlichkeit: Alasdair MacIntyre, *After Virtue*, Duckworth 1981, S. 233. „The notion of desert is at home only in the context of a community."
19 Hierzu mein Beitrag: Martin Hähnel, „ ‚Zuviel des Guten!' – Einige Gedanken über den Zusammenhang von Tugendethik und Phänomenologie der Gabe", in: *Allgemeine Zeitschrift für Philosophie* 38/1 (2013), S. 5–28. Außerdem hierzu die ausführliche und aufschlussreiche Studie: Andrew Pinsent, *The Second-Person Perspective in Aquinas's Ethics: Virtues and Gifts*, London 2013.
20 Immanuel Kant, *Gesammelte Schriften. Akademieausgabe* (im Folgenden kurz: AA), Königlich Preußische Akademie der Wissenschaften, Berlin 1900ff., Bd. IV, S. 390.
21 In der ganzen idealistischen, mithin protestantische Philosophietradition finden wir eine Kritik am „Überverdienstlichen", an der Idee eines Verdienens des Verdienstes: Johann Gottlieb Fichte, *Werke 1798–1799*, in: *Gesamtausgabe der Bayerischen Akademie der Wissenschaften* (kurz: AA), Reihe 1, Bd. V, hg. von Reinhard Lauth, Erich Fuchs, Hans Gliwitzky und Peter K. Schneider. 42 Bände, München 1977, S. 173; und Georg Friedrich Wilhelm Hegel, Nürnberger und Heidelberger Schriften 1808–1817, in: *Theorie-Werkausgabe*, 20 Bände, Bd. 4, hg. von Eva Moldenhauer, Frankfurt a. M. 1986, § 34, § 91.
22 Kant, AA VI, S. 227.
23 Der Leistungsverdienst kann nach Kant „süß" oder „sauer" (AA VI, *Metaphysik der Sitten*, S. 391) sein. Sauer ist er, wenn auf die erbrachte Leistung kein Dank erfolgt.
24 Claudia Blöser, *Zurechnung bei Kant. Zum Zusammenhang von Person und Handlung in Kants praktischer Philosophie*, Berlin 2014, S. 39.
25 Kant, AA V, S. 814, Anm.
26 Kant, AA VI, S. 72.
27 Überverdienstlichkeit scheitert letztlich am Kriterium der Pflicht, sodass sich auch die Rede von supererogatorischen Handlungen erübrigt, wenn ein Modell als Schwelle gerade die Pflichtgemäßheit einer Handlung wählt, über die hinaus überpflichtgemäße Handlungen nun geboten sein können oder nicht.
28 Kant, KpV 155n: „Man darf nur ein wenig nachsinnen, man wird immer eine Schuld finden, die er sich irgendwodurch in Ansehung des Menschengeschlechts aufgeladen hat, um durch die eigenliebige Einbildung des Verdienstlichen den Gedanken an Pflicht nicht zu verdrängen."
29 Kant selbst hat hierfür die Grundlage geschaffen. Und Goethe setzt hinzu: „Sobald die guten Werke und das Verdienstliche derselben aufhören, sogleich tritt die Sentimentalität dafür ein, bei den Protestanten."
30 Spinoza, *Ethik*, a. a. O., S. 168.
31 Die Eingrenzung des Verdienstes auf Fleiß im Sinne eines „Bedürfnisses nach Leistung" (McClelland, *Leistungsgesellschaft*, a. a. O., S. 11 f.) ist bereits eindrücklich bei Weber belegt worden.
32 Derek Parfit, *Reasons and Person*, Oxford 1984, S. 343.
33 Der Mensch kann sich somit nicht mehr als Herr seiner moralischen Verdienste verstehen, was einerseits zu einer moralischen Schizophrenie (Luthers „simul peccator et iustus" ist ein solches Beispiel) führen kann, andererseits aber auch eine Haltung der unendlichen Dankbarkeit hervorrufen kann, in der sich der Mensch

von Gott, der durch ihn in ihm handelt, beschenkt weiß und dadurch auch zu einem persönlichen Lebensopfer bewegt wird.

34 Übrigens ist das Lottospiel eine fingierte Variante der Idee des Erhalts eines unvordenklichen Geschenks namens Reichtums. Jeder weiß, dass der Lottospieler mit seinem Erfolg „rechnet" und der „Geldsegen" damit zu einer stochastischen Angelegenheit wird.

35 Sören Kierkegaard, *Zur Selbstprüfung der Gegenwart empfohlen*, Erlangen/Leipzig 1895, Kap. 4.

36 Thomas von Aquin, *S.th.* 114,1.

37 Sakramente spielen vor allem in der Katholischen Kirche eine Rolle. Sie sind Ausdruck der „Belohnung" im Sinne der Ausschüttung des Heiligen Geistes. Dass Sakramente in den Augen von Religionssoziologen wie Max Weber einen magischen Charakter annehmen rührt daher, dass unter dieser „aufgeklärten" Perspektive dasjenige, was erklärt werden soll, also das Sakrament, durch ein funktionales Äquivalent ersetzt wird, welches durch immanente Systemerhaltungsbedingungen vordefiniert ist und in dessen Licht das Explanans zwangsläufig als etwas mit den angelegten Erklärungsmaßstäben Unvereinbares erscheint.

38 Gerhard Schmidtchen, *Protestanten und Katholiken. Soziologische Analyse konfessioneller Kultur*, München 1973, S. 507.

39 Max Scheler, *Ressentiment im Aufbau der Moralen*. Frankfurt 1978. Diese Freisetzung neuer Antriebskräfte hat ihre Ursache womöglich in einem schöpferischen Ressentiment. Scheler beschreibt hier unter anderem das Ressentiment des Protestantismus gegenüber dem Heiligen, repräsentiert und betreut durch die Priesterkaste; die quasisakramentale Bedeutung der Arbeit seitens der Protestanten wird damit zum Ersatz der durch Ressentiment abgewerteten Bedeutung des unerreichten, überverdienstlichen Sakralen, für dessen Verwaltung sich die Katholische Kirche nach Ansicht des Protestantismus fälschlicherweise verantwortlich fühlt.

Die „Moral des Geldes"
im Blick einer *Antworttheorie der Verpflichtung*

Friedrich Hausen

Je mehr für gelingendes Leben und Handlungsfähigkeit von einem bestimmten Gut abhängt, desto größer wird auch dessen moralische Relevanz. Insofern tendiert der Neoliberalismus, der dem Markt und dem wirtschaftlichen Wettkampf eine größere Wirkung auf die Verteilung wichtiger Güter einräumt, dazu, eine „Moral des Geldes" zu nähren und entsprechend das Gewicht konkreter Pflichten und Tugenden zu beeinflussen. Wie weit reicht jedoch eine Imprägnierung unserer Pflichten durch Bedingungen des Marktes? Zur Frage der Quellen der Verpflichtung skizziere ich einen Ansatz der Moralbegründung, die „Antworttheorie der Pflicht", die theonomen Ethiken nahesteht. Nach diesem Ansatz sind Pflichtbewusstsein und pflichtgemäßes Handeln sowohl erwartete als auch angemessene Antworten auf den Erhalt besonders bedeutsamer Güter. Insbesondere existenziell grundlegende Güter, die seit der Geburt erhalten wurden, ermöglichen erst berechtigte moralische Erwartungen an uns. Der Fokus hinsichtlich der Bezüge der Verpflichtung kann eng gezogen, aber auch bis weit über den Beginn der historischen Zeit ausgedehnt werden. Die Fluchtlinien der Ketten der Gabe verlaufen sich in eine graue Vorzeit hinein, in der wir bei religiöser Einstellung einen lebendigen Ursprung der phänomenalen Welt und der Fülle der Zeit sehen mögen, einen phänotheistischen „Gott", dem wir grundlegend verpflichtet bleiben. Aus dieser Sicht ergibt sich eine relativierende und balancierende Perspektive auf den moralischen Druck, der aus den Bedingungen der konkreten Wirtschaftsform kommt.

I.

Bedenke folgende Beispielsätze:

„Trage mit an der Verantwortung und Arbeitslast der Gemeinschaft. Sei kein Trittbrettfahrer." (1)

„Sorge für dich und dein Wohlergehen." (2)

„Wenn du Kinder hast, sorge für sie und ihr Wohlergehen. Sorge auch dafür, dass sie später für sich und ihr Wohlergehen sorgen können." (3)

Diese Sätze sind freie Formulierungen von Regeln, die normalerweise als moralisch verbindlich angesehen werden. Wir erwarten von uns und anderen ihre Einhaltung. Sie drücken Verpflichtungen aus, die wir primär der Gesellschaft gegenüber, uns selbst gegenüber, bzw. unseren Kindern gegenüber haben. Wer ihnen nicht folgt, der verdient *prima facie* Tadel oder gar eine stärkere Form der Sanktion. Wenn wir ihnen fahrlässig zuwiderhandeln, haben wir vielleicht ein schlechtes Gewissen und denken normalerweise auch, dass das schlechte Gewissen angemessen ist. Das schlechte Gewissen ist etwas anderes als bloße Furcht vor Tadel oder Sanktion. Es ist auch nicht Scham angesichts unabsichtlicher Fehler. Das schlechte Gewissen ist das Gefühl, nicht das zu tun oder getan zu haben, was wir zu tun schulden.

Die Regeln bzw. allgemein gehaltenen Imperative (1), (2) und (3) führen je nach Situation *prima facie* zu anderen konkreteren Imperativen. Die Bedeutung von (1) ist bezüglich konkreter Umsetzung abhängig davon, welcher Art die Verantwortung und Arbeitslast ist, die gemeinsam getragen wird. (2) ist davon abhängig, was für konkrete Bedingungen des Wohlergehens bestehen, (3) ebenso. Betrachten nun wir nun zwei Voraussetzungen der langfristigen Situationen (Sa) und (Sb):

Situation (Sa): Denken wir uns eine Wirtschaftsform, in der die Mitglieder einer Gemeinschaft im Vertrauen auf einen ungefähren Ausgleich der Leistungen viel miteinander und füreinander tun. Wenn in der Nachbarschaft ein neues Haus gebaut wird, bauen alle mit. Die meisten Haushalte besitzen eigenes Ackerland und Tiere. Viele der Güter werden getauscht und nicht verkauft. Manche teure Güter werden in der Nachbarschaft zusammen gekauft und gemeinsam genutzt, wobei die Wohlhabenderen größere Anteile im Kauf übernehmen als die Ärmeren. Für gemeinsame Unterhaltung wird auf Festivitäten gesorgt, die immer wieder ein anderer ausrichtet und vorbereitet. Viele lernen unterhaltsame Mittel, wie das Erzählen, das Singen, das Spielen von Instrumenten. Bei seelischen Nöten erzählt man sich davon, und die Ältesten im Haus oder auch in der Nachbarschaft werden oft gefragt. Aber es gibt auch einen Geistlichen, der die Seelen des Dorfes begleitet, umsonst bei einem reichen Bauern wohnen darf und von Lebensmittelspenden der Dorfbewohner lebt. Man lobt untereinander die praktischen Fertigkeiten (handwerkliche, organisatorische, musische usw.), aber auch die kooperativen Tugenden, die diese Form tragfähig machen, sowie solche Tugenden, die das Zusammenleben und Kooperieren freudig und angenehm machen, man tadelt Gegenteiliges.

Situation (Sb): In einer anderen Gesellschaft sind die sozialen Netze über die Welt gespannt und Nachbarn kennen sich kaum. Wird ein Haus gebaut, so wird ein Bauunternehmen beauftragt und vielleicht auch ein Architekt, wenn die Wünsche sehr speziell sind, wobei die Leistungen nach einem feststehenden oder eigens ausgehandelten Preis bezahlt werden. Lebensmittel werden meist in großen Läden gekauft und haben festgesetzte Preise, die saisonbedingt oder zu Werbezwecken immer wieder verändert werden. Für Unterhaltung sorgen professionelle Unterhalter, von studierten Musikern bis hin zu studierten Schauspielern, Filmemachern oder unterhaltsamen Robotern, deren Leistungen nach einem ausgehandelten Preis bezahlt werden. Bei seelischen Nöten sucht man studierte Psychologen auf, deren Leistung entsprechend vergütet wird. Die Anbieter der Leistungen haben einen Markt von großer Konkurrenz um sich. Es gibt einen großen Wettbewerb um Kunden. Die Leistungsanbieter versuchen daher, ihre Konkurrenten mit dem Anschein besserer Qualität oder besseren Preis-Leistungs-Verhältnisses zu überbieten. Zugleich versuchen sie, gezielt Kundenstämme von Konkurrenten zum eigenen Unternehmen zu locken. In dieser Umgebung werden besonders solche Fertigkeiten geschätzt, die nicht nur gute Leistungen und deren Organisation ermöglichen, sondern überdies Kunden anlocken und den Konkurrenten abluchsen. Da die praktischen Voraussetzungen zu konkurrenzfähigen Leistungen sowie zu einer breiten Lockung in hohem Maße von den finanziellen Möglichkeiten abhängen, entsprechende professionelle Leistungen von Zuarbeitern in Anspruch zu nehmen, bekommt der Erwerb von finanziellem Potenzial eine besondere Bedeutung. Die Situation scheint dabei derart, dass der wirtschaftliche Wettkampf zu besseren Produkten führt sowie zu mehr gesellschaftlichem Gesamtvermögen, womit der Gesamtwohlstand wächst. Daher werden in dieser Gesellschaft auch solche Fertigkeiten und Tugenden gelobt, die es erleichtern, finanzielle Möglichkeiten zu erweitern, und solche Charaktereigenschaften getadelt, die es erschweren.

Die zwei langfristigen Situationen (Sa) und (Sb) wirken sich auf die konkreten Normen aus. Als gutes Mitglied, das kein Trittbrettfahrer ist, erwirbt man in Situation (Sa) *prima facie* Fertigkeiten und Charaktertugenden, die einen gewissen Grad an Selbstversorgung, den Leistungstausch ohne Währung sowie die offene Kooperation fördern. Als gutes teilnehmendes, mittragendes Mitglied der Gesellschaft in Situation (Sb) bemüht man sich *prima facie* um maximale Leistungsfähigkeit, um den Anschluss an effiziente Netzwerke sowie um eine werbewirksame Selbstpräsentation und nicht zuletzt um Strategien der Häufung von Finanzmitteln und Kapital. Eine Verschiebung konkreter Imperativgehalte lässt sich an den Sätzen (1), (2) und (3) sehen, wenn wir naheliegende abgeleitete Pflichtinhalte zu den verschiedenen Situationen bilden:

Es ist in (Sa) *prima facie*

(1) gegenüber der Gesellschaft unsere Pflicht, die gemeinsame Form der Arbeit mit ihren Rahmenprioritäten im Sinne der Teilselbstversorgung, des Leistungstausches, der währungsfreien Kooperation usw. mit zu tragen;

(2) uns selbst gegenüber unsere Pflicht, für unser Wohlergehen Sorge zu tragen, indem wir unsere Freiheit, Achtungswürdigkeit und Handlungsfähigkeit durch die Pflege entsprechender handwerklicher, organisatorischer und musischer Fertigkeiten sowie kooperativer Tugenden stärken;

(3) unseren Kindern gegenüber unsere Pflicht, ihnen ein Hineinwachsen in die umgebende Gesellschaft mit zu ermöglichen und sie für ein selbstverantwortliches und gutes Leben in dieser Situation vorzubereiten [d. h. ihnen Fertigkeiten nach (2) beizubringen].[1]

Es ist in (Sb) *prima facie*

(1) gegenüber der Gesellschaft unsere Pflicht, die gemeinsam getragene Form der Arbeit mit ihren Rahmenprioritäten von Leistung, werbewirksamem Wettbewerb und Kapitalerwerb und in dieser Form die Arbeit am Gemeinwohl mit zu tragen;

(2) uns selbst gegenüber unsere Pflicht, für unser Wohlergehen Sorge zu tragen, indem wir unsere Freiheit, Achtungswürdigkeit und Handlungsfähigkeit durch Wettbewerbsfähigkeit, besondere spezielle Leistungsfähigkeit und hinreichenden Kapitalerwerb stärken;

(3) unseren Kindern gegenüber unsere Pflicht, ihnen ein Hineinwachsen in die umgebende Gesellschaft mit zu ermöglichen und sie für ein selbstverantwortliches und gutes Leben in dieser Situation vorzu-

bereiten (d. h. ihnen Fertigkeiten nach (2) beizubringen).

Die erhöhte Relevanz von Marktfähigkeit und finanzieller Potenz übt in (Sb) einen Druck auf die Moral aus, überformt sie. Und es ist ein Dominoeffekt wirksam: Je mehr Personen mit ihrer Leistungsfähigkeit, Werbewirksamkeit und finanziellen Potenz im Rücken in einem Wettbewerb stehen, desto anspruchsvoller wird dieser und desto weniger bleiben Ressourcen, sich um nichtprofessionelle Fertigkeiten zu bemühen, womit wiederum die Abhängigkeit von entsprechenden professionellen und zu bezahlenden Leistungen wächst. Wir können uns eine Situation vorstellen, in der selbst psychisch wichtige Effekte von Freundschaftsdiensten von entsprechenden Dienstleistern erzeugt werden, weil es an nötigen Ressourcen fehlt, um entsprechende Freundschaften aufzubauen und zu pflegen. Wenn Beanspruchungen von Dienstleistungen in hinreichender Qualität nötig sind, um die eigenen Marktchancen zu erhalten, werden die nicht finanzwirtschaftlich gegründeten Sozialbeziehungen leicht unwichtiger und verlieren damit auch an moralischer Relevanz. Ihre Pflege wird dann vielleicht mehr zum Ausdruck einer privaten Neigung, sofern man es sich leisten kann. Der Status der damit verbundenen Tugenden entspricht eher denjenigen, die in Hobbies gepflegt werden.[2]

Hier möchte ich keine Behauptung aufstellen, in welchem Maße eine Verschiebung von einer Situation im Sinne von (Sa) zu (Sb) Entwicklungen unserer Zivilisation und konkreten Moral bestimmen.

Doch scheint mir unzweifelhaft, dass in vielen relevanten Aspekten und bezogen auf manche Personenkreise sich solche Verschiebungen vollzogen haben. Die auffällig und direkt von der Wirtschaftsform in (Sb) geprägten moralisch relevanten Aspekte nenne ich in ihrer Summe „Moral des Geldes". Es ist eine Moral, die den Bewohnern von (Sb) mit ihren speziellen Pflichten – so scheint es – von der erhöhten Relevanz des Marktes aufgezwungen wird. Es sind zwar *prima facie*-Pflichten, doch kann auch deren Geltung relativ streng sein. Wenn Bewohner von (Sb) aus ideellen Gründen ihren Kindern nicht die Wichtigkeit von Regeln der Marktfähigkeit vermitteln oder ihnen im Gegenteil Geschichten erzählen, die schwer damit vereinbar sind, und Eigenschaften ihrer Kinder nähren, die dazu führen, dass sie unfähig sind, sich an Bedingungen des konkreten Leistungsmarkts anzupassen, dann werden sie spätestens dann, wenn ihre Kinder in wirtschaftlicher Hinsicht scheitern und zu leidenden Außenseitern werden, daran entscheidend mitschuldig sein. Sie werden dann auch an der damit sehr eingeschränkten Handlungsfähigkeit ihrer Kinder mitschuldig sein, daran, dass sie unfreiwillige Trittbrettfahrer in der Gesellschaft bleiben und ein moralisch und wirtschaftlich prekäres Dasein fristen. Und dafür verdienen die Eltern negative Sanktionen, Tadel, verdienen sie vermutlich, als schlechte Vorbilder zitiert zu werden und damit an Ehre, Achtung, Kooperationsbereitschaft seitens der Mitmenschen zu verlieren. Und wenn ihre Kinder nicht scheitern, dann haben die Eltern

Glück gehabt und ihr Versäumnis bleibt so unsichtbar wie manche schwer fahrlässige Regelverletzung, die glücklich ohne Konsequenzen bleibt.

Gesetzt, wir haben eine Verschiebung der moralischen Situation zugunsten einer „Moral des Geldes": So stellt sich die Frage, wie tief die damit einhergehende Verpflichtung begründet ist, und wie tief wir uns dadurch gebunden sehen sollten. Manche, die in ihrer konkreten Lebenswelt eine drastische Verschiebung zu einer Situation wie (Sb) erfahren oder zu erfahren glauben, sehen darin eine Unterwanderung moralisch wertvoller Beziehungen. Und vielleicht haben sie Recht. Wenn wir jedoch den Grad der Verpflichtung zu einer Moral des Geldes in (Sb) abschätzen wollen, stellt sich erst einmal die Frage, was als tieferes Fundament der Verpflichtung gelten kann. Was also fundiert die Pflicht als solche, was sind fundamentale Quellen des Sollens? Oder, anders gefragt: *Wem* schulden wir grundlegend *was*, und *warum*?

II.

Aus verschiedenen Beispielen dessen, was wir normalerweise von uns und anderen fordern, sind in der Philosophie jeweils unterschiedliche Theorien der Moral und normativen Geltung entwickelt worden. Die Forderung zur praktischen Rücksicht bezüglich dienlicher bzw. schadhafter Konsequenzen begründet den Utilitarismus, die Forderung zur Achtung gegenüber unseren Mitmenschen das Gesetz der Nichtinstrumentalisierung, die goldene Regel den Kategorischen Imperativ, die Forderung, sich an verabredete Regeln zu halten, findet ihre systematische Berücksichtigung im faktischen Kontraktualismus, die Regel, sein Handeln maximal rechtfertigbar zu wählen in einem kontrafaktischen Kontraktualismus, der Blick auf die Rolle von Sanktionen für die Geltung konkreter Normen begründet den Sanktionismus in der Normentheorie. Die *Antworttheorie der Verpflichtung*, die ich hier vertrete, folgt dem Eindruck, dass alle diese Theorien zwar Inhalte konkreter Verpflichtungen verständlich machen können, jedoch nicht erklären, warum bestimmte Normen uns originär moralisch binden, warum wir anderen oder uns etwas „schulden", warum andere moralisch berechtigt sind, an uns moralische Erwartungen zu hegen und bei Nichteinhaltung uns zu bestrafen, oder warum ein schlechtes Gewissen ein angemessenes Gefühl sein kann. Sie lassen an zentraler Stelle der Moralphänomenologie eine Lücke. Wenn wir davon ausgehen, dass es ein berechtigtes schlechtes Gewissen mit spezifischen Angemessenheitsbedingungen gibt, so ist dieses nicht identisch mit der Furcht vor Sanktionen oder dem Gefühl unter dem Eindruck, einem humanistischen oder vernunftbezogenen Selbstverständnis nicht zu entsprechen. Auch ist es kein Schamgefühl angesichts eines Versagens oder ein Gefühl, das die Missbilligung seitens eines kontrafaktischen, „idealen" Beobachters begleiten mag. Das schlechte Gewissen ist das Gefühl unter dem Eindruck, der eigenen Schuldigkeit nicht gerecht geworden zu sein. Moralisches Sollen – so kann es eine Phänomenologie moralischer Gefühle nahelegen – ist kein Müssen unter Zwang, kein bloßer Gehalt des eigenen rationalen Wollens, es entspringt auch nicht fundamental dem Bedürfnis, mit sich und seiner Vernunft oder Humanität eins zu sein oder von einer idealen Urteilsinstanz Billigung zu erfahren. Vielmehr hat – so die These der *Antworttheorie* – das Sollen eine grundlegende Quelle in vorgängig erhaltenen, bedeutsamen Gütern. Die lebenswichtigen, für unser Sein und Lernen relevanten Güter, die wir erhielten, legitimieren einen Anspruch an uns von Seiten jener, von denen wir die Güter erhielten bzw. jener, die berechtigterweise deren Ansprüche an uns vertreten. *Pflichtbewusstsein* und *pflichtgemäßes Handeln* sind die angemessene und berechtigterweise erwartete *Antwort* auf vorgängig erhaltene, bedeutsame Güter. Denen, von denen wir sie erhielten, schulden wir diese Antwort. Wir setzen dabei voraus, dass beim Empfang der Güter passende Rahmenbedingungen erfüllt waren, z. B. soziale Kontexte vertrauenswürdig, von wohlwollender Mitmenschlichkeit getragen und in eine kohärente normative Praxis eingebettet waren.

Was zu tun, sind wir jemandem schuldig? Die *Antworten,* die wir unseren Eltern und der Gesellschaft, die uns mit Fertigkeiten ausstattete, schulden, bestehen z. B. darin, gegebene Regeln, sofern sie für das vertrauensvolle und würdige Zusammenleben von Bedeutung sind, einzuhalten und zu pflegen. Wir sind es gewöhnlich schuldig, uns um wichtige praktische, moralische, kognitive u. a. Tugenden zu bemühen, die es ermöglichen, den Ansprü-

chen bezüglich praktischer Sinnhaftigkeit, moralischer und sozialer Angemessenheit, kognitiver Angemessenheit usw. zu genügen. Grundlegend jedoch sind wir es schuldig, Treue zu den guten sozialen Bedingungen zu halten, aus denen wir die wertvollen Güter empfingen. Wenn uns ein Freund unter Opfern einen wichtigen Dienst leistete, verpflichtet uns dies zu einer besonderen Treue dieser Freundschaft gegenüber, die mindestens in einer würdigenden Haltung samt einer entsprechenden Handlungsbereitschaft bestehen mag. Wenn wir einen Kumpan, der nett zu uns war, eines Tages verachten, mag man das tadeln. Wenn wir hingegen einen Freund, der für uns einen bedeutsamen Dienst erwies, verachten, wiegt dies mehr. Schwerwiegender Tadel ist dann ebenso berechtigt wie eine schwere moralische Enttäuschung des Freundes. Der Freundschaftsdienst bindet moralisch, wenn auch nicht in dem Sinne, dass er zu konkreten Leistungen verpflichtet. Der Freundschaftsdienst hat immer auch die Freiheit, Würde und Selbstgegenwart des Empfängers im Blick. Dasselbe gilt bei den ursprünglichen bedeutsamen Gütern, die wir seit der frühen Kindheit empfangen. Mit ihnen empfangen wir unsere Würde, unsere Freiheit, empfangen wir uns und unsere Gegenwart. Das unterscheidet die rein moralische Bindung in ihrer Wurzel und ihrem Anspruch grundlegend vom Zwang oder vom reinen Gütertausch. So entstammen Inhalte der Verpflichtung zwar oft den konventionellen Regeln des sozialen Umfeldes, oder ergeben sich aspektiv dadurch, was konkret gewonnen und verloren werden kann, doch beeinflussen insbesondere auch die miterhaltenen seelisch-geistigen Güter die Inhalte der Verpflichtung. Letztere gelten z. B. in der Freundschaft oder familiären Beziehung auch uns selbst und unserem Wohl, unserer Freiheit und Würde. Diese in Anerkennung des Verhältnisses des Gebens und Nehmens zu wahren, sich *prima facie* dem normativen Rahmen fügen, der entsprechendes Zusammenleben möglich macht, welches die Weitergabe bedeutsamer Güter auch weiterhin ermöglicht, ist eine Pflicht, die eine fundamentale Rolle im Balancieren und Gewichten verschiedener konkurrierender Verpflichtungen einnehmen kann.

Wer hat nach der *Antworttheorie* Rechte an uns? Eltern z. B., die für uns sorgten, haben ein Recht darauf, dass wir ihren Dienst an uns und auch die Moral, aus denen ihr Dienst kam, in einem gewissen Maße würdigen.[3] Und im Rahmen einer universalistischen Moralkultur[4] sind wir nicht nur den Gebern selbst gegenüber verpflichtet, sondern allen anderen Menschen oder empfindsamen Wesen auch, denen wir einen würdigenden, achtsamen und gerechten Umgang schulden. Der Bezug der Verpflichtung überträgt sich im Rahmen einer universalistischen Moral von der Geberinstanz auf solche Individuen, die dieser ähnlich sind, wobei man den Charakter der Verpflichtung dem Fremden gegenüber als indirekte Bindung bezeichnen könnte. Und wir schulden vieles auch direkt uns selbst, sofern wir vieles auch durch uns selbst empfingen, durch unsere Vorarbeit und Vorbereitung. Wir schulden es uns z. B. selbst, die Früchte einer Ausbildung, in die wir viel investierten, nicht ohne sehr gute Gründe in unserem Leben zu einer Sackgasse werden zu lassen. Das, was wir selbst mit Aufwand vorbereiteten, bindet *prima facie* auch zur Verwendung.

III.

Nun denken wir wieder an unsere Situationen (Sa) und (Sb): Hat nicht jede dieser Gesellschaftsformen ein Recht auf uns, wenn sie uns hervorbrachte? Hat nicht eine wachsende Marktwirtschaft und Wettbewerbsfähigkeit, die unseren Wohlstand und indirekt unsere Bildung ermöglichte, ein Recht an uns, ein Recht, dass wir uns grundlegend an ihren funktionalen Werten orientieren? Mit der *Antworttheorie der Verpflichtung* ergeben sich vertiefende Fragen bezüglich der Reichweite der Instanzen, denen gegenüber wir verpflichtet sind: Wie weit reicht die Gemeinschaft vorgängiger „Geber"? Und bei konfligierenden Bindungen: Welche verpflichtet uns tiefer? Wir empfingen vieles von unseren Eltern, was diese von ihren Eltern empfingen hatten, die ihrerseits ihre Elternpflichten erfüllten. Wir empfangen vieles von der umgebenden Gesellschaft, lernen in Schulen, Ausbildungseinrichtungen, von öffentlichen Medien usw., die ihre Form jeweils auch aus Vorgängern empfingen. Eltern und Gesellschaft stehen in einer langen Kette der Weitergabe von Voraussetzungen zu einem einigermaßen guten, reichen, verantwortungsvollen und würdigen Leben. Die Weitergabelinien führen weit zurück in graue Vorzeiten und, wenn man den Kreis ganz weit zieht, weit vor die Zeiten der Entstehung von Kulturen, von Menschen selbst. In den Fluchtlinien der Suche einer gebenden Quelle können wir dann auch auf die alte Idee einer Einheit der belebten Natur stoßen, aus der wir die Voraussetzungen zu sinnvollem Handeln und Leben empfingen und weiter empfangen. Was in dieser Weise – weit unserem praktischen Zugriff entzogen – als lebendiger Gesamtzusammenhang unser Dasein bedingt, kann so zum Bezugsgrund einer tatsächlich motivierenden Verpflichtung werden. Letzter Grund der Verpflichtung sind in diesem Blick weder direkte Bezugspersonen, noch die Gesellschaft mit ihren Vereinbarungen, sondern das lebendige Ganze hinter allen Erscheinungen des Gebens und Weitergebens, das „Lebendige des Lebens" selbst. Eine solche Perspektive führt zu einer modernen Variante der theonomen Ethik: Zwar ist hier nicht ein befehlender Gott der Gesetzgeber, doch liegt die tiefste Wurzel der Verpflichtung in einer letzten gebenden Größe, der man eine angemessene Antwort auf die durch die Geschichte und weiterhin in jedem Moment empfangenen Güter schuldet. Diese Größe nenne ich unter dem beschriebenen Bild den „Gott" des *Phänotheismus*. *Phänotheismus* ist die Lehre, dass „Gott" (bzw. „Götter") nicht Ursprung des rein physikalischen Universums einer „absoluten Konzeption von Realität" ist, sondern eine lebendige Quelle der phänomenalen Welt des Lichts, der Farben und der Fülle der Zeit usw. bezeichnet.[5]

Hier möchte ich weder für eine rein humanistische, auf Personenkreise eingeschränkte Antworttheorie (At_e) noch für die *phänotheistische* Variante mit weitem Fokus (At_w) argumentieren, sondern mich darauf beschränken, eine *phänotheistisch* begründete Ethik auf die Beispielsituationen zu lenken: Was wir mit At_w aus dem „Lebendigen des Lebens" empfingen und weiter empfangen, ist phänomenale Gegenwart, überhaupt die ganze phänomenale Welt als solche sowie die soziale Welt, die durch sie getragen ist. Es ist auch unsere individuelle Kraft, unsere Teilhabe an der Zeit, es sind unsere Erfahrungen, unser individuelles und gemeinschaftliches Leben. Wenn wir uns einer so abstrakten Größe wie dem „Lebendigen des Lebens" verpflichtet sehen, dann kann es geschehen, dass wir mit den praktischen *prima facie*-Pflichten, die uns in (Sb) eine normative Kraft des Marktes aufzwingt, einen starken Widerpart erhalten. Was uns bindet, ist dann grundlegend der Empfang des Lebens, der Gegenwart, der Freiheit. Insbesondere dann, wenn die Bedingungen des wirtschaftlichen Rahmens eine angemessene, würdige Antwort auf den Empfang der Gegenwart erschweren sowie deren Pflege und Weitergabe fast unmöglich machen, verliert die inhärente Normativität des Wirtschaftssystems in (Sb) an direkt moralisch bindender Kraft. Eine Moral $M(At_w)$ unterstützt einen Imperativ der Pflege der dichten Gegenwart und damit ein Gesetz der Nichtinstrumentalisierung fundamentaler als ein Gesetz der Unterstützung und Pflege einer konkreten Wirtschaftsform M(Sb). Nur dann, wenn $M(At_w)$ mit M(Sb) vereinbar ist, oder gar M(Sb) $M(At_w)$ unterstützt, wird dieser

Konflikt schwach oder verschwindet. Eine *phänotheistische* Sicht nach At_w legt nahe, dass wir zunächst und zutiefst verpflichtet sind, unsere Würde, die wir in der Teilhabe an der phänomenalen Welt, der Teilhabe an der Zeit und dichter Gegenwart erhalten, zu pflegen (bezüglich unseres eigenen Lebens und desjenigen unserer Mitmenschen) und entsprechendes weiterzugeben.[6] Diese tiefere Verpflichtung bildet dann auch einen Maßstab dafür, in welcher Weise der Einfluss konkreter Situationsmerkmale auf unser Sollen einwirken sollte, inwieweit z. B. die inhärenten Normen umgebender Praxen von uns verinnerlicht werden sollten. Im Falle einer Unvereinbarkeit von M(Sb) und M(At_w) kann M(Sb) dann nur noch jenseits der moralischen Freiheit als Zwang unter Androhung untragbarer Konsequenzen wirken oder die Suche nach einer alternativen Lebensform provozieren, die das Kostbare lebendiger Gegenwart sowie dessen Weitergabe gewissermaßen an den Bedingungen des Wirtschaftssystems vorbei oder im Kompromiss mit diesen zu kultivieren versucht.[7]

Anmerkungen

1 Die Verpflichtungen bilden Netze, die ihnen erst die volle Bedeutungstiefe geben. Der Leser selbst mag durchspielen, wie z. B. die Nichterfüllung von (2) auf die Möglichkeit (1) und (3) zu erfüllen zurückwirkt.

2 Ich klammere einmal Nutzen-bezogene Relativierungen des Wirtschaftsliberalismus und des Wachstumsparadigmas aus, wie sie in soziologischer Kapitalismuskritik (vgl. Klaus Dörre, Stefan Lessenich, Hartmut Rosa, *Soziologie – Kapitalismus – Kritik. Eine Debatte*, Frankfurt am Main 2009) oder in postwachstumsökonomischen Konzepten vorgestellt sind. Auch wenn ich selbst die beschleunigungskritische Positionierung (Hartmut Rosa) und die postwachstumsökonomische Ausrichtung insbesondere mit Blick auf ökologische (vgl. Nico Peach, *Befreiung vom Überfluss*, München 2012) und demographische Faktoren (vgl. Reiner Klingholz, *Sklaven des Wachstums*, Frankfurt am Main 2014) favorisiere, verzichte ich hier auf eine Berücksichtigung dieser Perspektiven: Im vorliegenden Essay gehe ich hypothetisch vom Fall aus, dass es für die Wachstumsökonomie keine starke rein utilitaristisch begründete Alternative gibt.

3 Die Rede von einem „Schulden" legt die Vorstellung nahe, dass das Gegebene nur „geliehen" ist. Man kann sich in der Tat fragen, ob wir mit unseren Fertigkeiten, unserer Identität, unserem Willen nur uns selbst gehören. Vielleicht gehören wir ebenso unserer Sozialität bzw. derjenigen, aus der wir hervorgingen und weiter hervorgehen, aus der wir unsere Handlungsfähigkeit und Freiheit empfangen. Diese Perspektive legt es nahe, moralische Bindung an der Grenze von Freiheit anzusiedeln, im Übergang zwischen individueller Selbstbestimmung und Bindung durch Gehören, durch Eigentum (so wie uns ein Hauseigentümer die Bedingungen der Nutzung seines Hauses festlegen kann). Die Medien unserer Freiheit gehören in einem emphatischen Sinne vielleicht niemals nur uns selbst (vgl. hierzu Friedrich Hausen, *Wert und Sinn*, Nordhausen 2015, S. 246–251).

4 „Universeller Anspruch" bedeutet hier: Ob ich zu jemandem gerecht sein soll, hängt nicht davon ab, ob er meine Interessen, meine Weltanschauung usw. teilt, sondern von unabhängigen Strukturmerkmalen der Individualität und Subjektivität.

5 Eine ausführliche Darstellung und Verteidigung dieser Position gegenüber atheistischen, negativ-theologischen sowie personalistisch-theistischen Positionen unternehme ich in Hausen, „Absoluter Theismus und Phänotheologie" (Manuskript).

6 Eine vertiefende Phänomenologie vertrauensvoller Sozialbeziehungen wird vermutlich in der Lage sein, ein ähnliches, differenziertes Bild für die humanistische Variante der Antworttheorie zu entwerfen. Die vertrauensvollen Beziehungen, aus denen wir bedeutsame Güter empfingen, verpflichten tief zu einer Treue den Erfahrungen und dem vertrauensvollen Rahmen der

Gabe und des Empfanges gegenüber. Wo ein solcher von den Normen nach M(Sb) untergraben wird, kann ein unlösbarer Konflikt entstehen, der eine spannungsvolle Balance zugunsten der Treue nahelegen wird.

7   Hier beginnen erst die relevanten Fragen bezüglich der tatsächlichen Zeitdiagnose. Wenn Hartmut Rosa Recht hat und eine notwendig aus dem kapitalistischen System folgende Beschleunigung des Lebens uns allen die Zeit raubt, die wir für ein gutes, gesundes, aufmerksames Leben sowie für gute Entscheidungen und gute Arbeit brauchen, dann besteht eine Pflicht, alternative Lebens- und Gesellschaftsformen zu stärken, und zwar selbst dann, wenn Rosas Annahme einer internen Dysfunktion des kapitalistischen Systems, die durch seine gesundheitlichen Opfer hervorgebracht wird, nicht oder nicht hinreichend schwerwiegend zutrifft, um eine Diagnose umfassender Dysfunktionalität zu stützen (Vgl. HARTMUT ROSA, „Kapitalismus als Dynamisierungsspirale – Soziologie als Gesellschaftskritik", in: DÖRRE, LESSENICH, ROSA 2009, S. 87–125). Und es ist dann, wenn die Antworttheorie mit weitem Fokus Recht hat, nicht nur vernünftig mit Blick auf ein Gutes Leben, wie Rosas Darstellung nahelegt, sondern auch Pflicht, einer Gegenwartsarmut in der Beschleunigung sowie deren Rahmenbedingungen geistig und tätig entgegenzuwirken.

= Klassiker kontrovers =

Georg Wilhelm Friedrich Hegel. Rationalität und christlicher Glaube

29. Januar 2016 | Freitag | 19:00 Uhr | Vortragsabend
30. Januar 2016 | Sonnabend | 9:00 – 16:00 Uhr | Textlektüretag
Haus der Kathedrale, Schloßstraße 24, Eingang Kanzleigässchen, 01067 Dresden

Prof. Dr. HARALD SEUBERT, Basel, und
Prof. Dr. PIRMIN STEKELER-WEITHOFER, Leipzig

Hegels spekulativer Begriff des absoluten Geistes kann einerseits als eigenständiger Ansatz zum Denken von Religion im allgemeinen, christlichem Glauben im besonderen aufgefasst werden. Anderseits harmoniert die Rationalität der Hegelschen Logik und des Systems mit dem christlichen Glauben nicht zwingend, und es ist umstritten, inwieweit der spekulative Begriff diesen Glauben überhaupt zu treffen vermag. Eben an diesem Punkt trat die Bruchstelle zwischen Rechts- und Linkshegelianismus auf, die für das 20. Jahrhundert von maßgeblicher Bedeutung war. Eine Hegeldeutung, welche dies bestreitet, kann sogar so weit reichen, das Christliche in Hegel als Ideologie zu bezeichnen. Die Debatte wird sich keineswegs nur auf Hegels „Religionsphilosophie", sondern auch auf Zentralpassagen der „Phänomenologie des Geistes" und der „Wissenschaft der Logik" beziehen müssen.

Prof. Dr. HARALD SEUBERT lehrt Philosophie an der Theologischen Hochschule Basel und an der Hochschule für Politik München.

Prof. Dr. PIRMIN STEKELER-WEITHOFER lehrt Theoretische Philosophie an der Universität Leipzig und ist Präsident der Sächsischen Akademie der Wissenschaften.

Die Veranstaltung findet statt in Zusammenarbeit mit der Arbeitsgemeinschaft Religionsphilosophie Dresden e.V. (ARDD).

Für den Lektüretag wird ein Unkostenbeitrag erhoben: 20€ (10€ erm., ARDD-Mitglieder frei). Weitere Informationen und Anmeldung: voigt@ka-dd.de.

Zur Leistung berufen.
Der Mensch in Sergij Bulgakovs Wirtschaftsphilosophie
REGULA M. ZWAHLEN

Eine Schlüsselrolle für die Wende im Denken von Sergij Bulgakov, dem jungen marxistischen Dozenten für politische Ökonomie in Moskau und späteren russisch-orthodoxen Theologen in Paris, spielen Max Webers Thesen zur protestantischen Arbeitsethik. Gleichzeitig wendet sich Bulgakov den religiösen Wurzeln der europäischen Wirtschaftsgeschichte zu. Im Zuge dessen regt er die Entwicklung einer orthodoxen Arbeitsethik an. Bulgakovs christliche Wirtschaftsphilosophie ist als Antwort auf die marxistisch-leninistische Religionskritik zu lesen. Der Schlüssel eines christlichen Arbeitsethos liegt nach Bulgakov im Menschen als Ebenbild des Schöpfers. Ziel menschlicher Leistung ist nicht Erlösung, sondern Verwirklichung schöpferischen Potenzials.

Ende des 19. Jahrhunderts verließ Sergij Bulgakov (1871–1944) das Priesterseminar, um sich einer säkularen Ausbildung zu widmen – dies mit dem Ziel, die Welt nicht nur zu interpretieren, sondern sie mit Marx tatkräftig zu verändern und die soziale Ungerechtigkeit in ihr zu bekämpfen. In Moskau studierte der junge Marxist politische Ökonomie und Statistik bei Professor Aleksandr A. Čuprov, der eine historisch- oder ethisch-soziale Strömung vertrat, die nach einem Mittelweg zwischen Marxismus, klassischer Schule und russischem Dorfsozialismus suchte.[1]

Schon während seiner Doktorarbeit wuchsen Bulgakovs Zweifel am Marxismus – sowohl in konkreten wirtschaftspraktischen Fragen als auch am Anspruch, soziale Ideale mit einer atheistisch-materialistischen Weltanschauung zu untermauern. Was Bulgakov bei Marx besonders fehlte, war die Wertschätzung der einzelnen unwiederholbaren Person, die nur einmal für einen bestimmten Moment in der Geschichte auftauche und Anspruch auf unvergängliche Bedeutung erhebe.[2]

Diesen Anspruch könne der sozialistische Zukunftsstaat, dem die ganze bisherige historische Menschheit nur als „Dünger" diene, nicht einlösen, sondern nur eine Religion mit einer über die diesseitige Geschichte hinausgehenden Perspektive.[3]

Bulgakov gehörte zu den sogenannten „kritischen Marxisten", die spätestens nach der ersten russischen Revolution von 1905 davon überzeugt waren, dass Russland keine heroischen Umstürzler brauche, sondern kultivierte Leute, die durch fleißige Arbeit den Fortschritt des Landes konstruktiv würden vorantreiben können.[4] Auf der Suche nach einer Alternative zum intellektuellen „Revolutionismus" wurde Bulgakov u. a. bei Max Weber fündig,[5] dessen Begriff von der protestantischen „innerweltlichen Askese" ihn nachhaltig beeindruckte. Sie vereinte die zentralen Anliegen seines Denkens – „Person", „Arbeit", „Religion" und „Geschichte" – im Begriff vom „Beruf" bzw. der „Berufung", den eine religiöse Färbung präge.[6] In seinen eigenen Vorlesungen behandelte Bulgakov nun besonders den Einfluss des Christentums auf die Wirtschaftsgeschichte[7] – als Antwort auf Marxens Vorwurf an die Religion, menschliche Schaffenskraft durch Vertröstung auf das Jenseits („Opium für das Volk") zu lähmen. Auch politische und sogar revolutionäre Handlungen können und müssen laut Bulgakov aus der persönlichen Pflicht vor Gott und den Menschen erwachsen und aus der Kraft des Heiligen Geistes verwirklicht werden.[8] Dabei kämpfte er nicht nur gegen das Vorurteil christlicher passiver Demut, sondern auch für die Überwindung einer gewissen „orthodoxen Weltindifferenz", die bisher offensichtlich keine Wirtschaftsethik im eigentlichen Sinne hervorgebracht hatte.[9] Vor diesem Hintergrund stehen die Begriffe von „Gnade" und „Leistung" in Bulgakovs Werk in einem ganz anderen Kontext als im westlichen Rechtfertigungsstreit: Es geht nicht um den menschlichen Beitrag zur eigenen Seligkeit, sondern zur Geschichte.

1. Religion und Wirtschaft

Marxens These, wonach in der ökonomischen Struktur die Produktionsverhältnisse als „Basis" und die juristischen, politischen und gesellschaftlichen Bewusstseinsformen als deren „Überbau" zu gelten haben,[10] kehrt Bulgakov um und spitzt sie noch zu:

> „Mit apodiktischer Zuverlässigkeit gilt für mich das Axiom, dass die wahrhafte Grundlage des gesellschaftlichen Lebens in der Religion gesehen werden muss. Die Religion ist ein Phänomen des gesellschaftlichen Lebens, sie ist die ‚Basis', auf der sich verschiedene ‚Überbauten' erheben."[11]

Diese These ist u. a. von Max Webers Studie *Der Geist des Kapitalismus und die protestantische Ethik* (1904–05) inspiriert, die einen Einfluss religiöser Einstellungen auf die wirtschaftliche Praxis feststellt. Bulgakov transformierte Webers kultursoziologische Erkenntnis kurzerhand zu einem philosophischen und gesellschaftspolitischen Prinzip.[12] Mit „Religion" meint Bulgakov im weitesten Sinne die höheren Werte, die jeder Mensch (auch ein Atheist) anerkennt, und nach denen er sein Handeln ausrichtet.[13] Im konkreten russischen Kontext, wo 1905 erstmals eine Staatsduma als auf gesamtstaatlicher Ebene gewähltes Parlament eingerichtet wird, denkt er über die Bedingungen einer christlichen Politik nach, die ihm bei seinen ihm politisch nahestehenden Freunden in der liberalen, religiös neutralen *Konstitutionell-Demokratischen Partei* fehlt.[14] 1907 wurde Bulgakov als unabhängiger „christlicher Sozialist" in die zweite Staatsduma gewählt.[15]

In diesem Kontext entstand Bulgakovs Habilitationsschrift *Philosophie der Wirtschaft* (1912). Das Werk ist eine auf Schellings Naturphilosophie basierende Antwort auf Marxens historischen Materialismus und fragt nach den schöpferischen Kräften des christlichen Glaubens. Angesichts des tobenden ideologischen Kampfes zwischen Kapitalismus und Sozialismus hatte Bulgakov eine soziale, „orthodoxe Wirtschaftsethik" vor Augen, die (protestantischen) kapitalistischen Egoismus und sozialistischen Atheismus vermeiden würde.

In seinen Vorlesungen stellte er die Reformation in einen größeren Zusammenhang mit Renaissance, Humanismus und Aufklärung: Sie sei eine Sache des erwachenden religiösen Individualismus, ein Aufstand gegen den Absolutismus der mittelalterlichen Kirche im Namen der autonomen souveränen Rechte der religiösen Person.[16] Im Gegensatz zum *humanistischen* Individualismus erhalte jedoch der *religiöse* Individualismus Luthers mit seiner Gnadenlehre von der Rechtfertigung „aus Glaube allein" eine pessimistische Note, denn Luthers religiöses Empfinden beruhe auf der „Verzweiflung selig werden zu können aus eigener Kraft, die Verzweiflung ohne die Schrift fertig werden zu können durch eigene Vernunft".[17] Das Unvermögen, im Gegensatz zur katholischen Werkheiligkeit irgendeinen Beitrag zur eigenen Rechtfertigung zu leisten, die totale Abhängigkeit von Gottes Wille, kulminiere in Calvins Prädestinationslehre. Bulgakov paraphrasierte und übersetzte ganze Passagen aus Webers „Geist des Kapitalismus": Die Lehre der Prädestination habe einerseits eine „Vereinsamung des einzelnen Individuums" zur Folge, andererseits verschärfe sie die Gewohnheit der ständigen Selbstkontrolle, um zu ergründen, ob man zu den Auserwählten gehöre. Zweifel daran gelte es als Teufelszeug zu vertreiben:

> „[U]m jene Selbstgewissheit zu *erlangen*, [wurde] als hervorragendstes Mittel *rastlose Berufsarbeit* eingeschärft. Sie und sie allein verscheuche den religiösen Zweifel und gebe die Sicherheit des Gnadenstandes."[18]

So kommt es, dass die protestantische Askese – vor allem im englischen Puritanismus – einerseits den Konsum einschränkt, andererseits aber „die Fesseln des Gewinnstrebens [sprengt], indem sie es nicht nur legalisierte, sondern [...] als gottgewollt ansah." Auf diese Weise, so Bulgakov, „erhält der Bedarf des Kapitals nach Anhäufung hier eine ethisch-religiöse Basis und Rechtfertigung".[19]

Die Reformation bedeute einen „riesigen Schritt in Richtung der allgemeinen Säkularisierung des Lebens", wobei ethische Motive die Vorherrschaft über religiöse erhalten hätten. Zur Untermauerung dieser These beruft sich Bulgakov u. a. auf Ernst Troeltsch: „Pflichtmäßige Arbeit ist der beste Gottesdienst, und die in der Ausübung des Berufs betätigte Nächstenliebe ist besser als die Carität."[20] Bulgakovs Verhältnis zu dieser Entwicklung bleibt ambivalent: Obwohl er die religiöse Ethisierung des weltlichen Lebens begrüßt, stört ihn die protestantische Negierung der Kirche als „Organisation übernatürlicher, hierarchischer und durch Tradition verbundener Gnadenkräfte, die in den Sakramenten realisiert werden."[21] Grundsätzlich rückt er jedoch den positiven Beitrag der Reformation für das europäische Wirtschaftsleben in den Vordergrund:

> „Auf diese Weise wurde [...] ein weltlicher Menschentyp geschaffen, der sich seiner wirtschaftlichen Pflicht vollkommen bewusst ist. Eine solche Person bringt sich mit der ganzen Kraft ihrer Energie in das Wirtschaftsleben ein, die im Mittelalter in den asketischen Kraftakt der Mönche gelegt worden war; so wurde eine neue geistige Atmosphäre geschaffen, in der sich auch eine Volkswirtschaft und der industrielle Kapitalismus entwickeln kann."[22]

Doch auch bereits die monastische Askese als „positive Arbeit für das Ganze" (Ernst Troeltsch) nach dem Motto „laborare est orare", habe in Westeuropa und besonders in Russland positiv zur Zivilisierung des „Waldesdickichts" beigetragen.

Der Kapitalismus als historische Notwendigkeit zur Verbesserung der allgemeinen Lebensbedingungen soll laut Bulgakov nicht prinzipiell bekämpft, sondern in die richtigen Bahnen gelenkt werden. Hinsichtlich der zeitgenössischen Verweise deutscher Sozialisten auf die kommunistischen Lebensformen des Urchristentums betont Bulgakov, dass das Christentum die Sklaverei nicht etwa durch eine äußere Revolution, sondern durch eine innere Verwandlung der Herren-Sklaven-Beziehung abgeschafft habe – ebenso werde es mit der kapitalistischen Ausbeutung geschehen, wenn sie von einer Volkswirtschaft mit christlichen Werten überwunden würde.[23] Dabei kritisierte Bulgakov die christlichen antikapitalistischen Lehren von Lev Tolstoj, Thomas Carlyle und John Ruskin für ihre Rückwärtsgewandtheit.[24] Den problematischen Aspekt einer protestantischen Ethik ortete er im verengten Fokus auf die persönliche Erlösung. Eine orthodoxe Wirtschaftsethik hingegen sollte den Akzent auf die ganze Menschheit, und im Falle Russlands erst einmal auf eine soziale Volkswirtschaft setzen, die *alle* Bürger von materiellen Nöten befreien müsse.[25]

In der Orthodoxie steckt laut Bulgakov ein ökonomisches Potenzial, das aber durch ihre passive Stellung als Staatskirche brachliegt.[26] Aus seiner These von der Religion als Basis das Wirtschaftslebens zieht Bulgakov den Schluss, dass dieses orthodoxe Potenzial aktiviert werden müsse, um die russische Volkswirtschaft zu entwickeln, denn die Orthodoxie habe „in der Disziplin des asketischen ‚Gehorsams' [*poslušanije*] und des ‚gottgefälligen Wandels' [*chožbdenie pred Bogom*] [...] mächtige Mittel zur Erziehung der Person und zur Entfaltung des Gefühls persönlicher Verantwortung und von Pflicht, was für die wirtschaftliche Tätigkeit, wie auch für alle anderen Formen des Dienstes an der Gesellschaft, so wichtig ist."[27] Als problematisch betrachtet Bulgakov die Neigung der russischen Gesellschaft, produktive Arbeit geringzuschätzen. Deshalb müsse die Entwicklung von Produktivkräften und das Wachstum der ganzen Volkswirtschaft gegenüber der Frage der gerechten Verteilung aufgewertet werden und wirtschaftliche Tätigkeit als Dienst an der Gesellschaft und Ausübung moralischer Pflicht verstanden werden.[28] Bulgakov leidet sichtlich an der später auch von Max Weber beobachteten „orthodoxen Weltindifferenz"[29] und sucht nach möglichen Anknüpfungspunkten für aktivere Lebensentwürfe nach protestantischem Vorbild – teilweise vermutet er solche wie Max Weber bei den russischen Altgläubigen und regt entsprechende Studien an.[30] Angesichts der Polarisierung der russischen Politik zwischen einer atheistischen Linken und einer antimodernen orthodoxen Rechten hält er 1912 frustriert fest:

> „Das größte Unglück des russischen politischen Lebens ist es, dass es keinen wirklichen („englischen") Konservatismus gibt und er sich auch nicht bilden kann."[31]

Gegenwärtige russisch-orthodoxe Autoren, die über ein Zusammenspiel von Orthodoxie und Wirtschaft nachdenken, berufen sich zwar auf Bulgakovs Intentionen, kritisieren jedoch den zu starken Einfluss der deutschen Philosophie auf sein Denken.[32] In der Tat muten Bulgakovs Folgerungen aus der europäischen Kulturgeschichte für eine orthodoxe Wirtschaftsethik recht theoretisch, manchmal eklektisch an. Der fehlende Praxisbezug und seine kühnen Kombinationen einander in der politischen Realität widersprechender Ideen mögen dazu beigetragen haben, dass Bulgakov auch viele Sympathisanten oft irritierte. Sein Fokus auf die Orthodoxie war nicht als Rückgriff auf die Vergangenheit, sondern als schöpferische Neuinterpretation des orthodoxen Erbes gemeint,[33] was auch heute in Russland auf wenig Interesse stößt.

2. Bulgakovs Menschenbild und Arbeitsbegriff

Bulgakovs Interesse am Protestantismus ist nicht in erster Linie theologisch, sondern vielmehr „arbeitsethisch" und auch „nationalökonomisch". In theologischer Hinsicht interessiert ihn nicht der Akt der persönlichen Erlösung, sondern die Bedingung der Möglichkeit dieser Erlösung, die seines Erachtens in der ontologisch verstandenen, unzerstörbaren Gottebenbildlichkeit des Menschen gegeben ist.[34] Oft ist hervorgehoben worden, dass die Gottebenbildlichkeit in der orthodoxen Theologie – z. B. im Gegensatz zu Luthers Ansicht – zwar verborgen oder verdunkelt, aber nie ganz verloren gehen kann.[35]

Deshalb bleibt dem Menschen, was seine Erlösung betrifft, immer ein Handlungsspielraum offen. Die katholischen wie protestantischen Lehren der Prädestination einzelner, als auch der ewigen Verdammnis aller anderen, sind für Bulgakov mit der Gottebenbildlichkeit *aller* Menschen nicht vereinbar.[36] Auch als gereifter Theologe wird Bulgakov die Lehre der Apokatastasis, der universalen Erlösung, vertreten, weil er die Lehre einer ewigen Hölle, eines „unendlichen Sieges des Bösen" für eine „ontologische Absurdität" und gar eine „satanische Blasphemie" gegen Gottes Güte, Weisheit und Allmacht hält.[37]

In Bulgakovs Menschenbild steht nicht die „Wiederherstellung" oder „Rechtfertigung" des Gottebenbildes im Zentrum, das bei ihm als unzerstörbare ontologische Realität gilt, sondern entsprechend der orthodoxen Tradition der Prozess der „Vergöttlichung" (*theosis*), der sich zwischen „Bild" und „Gleichnis" Gottes ereignen kann, wenn der Mensch das will. Auch das menschliche Schaffen gehört zur Grundkonstitution des Menschen, die durch den Sündenfall gestört, aber nicht zerstört wird. So dreht Bulgakov das Paradigma der „Werkheiligkeit" um: Erlösung ist nicht das Ziel, sondern *Voraussetzung* dafür, dass der Mensch die volle Leistung vollbringen kann, die sein ontologisches Potenzial als Ebenbild des Schöpfers birgt. Leistung ist nicht Bedingung, sondern Berufung.

Was die protestantische Formel betrifft, dass allein Gottes Gnade über den Einzug ins Himmelreich entscheidet, gilt diese bei Bulgakov bereits seit Anbeginn der Schöpfung für alle. Gnade ist nicht göttliche Willkür betreffs einzelner Auserwählter, sondern der göttliche Wille, *alle* Menschen als Gottes Ebenbilder zu schaffen:

> „Der Mensch ist ein erschaffener Gott, ein *Gott durch die Gnade*. Das ist die wahre und grundlegende Definition des Menschen."[38]

Gottes Gnade wird nicht erst „notwendig", nachdem der Mensch gesündigt hat und erlöst werden muss, sondern sie entspricht dem Willen Gottes, eine von ihm unabhängige, freie Welt zu schaffen, zu der er nicht in einem Verhältnis der Herrschaft oder in einem „Rechtsverhältnis",[39] sondern in einem Verhältnis der Liebe und der „Synergie" steht. Deshalb bezeichnet Bulgakov bereits Gottes Weltschöpfung (und nicht erst seine Menschwerdung) als *Kenosis*, als „Entäußerung" Gottes im Verzicht auf seine Absolutheit.[40] Die göttliche Schöpfung ist die Bedingung der Möglichkeit für menschliches Schaffen und Leisten – und dies bereits vor dem Sündenfall. Dabei bezieht sich Bulgakov auf den göttlichen Auftrag an die Menschen, den „Garten Eden" zu bebauen und zu hüten (Gen 2, 15) und den Tieren Namen zu geben (Gen 2, 19f.):

> „In diesem Sinne kann man von einer ‚paradiesischen' Wirtschaft als einer uneigennützigen, von Liebe erfüllten Arbeit des Menschen sprechen, um die Natur zu erkennen und zu vervollkommnen".[41]

Erst nach dem Sündenfall muss der Mensch „im Schweiße seines Angesichts" arbeiten, kommt wirtschaftliche Not über die Menschheit. Doch zur kreativen Leistung ist der Mensch von Anfang an berufen, die ganze Geschichte ist „freies Handeln, Arbeit und eine Großtat der Menschheit".[42] Im freien Wirken des Menschen in der Natur entsteht Kultur, denn die Natur könne ohne Arbeit nicht all ihre Kräfte an den Tag bringen.[43] Die wesentliche Beziehung des Menschen zur Welt ist deshalb diejenige des „Wirts" in der „Wirtschaft", der als Subjekt auf die Dinge, auf das Objekt der Wirtschaft, einwirkt.[44] Bulgakovs Kritik sowohl an der klassischen Ökonomie als auch am Sozialismus besteht darin, dass sie zu sehr auf das *Objekt* der Wirtschaft fokussierten, obwohl die menschliche Person ein eigenständiger „Faktor" der Wirtschaft sei.[45]

Bulgakovs Expertise als Ökonom war gefragt, als ab Sommer 1917 in Moskau das Landeskonzil der Russischen Orthodoxen Kirche (ROK) abgehalten wurde. Das Konzil, an dem auch Laien wie Bulgakov teilnahmen, war Kulminationspunkt jahrelanger Reformbestrebungen.[46] Im Rahmen der Suche nach einer kirchlichen Position zum Sozialismus hielt Bulgakov am 22. Februar 1918 einen Vortrag über „Christentum und Arbeit",[47] in dem er seine Kernthesen noch einmal auf den Punkt brachte: Ein aktives Verhältnis des Menschen zur Welt wird durch Arbeit verwirklicht, in der sich die Gottebenbildlichkeit des Menschen widerspiegelt. Der freie Charakter der Arbeit im Paradies wurde durch die Ursünde verdorben. Ein Christ sollte all sein Tun als Erfüllung seiner Pflicht gemäß seiner göttlichen Berufung betrachten. Das sei keine Bestrafung, sondern ein „erlösendes Gebot Gottes" im Vertrauen auf Gottes Hilfe, der mit dem Gebet für das tägliche Brot die Arbeit zum Verdienen dieses Brotes geheiligt habe.[48] Überwunden werden müsse nicht irgendeine Wirtschafts- oder Gesellschaftsform, sondern die Haltung der Eigenliebe, der Habsucht und Herzlosigkeit: Würden sich die Reichen christlich verhalten, gäbe es auch für den Sozialismus keine Berechtigung. Die Kirche binde sich an keine bestimmte Wirtschaftsform, sondern sie segne jedes Handeln und jede Arbeit im Geiste der Nächstenliebe.[49] Diese Positionen finden sich heute in ähnlicher Form in den Dokumenten der ROK über die Wirtschaftstätigkeit, z. B. in den „Grundlagen einer Sozialkonzeption der ROK" oder dem „Kodex moralischer Prinzipien und Regeln in der Wirtschaft" wieder.[50]

Bulgakov ließ sich im Juni 1918 zum orthodoxen Priester weihen, war aber weiterhin als Wirtschaftsprofessor tätig. 1922 aus der Sowjetunion verbannt, wurde er endgültig zum Theologen. In seinem Werk über die „Lehre der orthodoxen Kirche" von 1932 zeigt sich Bulgakov weiterhin davon überzeugt, dass die „neue, schöpferische Aufgabe" der Orthodoxie und des Christentums überhaupt in der Predigt eines sozialen Christentums mit einem schöpferischen Arbeitsbegriff besteht. Nur das Christentum könne eine wahre Arbeitsethik entwickeln, weil es arbeitsfördernde Welt-Annahme und disziplinierende Weltabgewandtheit in einer „Ethik des wirtschaftlichen Asketismus" zu vereinigen wisse.[51] Allerdings hat sich Bulgakov nie der Ausarbeitung konkreter politischer und wirtschaftlicher Formen seiner Vision einer christlichen Wirtschaftsethik gewidmet, sondern vielmehr deren „Basis", als die man seine Theologie vom Zusammenwirken von Gott und Mensch, seine in der orthodoxen Theologie heftig umstrittene „Sophiologie", betrachten kann.

3. Synergie von Gott und Mensch

Im Rahmen seines theologischen Schaffens beschäftigten Bulgakov die Möglichkeiten und Grenzen der „Gottebenbildlichkeit", das Verhältnis zwischen der Allmacht des Schöpfers und der menschlichen Freiheit. Dafür verwendete er den Begriff der „Synergie", da die Welt von Gott nur in ihrer Grundlage erschaffen worden sei und nur mit dem Menschen zusammen vollendet werden könne: „Die Erschaffung der Welt wird durch den Menschen realisiert, und dies ist der lange, schwierige Weg der Freiheit."[52]

Bulgakov verweigerte vor allem eine *deistische* Sichtweise der Welt als eines von Gott in Gang gesetzten Mechanismus. An die Stelle der Kausalität setzte Bulgakov die Kategorie der *Ebenbildlichkeit (soobraznost)*. Der schöpferische Akt Gottes sei keine Inbetriebsetzung eines Mechanismus, sondern Gott schaffe die Welt mit den Menschen als *personale Gegenüber*. Das schöpferische Prinzip, das Gott und Welt verbindet, ist die „Sophia".[53] Mit den Worten der klassischen Theologie entspricht sie bei Bulgakov am ehesten der „natürlichen Gnade",[54] die *jedem* lebenden Geschöpf als Seinsprinzip zugrunde liegt, ob es dies (an)erkennt oder nicht:

„Daraus folgt, dass jede kreative Aktivität

im Leben, also *die ganze menschliche Geschichte*, zu der Gott die Menschheit [...] berufen hat, kraft dieser kreativen Inspiration in all ihrer mannigfaltigen Vielfalt und Vielgestalt vollbracht wird."[55]

Die Beziehung des Schöpfers zum Geschöpf bleibt in Bulgakovs Vorstellung der Synergie immer zurückhaltend: Die Vorsehung Gottes korrigiere die menschliche, fehlbare Freiheit mit absolutem Erfindungsgeist und Phantasie und führe so die Welt auf die Wege ihrer Erlösung – das sei die „Kenosis Gottes in der Schöpfung".[56] Das bedeutet, dass Gott menschliches Handeln nicht ungeschehen machen kann – er kann nur darauf reagieren. Die einzige Handlungseinschränkung des Menschen besteht darin, dass er keine ontologische Neuheit schaffen oder eine ontologische Gegebenheit zerstören kann, frei ist er aber bei der Auswahl von Möglichkeiten – er verfügt über *modale Freiheit*:

„Der Mensch verfügt nicht über die Kraft, die Welt zu erschaffen, die von Gott in ihren Wegen festgelegt worden ist, doch er kann diesen Weg vollbringen – besser oder schlechter, so oder anders."[57]

Durch die „natürliche Gnade", das „sophianische Wesen" der Natur, sind alle Menschen unbewusst oder bewusst am Schöpfungsprozess beteiligt. Sowohl für Bulgakovs Arbeits- als auch für seinen Geschichtsbegriff gilt, dass sie enger mit der *Schöpfung* als mit dem Sündenfall verknüpft sind, weshalb sich die Frage der Rechtfertigung bei ihm nicht primär stellt. Die Geschichte ist die Zeit, in der alle Menschen die Freiheit und Berufung erhalten, die ihnen gegebene Welt zu gestalten.[58] Sie ist eine Heilsökonomie im Zusammenwirken von Gott und Mensch, aber im Diesseits auch eine Tragödie: Denn der Sündenfall besteht darin, die eine Möglichkeit der Freiheit zu wählen, die Gottes Schöpfungsabsicht zuwider läuft und die Beziehung des Menschen zu Gott, zur Natur, zu sich selbst und anderen zerrüttet.

Was die individuellen Möglichkeiten und Grenzen der Leistungsfähigkeit betrifft, greift Bulgakov gerne auf das Gleichnis der Talente zurück: Jedem ist ein großes oder kleines Lebenswerk gegeben, dem er nicht ausweichen sollte:

„Was der Mensch auf Erden vollbringt, bleibt für ihn selbst immer klein und ungenügend. Es darf niemals einer stolzen Selbstzufriedenheit Raum geben. Gleichwohl darf auch dabei das Bewusstsein entstehen, seine Pflicht verantwortungsvoll, wenngleich jedoch nicht vollständig erfüllt zu haben. Deshalb soll der Mensch auch selbst sein eigenes Handeln ehren, denn Gott selbst beruft ihn ja dazu, indem Er jeden seinen eigenen Möglichkeiten entsprechend mit einem Talent ausrüstet (Mt 25, 20–30)."

Dieser Berufung zu folgen ist in Bulgakovs Theologie keine Bedingung, um Seligkeit zu erlangen – denn diese ist tatsächlich *sola gratia* gegeben –, sondern die Bedingung, um ein sinnerfülltes Leben in dieser Welt zu führen und einen bleibenden Beitrag zu Gottes Schöpfungsgeschichte zu leisten.

Anmerkungen

1 Natalija Makaševa, „Sergij Bulgakovs *Philosophie der Wirtschaft*. Historischer Kontext und Aktualität", in: Sergij Bulgakov, *Philosophie der Wirtschaft. Die Welt als Wirtschaftsgeschehen* [1912], Münster: Aschendorff Verlag 2014, S. VII.

2   Sergej N. Bulgakov, Karl Marks kak religioznyj tip (Karl Marx als religiöser Typ) [1906], in: Ders., *Dva Grada. Issledovanija o prirode obščestvennych idealov* [1911]. Westmead, Farnborough: Gregg International Publishers 1971, S. 76. Eine deutsche Übersetzung ist in Vorbereitung: *Zwei Städte. Studien zur Natur gesellschaftlicher Ideale*, Münster: Aschendorff Verlag.

3   Bulgakov, Osnovnye problemy teorii progressa (Grundlegende Probleme der Fortschrittstheorie), in: Pavel I. Novgorodcev (Hg.), *Problemy idealizma (Probleme des Idealismus)*, Moskau: Tri Kvadrata 2002, S. 266.

4   Regula M. Zwahlen, *Das revolutionäre Ebenbild Gottes. Anthropologien der Menschenwürde bei Nikolaj A. Berdjaev und Sergej N. Bulgakov*, Münster: LIT 2010, S. 49; vgl. Karl Schlögel, *Wegzeichen: zur Krise der russischen Intelligenz*, Frankfurt a. M.: Eichborn Verlag 1990, S. 125–126.

5   Jurij N. Davydov, „Max Weber und Sergej Bulgakov: Die Protestantische Ethik in Russland", in: Ders., Pjama P. Gajdenko (Hg.), *Russland und der Westen. Heidelberger Max Weber-Vorlesungen 1992*, Frankfurt a. M.: Suhrkamp 1995, S. 117. Max Weber kannte Bulgakov und ermöglichte den Abdruck einer deutschen Übersetzung des Kapitels „Die naturphilosophischen Grundlagen der Wirtschaftstheorie" im *Archiv für Sozialwissenschaften und Sozialpolitik* Nr. 36, 2 (1913). Vgl. Bulgakov, *Philosophie der Wirtschaft* [Anhang], S. 295–297.

6   Bulgakov, „Narodnoe chozjajstvo i religioznaja ličnost' (Volkswirtschaft und religiöse Person)" [1909], in: Ders., *Dva Grada. Issledovanija o prirode obščestvennych idealov*, S. 190.

7   Davydov, S. 122.

8   Bulgakov, „Heroentum und geistiger Kampf", in: Schlögel (Hg.), *Wegzeichen*, S. 118–120.

9   Andreas Buss, *Die Wirtschaftsethik des russisch-orthodoxen Christentums*, Heidelberg: Carl Winter 1989, S. 49. Vgl. Max Webers spätere Überlegungen in *Wirtschaft und Gesellschaft* (1921) über den orthodoxen Mystizismus, der innerweltliches Handeln für sinnlos hält.

10 Karl Marx, „Zur Kritik der politischen Ökonomie" (1859), in: *Marx-Engels Werke*, Bd. 13, Berlin: Dietz Verlag 1971[7], S. 8.

11 Bulgakov, „Ot avtora" (Vom Autor) [1911], in: Ders., *Dva Grada*, S. VII.

12 Nikolaj Plotnikov, Modest Kolerov: „Deutschland aus sozialliberaler Sicht", in: Dagmar Herrmann (Hg.), *Deutsche und Deutschland aus russischer Sicht*, München: Wilhelm Fink Verlag, S. 232.

13 Bulgakov, Karl Marks, S. 69.

14 Zwahlen, *Das revolutionäre Ebenbild Gottes*, S. 60, Fußnote 11.

15 Zum Wandel der gesellschaftspolitischen Vorstellungen Bulgakovs siehe: Zwahlen, „Pravo als Weg zur Pravda. Sergej N. Bulgakovs Überlegungen zu Gerechtigkeit und Recht", in: Holger Kusse, Nikolaj Plotnikov (Hg.), *Pravda. Diskurse der Gerechtigkeit in der russischen Ideengeschichte*, München, Berlin: Verlag Otto Sagner, 2011, S. 143–153.

16 Bulgakov, „Istorija social'nych učenij v XIX veke (Anglija i Germanija)" (Geschichte der Sozialleĥren im 19. Jahrhundert (England und Deutschland)) [1908–09], in: Vadim V. Sapov (Hg.), *S. N. Bulgakov. Istorija ėkonomičeskich i social'nych učenij*, Moskau: Astrel`, 2007, S. 402.

17 Ebd., S. 404; zitiert nach Theobald Ziegler, *Geschichte der christlichen Ethik*, Strassburg 1886, S. 436.

18 Ebd., S. 408. Zitate bei Max Weber: *Gesammelte Aufsätze zur Religionssoziologie*. Bd. 1, Tübingen 1986[8], S. 92, 104–105, 122.

19 Ebd., S. 410; bei Weber, S. 189.

20 Bulgakov, „Očerki po istorii ėkonomičeskich učenii" (Aufzeichnungen zur Geschichte der Wirtschaftslehren) [1913], in: Vadim V. Sapov (Hg.), *S.N. Bulgakov. Istorija ėkonomičeskich i social'nych učenij*, Moskau: Astrel`, 2007, S. 211; vgl. Gesammelte Schriften von Ernst Troeltsch, Bd. 1, Tübingen 1919, S. 575.

21 Bulgakov, *Očerki* [1913], S. 211.

22 Bulgakov, *Istorija social'nych učenij*, S. 229.

23 Bulgakov, „O pervochristianstve" (Über das Urchristentum), in: Ders., *Dva Grada*, S. 267. Vgl. auch Josephien van Kessel, "From secular sociology to Orthodox sophiology: Max Weber's influence on Sergei Bulgakov's Christian social theory", in: *Transcultural Studies: A Series in Interdisciplinary Research* 4 (2008), S. 66–67.

24 Bernice G. Rosenthal, "The Search for a Russian Orthodox Work Ethic", in: Edith W. Clowes, Samuel D. Kassow, James L. West, (Hg.), *Between Tsar and People. Educated Society and the Quest for Public Identity in Late Imperi-*

25 van Kessel, S. 66.
26 Vgl. Buss, S. 35.
27 Bulgakov, *Narodnoe chozjajstvo*, S. 199.
28 Ebd., S. 204.
29 Vgl. Buss, S. 49.
30 Entsprechende Arbeiten sind erst seit den 1990er Jahren möglich. Siehe Tobias Köllner, *Practising Without Belonging? Entrepreneurship, Morality, and Religion in Contemporary Russia*, Münster: LIT 2012.
31 Bulgakov, „Na vyborach (Iz dnevnika)" (An den Wahlen (Aus dem Tagebuch)) [1912], in: Ders., *Trudy po sociologii i teologii*. Moskau: Nauka 1997, S. 91. Ein autobiographischer Band ist in Vorbereitung: *Aus meinem Leben*, Münster: Aschendorff Verlag.
32 Vgl. Veniamin V. Simonov, *Cerkov' – Obščestvo – Chozjajstvo (Kirche – Gesellschaft – Wirtschaft)*, Moskau: Nauka 2005, S. 35, 426–428.
33 Vgl. Rosenthal, S. 73.
34 Vgl. Zwahlen, "Sergei Bulgakov: The Potentiality of Conversion", in: *Conversion in Russian Cultural History*, Bern: Peter Lang 2015, S. 123–139.
35 „Grundlagen der ROK über die Würde, die Freiheit und die Rechte des Menschen", 2008, I.4: https://mospat.ru/ru/documents/dignity-freedom-rights/ (Zugriff 31.3.2015); Vladimir Lossky, *The Mystical Theology of the Eastern Church*. London: James Clarke, S. 124–126; Zwahlen, *Das revolutionäre Ebenbild Gottes*, S. 22.
36 Paul Gavrilyuk, „Universal Salvation in the Eschatology of Sergius Bulgakov", in: *Journal of Theological Studies* 57, 1 (2006), S. 110–132; Zwahlen, *Das revolutionäre Ebenbild Gottes*, S. 345–346; Buss, S. 47.
37 Bulgakov, *Apocatastasis and transfiguration*. New Haven: Variable Press 1995, S. 26–27. Das bedeutet nicht, dass bewusst sündigende Menschen keine Strafe bzw. kein persönlicher Läuterungsprozess erwartet, der aber nicht ewig dauern wird. Vgl. Gavrilyuk, S. 128.
38 Bulgakov, „Die christliche Anthropologie", in: *Kirche, Staat und Mensch. Russisch-orthodoxe Studien*, Genf: Forschungsabteilung des Ökumenischen Rates für Praktisches Christentum 1937, S. 214.
39 Buss, S. 47.
40 Zwahlen, *Das revolutionäre Ebenbild Gottes*, S. 353.
41 Bulgakov, *Philosophie der Wirtschaft*, S. 123.
42 Bulgakov, Ot avtora, S. VIII.
43 Bulgakov, *Philosophie der Wirtschaft*, S. 41.
44 Bulgakov, *Die christl. Anthropologie*, S. 242–243.
45 Bulgakov, *Philosophie der Wirtschaft*, S. 80, 176.
46 Catherine Evtuhov, "The Church in the Russian Revolution", in: *Slavic Review* Nr. 50/3 (1991), S. 510.
47 Aleksandr Kraveckij, „Koryst' neimuščich protiv koryst' imuščich..." („Der Eigennutz der Mittellosen gegen den Eigennutz der Vermögenden..."), in: *Otečestvennye zapiski* 6, 21 (2004), S. 48–49.
48 Bulgakov, „Christianstvo i trud, 9/22 fevralja 1918" (Christentum und Arbeit), in: *Otečestvennye zapiski* 6/21 (2004), S. 50.
49 Bulgakov, „Christianstvo i trud", S. 50–53. Vgl. Bulgakovs Vorwort zur russischen Übersetzung von Ignaz Seipels „Die wirtschaftsethischen Lehren der Kirchenväter" in: Bulgakov, *Philosophie der Wirtschaft* [Anhang], S. 314–315.
50 Köllner, S. 65ff.; Josef Thesing, Rudolf Uertz (Hg.), *Die Grundlagen der Sozialdoktrin der ROK*, Sankt Augustin 2001, S. 55–58.
51 Bulgakov, *Die Orthodoxie. Die Lehre der orthodoxen Kirche*. Trier 2004, S. 255–258, 260.
52 Bulgakov, *Agnec Božij (Das Lamm Gottes) [1933]*. Moskau: Alexander Men-Universität 2000 [1933], S. 175.
53 Zwahlen, *Das revolutionäre Ebenbild Gottes*, S. 345–346.
54 Myroslaw Tataryn, "History matters: Bulgakov's sophianic key", in: *St. Vladimir's Theological Quarterly* 49/1–2 (2005), S. 216.
55 Bulgakov, *Utešitel' (Der Tröster) [1936]*. Moskau: Alexander Men-Universität 2003, S. 260.
56 Bulgakov, *Nevesta agnca (Die Braut des Lammes) [1939]*. Moskau: Alexander Men-Universität 2005, S. 25.
57 Ebd., S. 156.
58 Zwahlen, *Das revolutionäre Ebenbild Gottes*, S. 355.

Arbeit, Kapital und Gnosis.
Michel Henrys Lesart von Marx

Ruud Welten

Die Frage nach der Bedeutung der Arbeit beschäftigt die Menschheit schon seit Jahrhunderten. Sie stellt sich nicht allein den Philosophen, Sozialwissenschaftlern oder Theologen, es ist vielmehr eine Frage, mit der wir alle uns regelmäßig im Alltagsleben konfrontiert sehen. Warum arbeite ich? Wohin führen letztlich meine ganzen Anstrengungen? In diesem Beitrag soll diese Problematik im Lichte der Philosophie des französischen Phänomenologen Michel Henry (1922–2002) dargestellt werden. In einer kapitalistischen Gesellschaft wie der unseren drängt sich eine Antwort in den Vordergrund: Wir arbeiten „für's Geld". Mit anderen Worten: In kapitalistischen Gesellschaften wird Arbeit dem Kapital ausgeliefert. Ungeachtet dessen, welche Rolle wir persönlich unserer Arbeit zuschreiben, fordert das Kapital nach Art eines unpersönlichen Systems seine Selbstvermehrung. So wird uns keine andere Wahl gelassen, als der Arbeit unter den Vorzeichen von „Wachstum" und „Gewinn" ihre lebendige, menschliche Gestalt zu nehmen. So lautet die berühmte These von Karl Marx in der Auslegung durch Michel Henry. Henrys phänomenologische Interpretation von Marx ermöglicht es, die Frage nach der Arbeit neu zu stellen und zu beantworten.

Was ist Arbeit? Eine verbreitete Antwort auf diese Frage ergibt sich aus der Grundbewegung des Kapitalismus, die Marx als Quantifizierung der Arbeit beschreibt. Im Kapitalismus wird nach Marx Arbeit nicht nach Qualität, sondern abstrakt, nach Quantität, bewertet. Wie ist der Unterschied zwischen den beiden Begriffen von Arbeit zu verstehen? Wenn jemand konkret einige Stunden Arbeit verrichtet, lesen wir den Wert der Arbeit daran ab, was sie ihm oder ihr einbringt, was er für die geleisteten Arbeitsstunden „bezahlt bekommt". Somit erscheint Arbeit sofort in quantifizierter Form. Arbeitsleben ist nurmehr Geldverkehr. Angenommen, wir wollen den Fehler, Arbeit nach dem gezahlten Lohn zu beurteilen, nicht begehen, indem wir stattdessen nach ihrem Ergebnis fragen. Jemand hat gearbeitet und einen Stuhl hergestellt oder eine Mauer verputzt. Nun lautet unsere Frage nicht mehr: „Was bringt ihm das ein?" Wir beurteilen jetzt den Stuhl oder die Mauer als das durch die Arbeit hervorgebrachte Produkt. Doch auch in diesem Fall wird Arbeit nicht als solche betrachtet, sondern erneut abstrakt, hier anhand ihrer Veräußerlichung. Die Arbeit lässt sich ablesen an und beurteilen über etwas außerhalb ihrer selbst, auch dann, wenn der Arbeiter sein Produkt (den Stuhl, die verputzte Wand) als seine eigene Hervorbringung betrachtet. Die Arbeit wird repräsentiert. Unser Ziel aber wäre zu untersuchen, was Arbeit an sich bedeutet. Die Antwort auf diese Frage kann nicht gegeben werden, indem Arbeit anhand ihres Geldwerts oder über ihre äußerlichen Folgen beschrieben wird. Mit seiner Marxlektüre unternimmt Michel Henry genau diese konkrete, nicht-gegenständliche Bestimmung der Arbeit.

Zum Verständnis von Henrys Position und seiner Phänomenologie sowie wie seiner Ablehnung von jeglicher Form des „Marxismus" ist es wichtig, sich Marx' Beschreibung des Kapitals als eines *Systems* zu vergegenwärtigen, worin die Arbeit dem Arbeiter entfremdet wird. Der Arbeiter ist nach Marx im Kapitalismus gezwungen, für seinen Lebensunterhalt seine Arbeit an das Kapital auszuliefern. Der Kapitalismus funktioniert über diese feindliche Übernahme und bringt, wie zu zeigen sein wird, den Verlust von Arbeit im Sinne einer spezifisch menschlichen Erfahrung von Leben mit sich. Allerdings argumentiert Marx weder ethisch noch in eine humanistische Richtung. Der Kapitalismus ist für ihn nicht deswegen ein System der Ausbeutung, weil es „böse" Kapitalisten gibt, die durch eine Revolution gestürzt werden müssten, sondern aufgrund der systemischen Natur und Funktionsweise des Kapitals. Dieses wird nicht von Firmen oder unmoralischen Geschäftsleuten gelenkt, sondern verhält sich vollkommen autonom und steuert seinerseits das menschliche Zusammenleben wie ein allmächtiger Gott. „Das Kapital ist die alles beherrschende ökonomische Macht der bürgerlichen Gesellschaft", notiert Marx in den *Grundrissen* (MEW 42:41). Der Ökonom verhält sich wie ein Theologe, der die unergründlichen Wege des Gottes Kapital zu erforschen sucht: „Das Geld ist [...] der Gott unter den Waren" (MEW 42: 148). Es war die erste große Weltwirtschaftskrise von 1857, die Marx dazu brachte, sich in seinem Denken in der Folge ausschließlich auf die immanente Wirkung des Systems Kapital zu konzentrieren. Dem französischen Strukturalisten und Marx-Interpreten Louis Althusser zufolge trennt ein radikaler, erkenntnistheoretischer Bruch das Denken des „frühen" von dem des „späten" Marx[1]. Wo der frühe Marx humanistische Auffassungen noch zulässt — der in die Enge gedrängte Mensch muss zur Revolution übergehen — konzentriert sich der spätere Marx ausschließlich auf die Struktur des Kapitals. Nach Althusser geht es ihm dabei um eine wissenschaftlich-strukturalistische Analyse.

Die Unterschiede zwischen den „kritischen", „revolutionären", „humanistischen" und „strukturalistischen" Marxinterpretationen haben im 20. Jahrhundert heftige Kontroversen ausgelöst. Der Löwenanteil der Debatten wurde unter dem Sammelbegriff „Marxismus" geführt, was trotz der großen Unterschiede zwischen den Auffassungen und Interpretationen ein gewisses vorhandenes Einvernehmen bezüglich der politischen Ideologie und ökonomischen Analyse unterstellt. Aber weder beginnt die Interpretation von Marx mit dem Marxismus, noch endet sie damit. War Marx nicht der erste, der ausrief: „Alles, was ich weiß ist, dass ich kein Marxist bin!"? (MEW 37: 450) Michel Henry bricht in seiner Lesart von Marx radikal mit jedweder Spielart des Marxismus. „Le marxisme", schreibt er in seiner monumentalen Marx-Analyse aus dem Jahr 1976, „est l'ensemble des contresens qui ont été faits sur Marx"[2]. Marx' Philosophie ist für Henry nicht die soundsovielste marxistische Ideologie, sondern eine Phänomenologie des Lebens, die im Folgenden als Gnosis beschrieben werden soll.

1. Arbeit als lebendige Selbsterfahrung

Wie Althusser auch sieht Henry Marx' größtes Verdienst in der Beschreibung des Kapitals als der alles beherrschenden Struktur, allerdings wirft er Althusser vor, etwas Entscheidendes übersehen zu haben: Die ökonomischen Schriften aus der Zeit nach 1857 dürften nicht allein als Explikation des Systems Kapital gelesen werden, vielmehr enthüllten sie dieses System vor allem als ein wesenhaft unselbständiges. Der lebendige Mensch wird darin permanent vorausgesetzt, zugleich aber eliminiert. Das System beraubt sich so jeder möglichen Erkenntnis des Lebens, von dem die Wirtschaft aber doch abhängt.

Seine Philosophie des Lebens entwickelte Henry über die Jahre. Die Frage danach, was „Leben" ist und ausmacht, geht bei ihm gepaart mit einer radikalen Kritik an der westlichen Philosophie und Wissenschaft, die trotz ihrer komplexen Anlage nicht im Stande sind zu begreifen, was „Leben" bedeutet. Das Leben, so Henry, ist nämlich nicht die Gesamtheit aller biologisch erklärbaren Phänomene, sondern zeigt sich ständig an sich selbst. Das Leben erfährt sich selbst. Es ist kein Ding unter Dingen und infolgedessen auch nicht als ein solches zu untersuchen oder auf die Menge der lebenden Wesen zu reduzieren. Für die Wirtschaft lässt sich so gesehen in der Tat eine *Unselbständigkeit* konstatieren. Sie besteht nur, indem sie die Realität des Lebens negiert.[3]

Diese Negation geschieht auf der Basis des beschriebenen Übergangs von Qualität zu Quantität. Henry lenkt die Aufmerksamkeit der Marx-Rezipienten auf einen Arbeitsbegriff, der im kapitalistischen System vernichtet und durch einen abstrakten, quantifizierbaren ersetzt wird, wobei das Geld die Rolle des Vernichters übernimmt. Einer der Texte, die Henry auf die in Marx' Denken enthaltene Phänomenologie des Lebens aufmerksam machten, ist die *Deutsche Ideologie* (verfasst 1845–46). Darin grenzt sich Marx dezidiert von der deutschen Philosophie seiner Zeit ab, die für ihn keinerlei Verbindung zum lebendigen Menschen mehr aufwies. Er schreibt: „Ganz im Gegensatz zur deutschen Philosophie, welche vom Himmel auf die Erde herabsteigt, wird hier von der Erde zum Himmel gestiegen. D. h., es wird nicht ausgegangen von dem, was die Menschen sagen, sich einbilden, sich vorstellen, auch nicht von den gesagten, gedachten, eingebildeten, vorgestellten Menschen, um davon aus bei den leibhaftigen Menschen anzukommen; es wird von den wirklich tätigen Menschen ausgegangen und aus ihrem wirklichen Lebensprozeß auch die Entwicklung der ideologischen Reflexe und Echos dieses Lebensprozesses dargestellt." (MEW 3: 26). Der lebendige Mensch ist kein Konstrukt der Wissenschaft, von Philosophie, Psychologie oder Soziologie, sondern arbeitet, schwitzt und schuftet, strengt sich an und ist Leib, der auch denkt. Leben erfährt sich selbst in und durch seine leibliche Subjektivität. Als Erfahrung geht das Leben der begrifflichen Fassung von Leben und Mensch voraus. In diesem Geiste liest Henry die späteren Werke von Marx. Dieser ist für ihn zuallererst ein Philosoph des Lebens und ein Kritiker der Vernichtung des Lebens durch die kapitalistische Wirtschaft. In der *Deutschen Ideologie* bezeichnet Marx das vernichtete Leben als „das wirkliche Leben". In den späteren, ökonomischen Werken erhält es die Bezeichnung „lebendige Arbeit" (MEGA III, 27). „Lebendige Arbeit" ist Arbeit, die sich dezidiert als solche erfährt. Bei Marx verkörpert der *Arbeiter* diese leibliche, sich selbst in Form von Müdigkeit, Erschöpfung, Anspannung, Mühe, Genuss oder Leid erfahrende Subjektivität. Diese Überlegungen bringen uns auf die Spur der eingangs gestellten Frage nach der Bedeutung von Arbeit: Eine Antwort kann demnach nur phänomenologisch, d. h. im Ausgang von der Erfahrung, gefunden werden. Henry liest Marx als einen Philosophen der lebendigen Subjektivität in Gestalt der Subjektivität des Arbeiters.[4] Der Arbeiter ist nach seiner Interpretation nicht in erster Linie oder gar ausschließlich ein denkendes Wesen, wie das cartesianische Subjekt, sondern ein sich zuallererst leiblich erfahrendes Subjekt. Henry sieht darum in Marx sogar einen Denker der Individualität par excellence.

Ist aber Arbeit erst einmal vom Kapital vereinnahmt worden, werden auch die zwischenmenschlichen Beziehungen davon bestimmt. Die kapitalistische Gesellschaft ist eine, in der Beziehungen zwischen lebendigen Individuen von ökonomischen Tauschbeziehungen, verdrängt worden sind. Wir nehmen einander in Dienst, wir sind Kunde oder Verkäufer, wir werden zum Mittel der Kapitalvermehrung. Wer arbeitslos ist, dem entgleitet der Sinn des Lebens, denn für die Wirtschaft ist er nutzlos, ja sogar zum „Kostenfaktor" geworden. Soziale Beziehungen zwischen Menschen haben immer das Resultat von Arbeit zum Gegenstand. Was verdient einer, was bezahlt er, was hat seine Arbeit ihm eingebracht? Beziehungsmuster dieser Art entstehen in sozialen Verbänden, die vorrangig ökonomisch und nicht durch individuell erfahrene, lebendige Arbeit bestimmt sind. In kapitalistischen Ökonomien begegnen Menschen einander in durch den Kapitalismus vorgegebenen Formen. Der für Waren geltende Tauschwert wird auch für menschliche Beziehungen bestimmend. Heutzutage tritt dies noch viel deutlicher hervor als zu Zeiten der Niederschrift des *Kapitals*: Wir „positionieren uns am Markt", sämtliche Dienstleistungen bis hin zur Gesundheitsfürsorge sind nach marktwirtschaftlichen Prinzipien strukturiert und folgen den Gesetzen des Kapitals. In der heutigen, neoliberalen Welt ist das lebendige Individuum hinter dem eisernen Vorhang von Marktmechanismen und Gewinnmaximierung verschwunden.[5] Durch die beschriebene, wesensfremde Verwandlung von Arbeit in Geld verschwindet Arbeit *als durchlebte Arbeit* und die Ausgangsfrage nach dem Wesen der Arbeit wird statt aus der Perspektive des Lebens aus der Perspektive der kapitalistischen Wirtschaft beantwortet. Der Kapitalismus stellt die Verhältnisse auf den Kopf: Die Wirtschaft muss „gesund" sein, damit Wohlfahrt und Wohlsein garantiert werden können, erst dann kommen wir dazu zu leben. Arbeit wird Lebensunterhalt, doch im Zuge der Ökonomisierung ist das Leben längst verschwunden.

Kann es sein, dass 1976, am Ende der „marxistischen Epoche" plötzlich ein Interpret etwas im Werk von Karl Marx aufdeckt, was sämtliche Marxisten überlesen haben? Das ist in der Tat nicht unmöglich, konnte sich der „Marxismus" doch entwickeln, ohne die Schriften von Marx wirklich zur Kenntnis zu nehmen. Ähnlich wie in der Theologie fingen Termini und Interpretationen an, ein Eigenleben zu führen, bis sie schließlich mit dogmatischer Attitüde und machtvoller Inszenierung die Quellentexte verdrängt hatten. Der Sowjetkommunismus konnte sich in den Schafspelz des Marxismus hüllen, ohne Werke wie *Die Deutsche Ideologie*, veröffentlicht 1932, oder die mittlerweile als *Grundrisse* bekannten, 1939 veröffentlichten Skizzen auch nur zur Kenntnis zu nehmen. Und nach dem Fall des Kommunismus wollten die Neoliberalen auf den noch schwelenden Trümmern partout Recht behalten, wovon noch heute letzte Zuckungen spürbar sind. Henry hingegen veröffentlichte 1990 seine Schrift *Du communisme au capitalisme. Théorie d'une catastrophe* und behauptete damals schon, der Tod sei kein Markenzeichen der stalinistischen Lager oder der Unterdrückungsmaschinerien der kommunistischen Systeme. Vielmehr verursache der Kapitalismus eine Zerstörung der Wurzeln der Humanität, die tiefgreifender, hartnäckiger und mindestens ebenso irreversibel sei wie die vielen Tode, die auf das Konto des megalomanen Kommunismus gegangen seien. Der Kapitalismus sei nicht der Sieg über den Todeshauch des Kommunismus, sondern der Tod mit anderem Antlitz. Die kapitalistische Wirtschaft bedeute eine langsame, aber sichere Entfremdung von der Subjektivität. Was dem Menschen im 20. und 21. Jahrhundert nach Henry fehlt, ist die Beziehung zum Leben selbst.

2. Arbeit und Gnosis

„Lebendige Arbeit" steht für Marx der abstrakten Arbeit in ihren beiden bereits benannten Spielarten gegenüber — sowohl der in Geld quantifizierten, als auch der vergegenständlichten Arbeit. Arbeit ist in beiden Fällen ein abstrakter und toter Abklatsch der lebendigen Arbeit im Hier und Jetzt. Die kapitalistische Wirtschaft fungiert als Speicher einer Arbeitskraft, die als lebendige, sich selbst erfahrende Kraft verschwindet und der Repräsentation des Geldes Platz macht. Marx' ökonomische Analyse ist insofern ikonoklastisch zu nennen, als ein tiefes Misstrauen gegenüber allen Formen der Repräsentation aus ihr spricht. Sein Ikonoklasmus ist auch eine erste, vielleicht unerwartete, nichtsdestotrotz aber wesentliche Übereinstimmung zwischen Marx und dem Monotheismus: Die Welt ist eine Sphäre der Repräsentation und trennt den Menschen vom Leben selbst.

Den Sachverhalt, dass sich das Leben an sich niemals zeigt, sondern als reine Selbsterfahrung bei sich bleibt, deutet Henry häufig mit dem Begriff *akosmisch* an. Mit großer Sorgfalt spürt er der akosmischen Qualität der marxschen Texte nach und hebt hier eine Antwort auf unsere Ausgangsfrage nach der Bedeutung von Arbeit. Im *Kapital,* so der französische Philosoph, beschreibe Marx weniger eine Wirtschaftsordnung, als vielmehr eine *Gnosis,* eine Kenntnis des innerlichen, jedweder äußerlichen Form zugrundeliegenden Lebens.[6] *Innerliches Leben* ist hier nicht psychologisch zu verstehen, sondern im Sinne der phänomenologischen Selbsterfahrung des Lebens. „Il s'agit donc de penser l'incarnation — la venue dans un corps vivant et dans une chair vivante — à partir de la Vie"[7], schreibt Henry in seinem Aufsatz *La verité de la gnose.* Trifft diese Feststellung nicht genau auf den Arbeiter als leibliches Subjekt zu? Die Wirtschaft legt ein Verständnis von Arbeit als Repräsentation, als Vergegenständlichung nahe, doch die wirkliche, die lebendige Arbeit ist eine nicht-repräsentierbare, innerliche Erfahrung, an der die Wirtschaft nur parasitär partizipiert. Bei der Gnosis geht es nicht um rationales Wissen, sondern um Erfahrungswissen. Eben dieses Wissen entfaltet Marx nach Henry in seinen Analysen zur Arbeit. Die Gnosis ist insofern „geheim", als sie von der Wirtschaft unterschlagen wird. Trotzdem wird sie durchgängig vorausgesetzt, denn wie wäre Wirtschaft ohne lebendige Arbeit überhaupt möglich? In seiner Marxstudie zeigt Henry eine Gnosis der kapitalistischen Wirtschaftsordnung auf, eine verborgene Phänomenalität, ohne die es keine Wirtschaft geben kann, die aber verschwiegen wird — sicher von den marxistischen Interpretatoren, denen Marx' Werk als reine politische Ökonomie gilt.

Es überrascht nicht, dass die Gnosis von der Warte der Wirtschaft aus unsichtbar bleibt, erscheint doch das Leben nicht als ein Ding in der Welt. „Dans le monde, nous voyons des organismes vivants, jamais leur vie"[8], sagt Henry im bereits genannten Text über die Gnosis. Bei Marx steht die lebendige Arbeit für diese Selbsterfahrung des Lebens, dem es wesenhaft ist, sich nicht zu veräußerlichen und das demzufolge im Produkt der Arbeit auch nicht zu finden ist.

„Parce que la praxis[9] est subjective, parce que la subjectivité est comprise par Marx dans son immanence radicale, alors le travail ne se montre pas dans son produit, précisément il ne s' objective pas."¹⁰

Diese ganz und gar individuelle Subjektivität, in der man tatsächlich das Herzstück von Marx' Denken sehen kann, stellt Henry in seiner Marx-Interpretation in den Mittelpunkt. Die von ihm häufig auch mit dem Begriff der Individualität belegte Subjektivität wird aufgefasst als „das, was sich selbst erfährt / ce qui s'éprouve soi-même"¹¹. Wenn ich arbeite, atme, laufe, erfahre ich mich als lebendes Wesen, besser gesagt: in mir erfährt sich das Leben selbst. Leben ist nichts mehr und nichts weniger als diese Selbsterfahrung. Noch bevor überhaupt die Rede ist von Veräußerlichung, Sichtbarkeit oder Phänomenalität ist diese Subjektivität schon bei sich selbst und kann, so Henry, ausschließlich aus sich selbst heraus und auf diese Selbsterfahrung hin aufgefasst werden. Die Wirtschaft hingegen ist eine Veräußerlichung, eine Repräsentation der lebendigen Arbeit auf eine pervertierte, tote Weise. Zur Veranschaulichung vergleicht Henry diesen Prozess der Perversion mit der sexuellen Erfahrung, die nichts als intensive, lebendige Erfahrung ist, in der Prostitution jedoch in Geld bewertet und dadurch zur ökonomischen Größe wird.¹² Das Arbeiten, die Anstrengung, das Ermüden und die Befriedigung — Arbeit als Arbeit, „lebendige Arbeit" bemisst ihren Wert aus sich selbst heraus nicht in Geld. Für unsere kapitalistische Gesellschaft ist der Verkauf der Arbeit und ihre Funktionalität in der Wirtschaft ein natürlich anmutender Vorgang, doch die Vereinnahmung der Arbeit durch die kapitalistische Ökonomie impliziert – der marxschen Metaphorik folgend – einen Mord an der lebendigen Arbeit mit dem Kapital in der Rolle des Vampirs, der das Blut des Arbeiters aussaugt: „Das Kapital ist verstorbne Arbeit, die sich nur vampyrmäßig belebt durch Einsaugung lebendiger Arbeit und um so mehr lebt, je mehr sie davon einsaugt" (MEW 23: 247¹³). Die lebendige, sich selbst erfahrende Arbeitskraft wird im Kapital vernichtet. Die kapitalistische Wirtschaft ist das Reich des Todes, wo vom „Vampirdurst nach lebendem Arbeitsblut" des Kapitals (MEW 23: 271) leergesaugte Zombies zurückbleiben, die von den Gesetzen ihres Gottes Kapital gesteuert werden. Dass sich die soziale Situation und die Arbeitsbedingungen seit der Zeit, in der Marx wirkte, drastisch verändert haben, ändert nichts an der Tatsache, dass das Kapital Leben raubt, und nur die Formen des Raubs jetzt andere sind. In unserer Zeit haben wir keine Fabriksdirektoren mehr nötig, die uns ausbeuten: Als selbstständige Unternehmer und Konsumenten besorgen wir dies selbst.

3. Arbeit und Ethik

Es zeugt von völliger Naivität anzunehmen, ein simpler moralischer Appell an den weiterhin im Rahmen des Kapitalismus denkenden wie arbeitenden Menschen würde genügen, um die Aufmerksamkeit wieder auf den lebendigen Menschen zu lenken¹⁴. Marx' Philosophie ist keine Sozialphilosophie oder Ethik. Wenn es so etwas wie eine Ethik bei Henry bzw. Marx überhaupt gibt, so ist sie im Gegensatz zu vielen anderen philosophischen

Ethiken jedenfalls nicht primär vom Ziel der Vermeidung von Leid geprägt, wie dies etwa im Utilitarismus von John Stuart Mill der Fall ist und auch für Kants kategorischen Imperativ gilt: In beiden Fällen eigentlich handlungsleitend ist das Streben nach der Vermeidung menschlichen Leides. Ethik wird als das Fällen von Urteilen begriffen. Bestimmte Handlungsabsichten werden als „gut" oder „böse" eingestuft. Welche Arbeitsethik ergibt sich aber aus dem bisher Aufgezeigten? Leben ist als Selbsterfahrung schlichtweg ein Geschenk. Leiden ist ebenfalls eine Selbsterfahrung, ein *Pathos*, und als solches keine Repräsentation eines wie auch immer gearteten „Bösen". „La vie est sans pourquoi. La vie est bonne", behauptet Henry in *Inkarnation – Eine Philosophie des Fleisches*.[15] Das Leben verlangt nicht nach einer weitergehenden Beurteilung, ob es wert sei, gelebt zu werden oder nicht. Es beginnt nicht mit der Reflexion, was der Arbeiter sehr gut weiß. Henrys Phänomenologie steht der reflexiven Tradition der Philosophie (ein nicht reflektiertes Leben ist nicht lebenswert) von Sokrates bis Kant maximal fern. „Il n'est vie si misérable et si dure qu'un homme ne veuille cependant la vivre"[16], zitiert Henry den Mystiker Meister Eckhart. Mit anderen Worten: Das Leben will sich selbst und wählt sich selbst, und Leiden lässt es nicht von der Selbsterfahrung ablassen. Leben ist Pathos und bewegt sich ständig zwischen Leiden und Genuss[17], die beide zur Selbsterfahrung des Lebens gehören. Noch bevor der Mensch fragt, lebt er.

Diese Argumentation, die sich auch in christlichen Überlegungen zum Pathos wiederfindet,[18] ist nach Henry für das Verständnis von Marx wesentlich. Populäre „marxistische" Interpretationen von Marx lehren, der Arbeiter würde ausgebeutet, was schlussendlich ein Leben im Leid bedeute. Der Kommunismus müsse folglich besser sein als der Kapitalismus, weil der Mensch, sprich der Arbeiter, dann weniger leiden müsse. Eine solche Interpretation ist auf Basis der früheren Schriften von Marx, etwa des *Kommunistischen Manifests* oder der *Pariser Manuskripte von 1844*, durchaus gerechtfertigt. Doch das phänomenologische Argument gründet (anders als das das ethische) nicht auf der Überwindung menschlichen Leids. Marx' spätere Schriften, *Das Kapital* und die *Grundrisse*, werden nicht durch eine Ethik und schon gar nicht durch einen Moralismus, sondern von einer Phänomenologie des Lebens, einer Gnosis, getragen.

Die Frage nach der Bedeutung der Arbeit bekommt so einen ganz anderen Charakter. Arbeit wird nicht als quantifizierbare Größe und nicht ausschließlich als teleologischer Prozess begriffen, worin das Endziel den nur als Weg zu diesem Ziel fungierenden Arbeitsprozess bestimmt. Philosophen von Aristoteles bis Nicolai Hartmann und in seinem Sog Georg Lukács haben Arbeit von dieser teleologischen Warte her verstanden. Das Grundmodell dafür wird bereits im Alten Testament eingeführt, wo Gott sechs Tage lang schafft, jeweils auf seine Arbeit zurückblickt und anschließend ruht. Nach Michel Henry dürfen wir Arbeit aber gerade nicht auf eine derartige Teleologie reduzieren. Es kommt vielmehr darauf an, in und bei der Arbeit das „Spiel" der „eignen körperlichen und geistigen Kräfte" zu genießen (MEW 23:193). Für Henry ist der Begriff der Arbeit immanent. Arbeit lässt sich eben nicht durch etwas außerhalb ihrer selbst begreifen oder repräsentieren und auch nicht als Teleologie beschreiben. Arbeit ist die lebendige Selbsterfahrung des lebendigen Leibes des Individuums, subjektive, leibliche Selbsterfahrung, ohne die es niemals zu irgendeinem Produkt oder Resultat kommen könnte.

4. Arbeit als Inkarnation

Es ist mehr als nur eine metaphorische Behauptung, wonach Henrys Interpretation der Arbeit als immanente Selbsterfahrung nicht an eine im oben beschriebenen Sinne alttestamentarische Auffassung von Arbeit anknüpft, sondern vielmehr neutestamentarisch geprägt ist. Die lebendige, leibliche Arbeit kann ohne weiteres unter dem Aspekt der Inkarnation gedacht werden, eine Perspektive, die Henry in *Incarnation. Une philosophie de la chair* (2009)[19] ausgearbeitet hat. Bereits im ersten Teil seines *Marx*-Buchs liest er den deutschen Philosophen als christlichen Denker[20], doch die volle Tragweite dieses Ansatzes wird erst in den Werken nach 1996[21] deutlich. In Henrys phänomenologischer Deutung des Christentums wird immer wieder auf Marx Bezug genommen. Das Christentum lehrt zunächst, dass sich in der menschlichen Subjektivität — in dem, was mit Marx oben „der Arbeiter" genannt wurde — das Leben selbst erfährt, weiterhin aber auch, dass sich der lebendige Mensch nicht selbst hervorbringt. Der Mensch wird ins Leben hineingeboren, dessen Quelle in und bei Gott verortet wird. Gott ist die Manifestation des ewigen Lebens, das wie oben beschrieben zu begreifen ist: Er ist die reine Selbsterfahrung des Lebens, das als Leben nicht in der Welt erscheint. Leben als Leben erscheint nicht, es erfährt sich. Das Christentum lehrt also, dass der Mensch nicht in irgendeine Erscheinungsform, sondern in die Selbsterfahrung des Lebens hineingeboren wird. Anders gesagt: Die Form, in der das Leben erscheint, ist die der Selbsterfahrung, die keine Repräsentation oder Veräußerlichung kennt:

> „Vie désigne une manifestation pure, irréductible à celle du monde toutefois, une révélation originelle qui n'est pas la révélation d'autre chose et qui ne dépend de rien d'autre, mais une révélation de soi, cette auto-révélation absolue qu'est précisément la vie"[22].

Wir haben diese Erkenntnis als Gnosis umschrieben. Die Philosophie von Karl Marx ist primär eine Philosophie der Gnosis, weil sie das Leben vor dem Hintergrund einer weltlichen Wirtschaft offenbart, die es verleugnet und vernichtet. Im Christentum ist der Mensch nach dem Urbild Christi inkarniert, und hier zeigt sich die größte Übereinstimmung mit Marx. Marx wehrt sich gegen die Reduktion des Menschen auf Geist und reines Denken. Der Mensch ist buchstäblich ein Wesen aus Fleisch und Blut, doch ist das Fleisch hier kein Objekt, kein Ding in der Welt, sondern die subjektive Selbsterfahrung, die das Leben ausmacht.

Kehren wir nun ein letztes Mal zur Frage nach der Bedeutung von Arbeit zurück. Es dürfte deutlich geworden sein, dass jedes „Warum?" die Arbeit direkt wieder aus sich selbst vertreibt, denn, wie wir oben gezeigt haben, kennt das Leben kein Warum. Wollen wir Henry folgen, müssen wir die Idee verlassen, Arbeit sei vorrangig teleologisch zu verstehen. Noch bevor sie das sein kann und bevor sie sich in einem Resultat manifestiert, ist Arbeit lebendige Selbsterfahrung. Lebendige Arbeit in diesem Sinne ist eine leibliche Erfahrung. Sie ist eine Inkarnation des Lebens, das im Christentum *Gott* genannt wird. Gnade ist kein Resultat von welcher Form von Arbeit auch immer, da dies den genannten teleologischen Begriff der Arbeit voraussetzen würde. Wir arbeiten nicht um zu leben, noch leben wir um zu arbeiten, vielmehr ist die Selbsterfahrung der Arbeit nichts anderes als Gottes Gnade, die nicht als Resultat irgendeiner Form von Arbeit auf uns kommt, sondern vollkommen immanent zum Leben gehört. Das Leben, so lehrt es das Christentum, ist eine Gabe, und der marxschen Analyse zufolge wird sie an das Kapital ausgeliefert. Es käme darauf an, die Verbindung zum Leben wieder herzustellen, um das Geheimnis des Lebens — die Gnosis — wiederzufinden.

Aus dem Niederländischen und Französischen von Beatrix Kersten

Zitierte Werke von Marx
Marx-Engels Werke (MEW) Berlin:
- MEW Bd. 3 *(Die deutsche Ideologie)* 1990.
- MEW Bd. 23 *(Das Kapital I)* 1962.
- MEW Bd. 42 *(Grundrisse der Kritik der politischen Ökonomie)* 2005.

Anmerkungen

1 Vgl. Louis Althusser, *Lire le capital* und *Pour Marx*; beide Paris 1965.
2 „Der Marxismus ist das Konglomerat der Widersinnigkeiten, die über Marx gesagt worden sind." (Michel Henry, *Marx: I. Une philosophie de la réalité*, Paris: Gallimard 1976, S. 9) Diese und alle folgenden Übersetzungen von Zitaten aus Henrys Werken wurden aus dem französischen Original zu Zwecken der Verständlichkeit in die Endnoten aufgenommen.
3 Michel Henry, *Marx II. Une philosophie de l'économie*, Paris: Gallimard 1976, S. 219.
4 Michel Henry, „La vérité de la gnose", in: N. Depraz / J.-F. Marquet (Hg.), *La gnose – une question philosophique. Pour une phénoménologie de l'invisible*, Paris: Cerf 2000, S. 19–30.
5 Vgl. dazu auch Ruud Welten, "Work and Leisure in a Consumer Society", in: *Studia UBB. Philosophia*, vol. 57, no. 2, S. 21–33.
6 Es geht hier also nicht um Gnosis im Sinne einer Dualität von Körper und Geist. Vgl. Rolf Kühn, "'Truth' as the original intelligibility of life", in: Michael Kelly / Jeffrey Hanson (Hg.), *Michel Henry: The Affects of Thought*, London/New York 2012, S. 137–153.
7 „Es gilt also, die Inkarnation zu denken – den Eintritt in einen lebendigen Körper und ein lebendiges Fleisch — aus dem Leben heraus." [Michel Henry, „La vérité de la gnose", in: N. Depraz / J.-F. Marquet (Hg.), *La gnose – une question philosophique. Pour une phénoménologie de l'invisible*, Paris: Cerf 2000, S. 19–30, hier: S. 24]
8 „In der Welt sehen wir lebende Organismen, niemals das Leben als solches." (Ebd.)
9 Die Arbeit, die der vergegenständlichten, repräsentierten Arbeit zu Grunde liegt, wird von Marx anfänglich als *Praxis* bezeichnet.
10 „Insofern die Praxis subjektiv ist, und die Subjektivität bei Marx in der radikalen Immanenz aufgeht, zeigt sich die Arbeit nicht in ihrem Produkt, sie objektiviert sich nicht." (Michel Henry, *Marx II. Une philosophie de l'économie*, Paris: Gallimard 1976, S. 152.)
11 Michel Henry, *Phénoménologie de la vie*: Tome III. *De l'art et du politique,* Paris: PUF 2003, S. 25.

12 Michel Henry, *Marx II. Une philosophie de l'économie*, Paris: Gallimard 1976, S. 213.
13 Vgl. Michel Henry, *Du communisme au capitalisme. Théorie d'une catastrophe,* Paris: Odile Jacob 1990, S. 137.
14 So stellt es z. B das populäre People-Planet-Profit-Modell von John Elkington dar. Die Naivität eines solchen Modells zeigt sich darin, dass bloße Aufmerksamkeit und eine andere Politik „People" und „Planet" wieder mit „Profit" ins Gleichgewicht bringen sollen. Die alles fordernde und usurpierende Macht des Kapitals, des „Profit", wird im Rahmen dieses dogmatischen Modells gänzlich außer Acht gelassen.
15 „Das Leben kennt kein Warum. Das Leben ist gut, so wie es ist." (Michel Henry, *Incarnation. Une philosophie de la chair*, Paris: Seuil 2000, S. 318)
16 „Kein Leben ist so elend und so hart, dass der Mensch es nicht doch leben wollte." (Michel Henry, *Du communisme au capitalisme. Théorie d'une catastrophe,* Paris: Odile Jacob 1990, S. 27)
17 Michel Henry, *Paroles du Christ*, Paris: Seuil 2002, S. 2.
18 Bereits Max Scheler verweist auf den phänomenologischen Zusammenhang zwischen Pathos und Arbeit; vgl. Max Scheler, „Erkenntnis und Arbeit", in: Ders., *Die Wissensformen und die Gesellschaft.* Gesammelte Werke, Bd. VIII, 1926.
19 Dazu auch Ruud Welten, „Fenomenologie en incarnatie. Kritische Studie voor Tijdschrift voor Filosofie van Michel Henry's *Incarnation. Une philosophie de la chair*", in: *Tijdschrift voor Filosofie* No. 64/2002, S. 125–140.
20 „Marx est un des premiers penseurs chrétiens de l'Occident", in: Michel Henry, *Marx II*, S. 445. Vgl. Ruud Welten, „From Marx to Christianity and Back. Michel Henry's Philosophy of Reality", in: *Bijdragen, International Journal for Philosophy and Theology*, Vol. 66, Issue 4, 2005, S. 415–431.
21 Vgl. Michel Henry, *C'est moi la Vérité. Pour une philosophie du christianisme, Paroles du Christ, Incarnation. Une philosophie de la chair*.
22 „Leben ist reine Manifestation, irreduzibel auf ein Erscheinen in der Welt, eine originäre Offenbarung, die nichts außerhalb ihrer selbst offenbart und die von nichts anderem abhängt, sondern die Offenbarung ihrer selbst ist, die absolute Auto-Offenbarung, welche das Leben ausmacht." (Michel Henry, *C'est moi la Vérité. Pour une philosophie du christianisme,* Paris: Seuil 1996, S. 47)

Inter*View*

MARGOT **KÄSSMANN** Reformation, Kapitalismus und Sozialstaat. Margot Käßmann im Interwiew mit Julia Schimming und Enrico Sperfeld 70

DIRK **KAESLER** Kapitalismus von Gottes Gnaden. Dirk Kaesler über Max Webers Große Erzählung vom ideengeschichtlichen Zusammenhang zwischen Protestantismus und Kapitalismus 78

Reformation, Kapitalismus und Sozialstaat
Ein Gespräch mit Margot Käßmann

Die lutherische Theologin Margot Käßmann arbeitet als „Botschafterin für das Reformationsjubiläum 2017" im Auftrag des Rates der Evangelischen Kirche in Deutschland (EKD). In dieser Funktion setzt sie sich in besonderer Weise mit der Geschichte und Theologie des Rechtfertigungsstreites auseinander und damit auch mit dem Verhältnis von Religion, Wirtschaft und sozialen Fragen.
Im November 2014 weilte sie im Rahmen einer Tagung der EKD-Synode in Dresden. Julia Schimming und Enrico Sperfeld trafen sie zum Interview.

JfRPh: Frau Käßmann, der letzte Reformationstag liegt noch keine zwei Wochen zurück. Stört es Sie, dass an diesem für die evangelische Kirche so wichtigen Gedenktag heutzutage Kürbisse auf die Straße gestellt werden?

Margot Käßmann: Die Kürbisse stören mich nicht, aber der Kult, der darum gemacht wird. Zum einen ärgert mich daran, dass die Karnevals- und Spielwarenindustrie den Halloweenkult 1994 mit einer massiven Werbekampagne einführte mit der Begründung, sie müsse Defizite ausgleichen, die 1991 aus der Absage von Karnevalsveranstaltungen wegen des 1. Irakkriegs entstanden sind. Die Süßwarenindustrie macht an Halloween heutzutage – nach Weihnachten und Ostern - ihren größten Umsatz: 300 Mio. € im Jahr. Insofern geht es dabei also nur um Geld.

Zum anderen ärgert mich, dass damit ein Geisterkult aufs Schild gehoben wird, den Luther niemals befürwortet hätte. Ganz im Gegenteil: Luther hat immer wieder betont, dass wir *keine* Angst zu haben brauchen, um damit den Menschen den Auszug aus der Angst zu ermöglichen. Insofern ist der heutige Geisterkult am Reformationstag auch inhaltlich total kontraproduktiv – falls bei diesem Kult überhaupt Inhalt vorhanden ist.

Bestenfalls erlernen Kinder und Jugendliche am Halloween-Tag einen spielerischen Umgang mit der Angst. Als Religions- und Ethiklehrer stellen wir jedoch die Bedeutung des Reformationstages in den Vordergrund. Es lässt sich auch heute noch gut vermitteln, warum Luther vor 500 Jahren gegen den Ablasshandel predigte:

Gott wird den Menschen nicht nur aufgrund ihrer Leistungen Gnade gewähren. Analog gewähren wir unseren Mitmenschen nicht allein aufgrund ihrer Leistungen Anerkennung. Aber ebenso wenig würden wir das Gegenteil behaupten, dass Leistungen keine Rolle für die Anerkennung anderer Menschen spielen sollte. Kommt es denn nicht zumindest auch darauf an, etwas zu leisten?

Auch der Ablasshandel zu Luthers Zeiten hatte in allererster Linie etwas mit Geld zu tun. Das beweist Tetzels Spruch: „Wenn das Geld im Kasten klingt, die Seele aus dem Fegefeuer springt." Luther hat dagegen gehalten, dass es durch Geld keinen Ablass von Verfehlungen und Schuld gibt. Seine befreiende Erkenntnis war, dass der Mensch selbst gar nichts tun kann, um sein Leben ins rechte Licht vor Gott zu rücken, weil einem das immer schon geschenkt ist.

Luther würde aber nicht sagen, du *musst* gar nichts tun. Er sagt, der Mensch, der das als Befreiung erlebt, der *will* alles tun, um so zu leben wie es Gott gefällt, d. h. also auch nach Gottes Geboten.

Deshalb heißt es bei ihm ja nicht nur „Ein Christenmensch ist ein freier Herr aller Dinge und niemandem untertan", sondern eben auch „Ein Christenmensch ist ein dienstbarer Knecht aller Dinge und jedermann untertan". Oftmals wird davon nur der 1. Teil zitiert.

…und auch missverstanden!

In einer Erfolgsgesellschaft, in der Menschen nur noch an Äußerlichkeiten gemessen werden – ob sie Geld haben oder ob sie schlank sind – ist dieser Ansatz immer noch befreiend für Menschen, die am Rand stehen, die nicht mithalten können, die nicht den „Norm-Maßen" entsprechen. Aber er wird insofern missverstanden als Luther immer auch gesagt hat, Faulheit ist kein christliches Ethos.

Wenn Max Weber behauptet, dass zwischen dem kapitalistischen Erfolgs- und Leistungsdenken und der protestantischen Ethik ein enger Zusammenhang besteht, so klingt das auf den ersten Blick sehr abenteuerlich. Schließlich hatte sich Luther mit seiner Theologie gerade gegen ein überzogenes Leistungsdenken gewandt.

Weber bezieht sich dabei stärker auf den reformierten Strang der Reformation, d. h. er denkt dabei vorrangig an die Puritaner und ihr Bemühen um so viel Leistung und so wenig Vergnügen wie möglich, um die von Gott geschenkte Zeit erfüllen. Ich denke da an Calvin und seine Maximen ‚kein Tanzen, kein Singen, keine Bilder'. So konnte das Kapital, wie Webers These besagt, angehäuft werden, und so entstand der amerikanisch-kapitalistische Traum.

Sicher hätte Luther gegen die calvinistische Überhöhung viel einzuwenden gehabt. Aber hat er dieser Lehre nicht mit seiner Betonung des Berufsethos den Weg bereitet?

Ich meine, dass Luther mit seinem Berufsverständnis das weltliche Leben aufgewertet hat, denn bis dahin galt ja nur das gottgeweihte, zölibatäre Leben im Kloster als gut. Und seine als theologisches Signal zu verstehende Heirat sollte verdeutlichen, dass auch das weltliche Leben, zu dem natürlich auch Sexualität und Kinder gehören, ein gutes Leben vor Gott ist. Theologisch war das eine große Provokation, denn bis dahin hatten die Menschen ja den Eindruck, dass du schon dadurch schuldig wirst, dass du nicht zölibatär im Kloster lebst. Dies galt insbesondere für Frauen, die ja, wenn sie nicht Jungfrau waren, per se als sündig galten – damals wurde sogar diskutiert, ob Frauen überhaupt eine Seele haben. Insofern hat Luther mit seinem Berufsverständnis die Menschen ermutigt: Da wo du im Leben stehst, hat Gott dich hin berufen und da hast du auch deine Berufung – und das kann die besenschwingende Magd genauso sein wie der regierende Fürst. Damit ist also eine Aufwertung der einzelnen Berufe im Allgemeinen gemeint. Und viele ehemalige Nonnen, die die Klöster verlassen hatten, wurden daraufhin Lehrerinnen an Mägdlein-Schulen. Mit Luthers Berufsverständnis ging also auch eine enorme gesellschaftliche Veränderung einher. Der Aufbau der Gemeinschaft und die Nächstenliebe waren für ihn Kriterien für wirtschaftliches Handeln. Deshalb hat er auch gegen die Fugger gewettert und gegen die Gier nach dem Gold der Azteken.

Der moderne Mensch hat verlernt, wirkliche Muße zu leben. Haben die Reformatoren die positiven Seiten der Vita contemplativa übersehen, als sie die Klöster schlossen?

Ich stamme aus einer Landeskirche, die über die Reformation hinaus 15 Klöster erhalten hat. Und zwar aufgrund einer sehr klugen Frau, Elisabeth von Calenberg, die sich für den Erhalt der Frauenklöster als Orte der Bildung und des sozialen Handelns speziell für Frauen eingesetzt hat. Dazu hat sie klugerweise einen Klosterfonds gegründet, den weder Staat noch Kirche angreifen durften.

Zu bedauern ist natürlich, dass im Zuge der Klosterschließungen während der Reformation das freiwillige Leben im Kloster nicht gesehen wurde, sondern nur der Zwang, der oftmals dahinter stand. Katharina von Bora und ihre Mitschwestern mussten ja nur deshalb heimlich fliehen, weil es bei hoher Strafe verboten war, das Kloster zu verlassen. Luther wollte damit also in erster Linie das freie Element der Entscheidung betonen und das weltliche Leben als gutes Leben. Aber es hätte natürlich auch die Freiheit geben sollen, weiterhin im Kloster zu leben.

Gleichzeitig hätte sich Luther nicht vorstellen können ohne Morgen- und Abendsegen zu leben. Er war, was die Spiritualität anbelangt, aber durchaus ein Pragmatiker, dem ein tägliches Vaterunser mit einem ordentlichen Amen hinterher gereicht hat. Er wollte den Kult auf ein realistisches Maß reduzieren.

Die damalige Reduktion des Kults bewirkt, dass es mir als Protestantin auch heute noch schwer fällt vor sakralen Bildnissen und Räumen die Knie zu beugen. Letztens habe ich während eines Gottesdienstes beobachtet, wie eine Schülerin während des Gottesdienstes Gummibärchen in sich hinein futterte. Ich frage mich, ob sie das auch gemacht hätte, wenn sie sich beim Betreten der Kirche mit Weihwasser bekreuzigt und vor dem Setzen in die Kirchenbank eine Kniebeuge gemacht hätte. – Wie sehen Sie das?

Zum einen finde ich es als Lutheranerin richtig zu sagen, dass es keine heiligen Räume gibt. Aber ein Kirchenraum ist ein besonderer Raum, und in der Regel ist das auch daran zu spüren, dass die Menschen etwas befangen werden in solch einem durchbeteten Raum. Deshalb erlebe ich bei den meisten Menschen eine gewisse Schüchternheit und Unsicherheit, wenn sie sich in diesem Raum bewegen. Natürlich gibt es auch viele, die die (Kirchen-)Stätte als solche lieb haben, so wie es in Psalm 26,8 heißt: *Ich habe lieb die Stätte dieses Hauses, den Ort, da deine Ehre wohnt.*

In Bezug auf die Gummibärchen würde ich sagen, das ist unflätiges Benehmen. Denn ich finde, dass die Menschen sich den Kirchenraum aneignen können, gerade auch Kinder – dafür gibt es ja auch die Kinderpädagogik, die dafür sehr schöne Methoden gefunden hat – aber Gummibärchen-Essen tut man während des Gottesdienstes einfach nicht und da gibt es, glaube ich, einen Verlust von Benimm-Regeln oder sagen wir schlicht: Erziehung.

Insofern lautet eben meine Frage, ob uns Protestanten Rituale fehlen, bei denen der Körper sozusagen den Geist mitzieht oder eben darauf vorbereitet, dass gleich eine Auszeit vom Alltag stattfinden wird, in der man nicht heimlich isst, sondern sich bewusst Zeit für Gott nimmt.

Ich bin eine große Anhängerin von Ritualen, weil ich denke, dass Rituale wie Geländer im Leben sind. Daher bedrückt mich der Verlust des Sinns für Rituale, den man inzwischen etwa bei Trauerritualen erleben kann: Wenn früher ein Beerdigungszug die Straße entlang kam, hielten die Autos am Straßenrand an und stellten die Motoren aus. Neulich hat aber jemand gehupt, weil wir ihm nicht schnell genug über die Straße gegangen sind. Insofern wirkt es schon so, als hätten die Menschen kein Gespür mehr für Rituale.

Und damit haben sie natürlich auch kein Gespür mehr für den Kirchenraum. Ich möchte aber auch nicht, dass Menschen sich in einem Kirchenraum eng und geduckt fühlen. Sie sollen die Schönheit und Besonderheit des Raumes lebendig spüren können. Wir wollen ja, dass sich die Menschen darin frei fühlen zu singen, sich zu bewegen. Deshalb muss die richtige Balance gefunden werden. Und da gibt es zwischen den Gummibärchen und dem Niederknien noch ein weites Spektrum an Handlungsmöglichkeiten. Ich habe auch gar nichts dagegen, dass Menschen demütig niederknien. Auch an den Taufbecken neben den Kirchentüren, derer sich manch amerikanischer Lutheraner heutzutage bedient, finde ich nichts, was unlutherisch wäre.

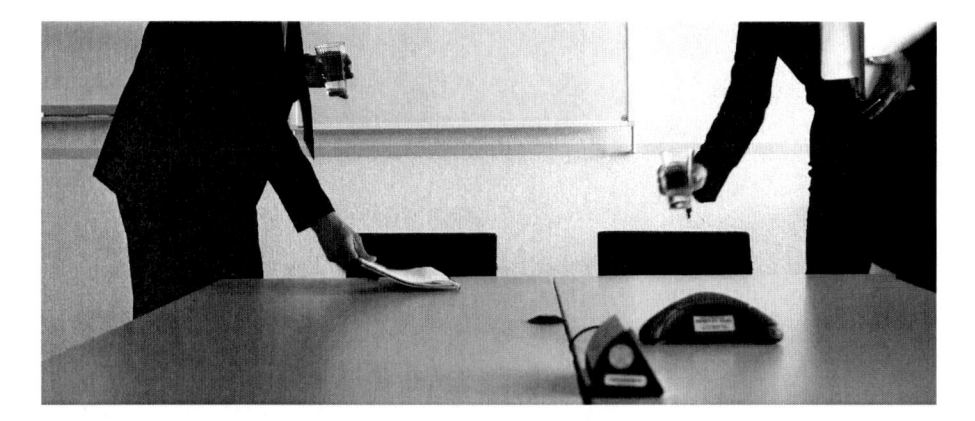

Könnte es sein, dass die EKD mit der Verdrängung der religiösen Kontemplation aus dem Alltag auch den generellen Zugang zu einer evangelischen Spiritualität erschwert hat?

Ich denke, dass wir als Evangelische in den letzten 15 bis 20 Jahren Spiritualität wieder entdeckt haben. Wir haben zum Beispiel so viele Pilgerwege mittlerweile! Der Elisabeth-Weg im Thüringer Wald und die Lutherwege in Mitteldeutschland werden z. B. sehr nachgefragt. Ich weiß noch, wie es bei der Einweihung des ersten Pilgerweges hieß: „Was soll das denn, nehmen wir jetzt das katholische Pilgern wieder auf?" Aber die Menschen wünschen sich so etwas als andere Zeit, in der Du mit Gott gehst.

Auch in der fröhlichen und häufigen Abendmahl-Feier während des Gottesdienstes sehe ich eine Wiederentdeckung von Spiritualität. In meiner Kindheit gab es drei Mal im Jahr nach dem Gottesdienst Abendmahl. Irgendwann hat der Kirchentag gesagt, Abendmahl ist ein Fest des Lebens!

Die bewährteste Form von evangelischer Spiritualität ist natürlich das Singen. Früher wurden die Singekreise der Frauen teilweise belächelt. Aber gerade die Frauenbewegung in der Evangelischen Kirche hat Wert darauf gelegt, dass wir Gott auch spüren und sinnlich erfahren dürfen und nicht nur in Form der Predigt und allein durch das Wort. Ich sehe, dass es hinsichtlich der Spiritualität eine Kulturveränderung gibt. Aber das muss mehr sein als ein rein sinnliches Erleben des Glaubens.

Dennoch fehlt vielen Zeitgenossen der spirituelle Freiraum, in dem man zu sich kommen und Sinnfragen stellen kann. Könnte es sein, dass die Reformation mit ihrer Skepsis gegenüber der Kontemplation nicht ganz unschuldig daran ist?

Teil, teils. Denn einerseits wäre ein Leben ohne Gottesdienst ja auch für die Reformatoren unvorstellbar gewesen. Insofern gehörte der Gottesdienst als Auszeit, als andere Zeit, als – im ökonomischen Sinne – unproduktive Zeit für die Reformatoren selbstverständlich zum Leben dazu. Und wenn mir dann manchmal Menschen sagen, mir bringt der Gottesdienst nichts, dann sage ich: Genau! Der muss auch nichts bringen! Wenn die Pfarrerin mit einem A13-Gehalt predigt und es sind nur drei Leute da und der Organist muss bezahlt werden und die Kirche geheizt, dann ist das völlig unökonomisch. Gottesdienst ist schlicht Lob Gottes in Gemeinschaft.

Andererseits gebe ich Ihnen Recht: Luthers Berufsbegriff führt auch dazu, dass du die Gaben, die du hast, auch umsetzen sollst. Unser Problem dabei ist heute vor allem die Karnevalisierung: Du musst in deiner Freizeit auch noch ganz viel Spaß haben. Du darfst nicht sagen: „Ich habe heute Abend nichts gemacht". Dadurch haben wir die Kreativität, die aus dem Nichtstun kommen kann, nicht mehr im Blick – denn aus Muße ist ja viel Kreativität entstanden.

Eine andere Seite der protestantischen Ethik kommt in der Diskussion um das Verhältnis zum Kapitalismus vielleicht zu kurz: Sie behaupten, dass sich das späte Erbe Luthers im Sozialstaat artikulieren würde. Wie begründen Sie diese Auffassung?

Es gab ja im Mittelalter durchaus Armenfürsorge, die aber im Grunde etwas mit Ablass zu tun hatte: „Ich tu etwas Gutes für die Armen, weil es mir nützt, da es mir im Fegefeuer gegen gezählt wird." Luther meinte dagegen, dass wir Solidarität in der Gemeinschaft brauchen, weil wir alle miteinander Verantwortung füreinander haben. Daher wurde eine Art Sozialkasse zur Fürsorge der Stärkeren für die Schwächeren eingerichtet. Auch wurden sogenannte Hebammen-Ordnungen eingeführt, damit das Gebären – das bis dahin als unrein gegolten hatte – nicht mehr außerhalb der Gemeinschaft geschah. Schließlich hatten alle in der Gemeinschaft ein Interesse daran, dass Kinder geboren wurden. Ich betrachte diese sozialen Einrichtungen der Reformatoren als einen Schritt in Richtung unseres heutigen Sozialstaats.

Die Sozialkasse kam allerdings erst zum Einsatz, wenn Betreffende nicht mehr in der Lage waren zu arbeiten und sich damit selbst zu versorgen. Finden Sie, dass dieses Kriterium auch für die Sozialleistungen, die der deutsche Staat heute zahlt, eingeführt werden sollte?

Im Grunde funktioniert unser Sozialsystem doch genauso: Hartz IV kannst du nur erwarten, wenn du das selbst nicht schaffst oder es trotzdem zum Leben nicht reicht wie bei den sogenannten „Aufstockern". Das Modell des bedingungslosen Grundeinkommens finde ich dagegen unbürokratischer und befreiender: Jeder Mensch bekommt ein Grundeinkommen, das zum Leben reicht. Dann kann jeder in Freiheit gucken, wie er leben will. Der eine ist unternehmerischer angelegt, der andere nicht.

Das wäre ja so ein Stück wie Luthers Lehre von der Gnade Gottes, nur eben von staatlicher Seite: Erst mal bekommt der Mensch mit dem Grundeinkommen eine grundlegende Anerkennung – eine „Gnade seitens der Gemeinschaft" –, und wir schauen nicht darauf, welche Werke er als Gegenleistungen einbringt.

So lässt es sich übersetzen. Es würde alle entlasten und wahrscheinlich würden wir sogar noch Geld sparen, weil sich der behördliche, bürokratische Aufwand reduzieren würde.

Nun gibt es ja leider auch Menschen, die solche Sozialleistungen ausnutzen – wie könnte man dem im Hinblick auf das bedingungslose Grundeinkommen vorbeugen?

Die Bibel hat da ein sehr realistisches Menschenbild. Es wird immer Menschen geben, die gute Ideen für sich ausnutzen. Es gibt Steuerhinterzieher auf höchster Ebene und es gibt Hartz-IV-Betrüger auf niedrigster Ebene. Es wird nie ein System geben, in dem alle zu 100 Prozent ehrlich sind – und trotzdem ist der Ehrliche nicht der Dumme.

Der Staat kann zwar Sozialleistungen auszahlen. Kann er aber auch den Einzelnen in seiner Würde anerkennen?

Wer ist denn der Staat? Der Staat sind wir. Viel schlimmer als der Geldmangel wirkt sich bei armen Familien und ihren Kindern die Ausgrenzung aus. Gerechtigkeit bedeutet auch Beteiligungsgerechtigkeit, und da sind wir alle gefragt: Holen wir die Menschen ab, gibt es bei Konzerten Freikarten, sind Cafés auch offen für Menschen, die es sich so eigentlich nicht leisten können? Werden bei Schul- und Klassenfahrten auch die mittellosen Mitschülerinnen und Mitschüler bedacht? Freikarten bei Konzerten wären z. B. eine großartige Sache. Da gibt es schon tolle Ideen und Projekte, insbesondere für Kinder.

Zur Freiheit gelangt der Mensch theologisch gesprochen durch die Gnade der Gaben, mit denen er auf die Welt gekommen ist. Aber diese Gaben muss eben auch jedes Kind entwickeln können.

Als Christen glauben wir, dass jedes Kind, jeder Mensch eine Gabe hat und deshalb auch niemand ausgegrenzt werden darf. Die Debatte um Bildungsteilhabe und Bildungsgerechtigkeit ist daher heutzutage fast so aktuell wie im 16. Jh. Die Kinder, die in die Grundschule kommen, haben ohne Förderung schon ein entscheidendes Stück Bildung verloren. Das ist heute eigentlich noch krasser geworden, wenn ich die Generation meiner Enkeltochter sehe.

In seinen 95 Thesen prangerte Luther die ökonomische Rationalität eines Erlösungsglaubens an, der sich ihm entstellt im Ablasshandel zeigte. Wo, meinen Sie, würde er seine Kritik am Glauben der Menschen heute ansetzen?

Luther würde heute als erstes das mangelnde Bibelwissen ankreiden: Lesen und Schreiben sollte ja jeder in erster Linie lernen, um die Bibel zu lesen und daran das persönliche Gewissen schärfen zu können. Außerdem würde er über das verlorene Selbst-Denken in unserer Ablenkungsgesellschaft wettern: *Denk nach! Du bist gefragt! Du hast die Freiheit!*

Studien zum sozialen Dasein der Person

Zur verborgenen Psychodynamik in der theologischen Anthropologie

Eine strukturalistische Sichtung

Von Prof. Dr. Frank Schulz-Nieswandt

2015, 72 S., brosch., 24,– €
ISBN 978-3-8487-2133-7

(Studien zum sozialen
Dasein der Person, Bd. 15)

www.nomos-shop.de/24426

Die strukturalistisch orientierte Analyse arbeitet die psychodynamischen Argumentationsschichten in verschiedenen Positionen der theologischen Anthropologie bei Romano Guardini, Friedrich Hölderlin, Peter Wust, Gabriel Marcel, Otto F. Bollnow, Max Müller, Wilhelm Weischedel heraus. Damit gelingt es, den Humanismus und somit die Differenz zwischen philosophischer und theologischer Anthropologie herauszuarbeiten. Bis zur Überschreitung der Grenze zur Theologie entfalten die Autoren eine tiefe Einsicht in die Grammatik des Dramas der Person und der Kultur.

Bestellen Sie jetzt telefonisch unter 07221/2104-37
Portofreie Buch-Bestellungen unter www.nomos-shop.de
Alle Preise inkl. Mehrwertsteuer

Nomos

Kapitalismus von Gottes Gnaden

Dirk Kaesler über Max Webers *Große Erzählung* vom ideengeschichtlichen Zusammenhang zwischen Protestantismus und Kapitalismus

Das Interview entstand im Rahmen der Veranstaltung Klassiker Kontrovers am 23. und 24. Januar 2015 in Dresden und wurde von Enrico Sperfeld aufbereitet.

Herr Kaesler, Webers These sorgt auch hundert Jahre nach ihrer Veröffentlichung noch für Furore. Warum fühlen sich – nach wie vor – nicht nur Gläubige, sondern auch nicht konfessionell Gebundene von der Weber-These so persönlich angesprochen?

Viele Menschen wundern sich über die Tatsache, dass ihnen ihr Beruf – durchaus im Sinne von „Berufung" – so wichtig geworden ist, dass sie ihr Privatleben, ihre Hobbies, ihre Freizeit dafür opfern. Manche kommen erst mit der Weber-These darauf, dass das etwas mit einer Erziehungstradition zu tun hat, die religiös konnotiert ist oder zumindest war, da sich diese Tradition inzwischen verselbständigt hat.

Ein Beispiel: Zeitverschwendung ist jenseits religiöser Konnotation in unserer Gesellschaft ein Tabu. „Anständige" Leute langweilen sich nicht. Es gibt ja mittlerweile eine Gegenbewegung, die jetzt ein Loblied des Müßiggangs singt. Autoren, wie beispielsweise Tom Hodgkinson, die solche Bücher schreiben, haben damit viel Erfolg. Aber schauen Sie sich die deutschen Senioren an: Viele davon sitzen nicht auf der Parkbank, sondern in den Vorlesungssälen der Universitäten, nicht wenige machen sogar Abschlüsse. Also: Wieder nichts mit Müßiggang – die ursprünglich aus der Glaubenspraxis einiger protestantischer Richtungen erwachsene innerweltliche Askese wirkt anscheinend noch immer.

Innerweltliche Askese und Kapitalismus passen auf den ersten Blick so gar nicht zusammen ...

Naja, der innengeleitete, asketische Mensch braucht natürlich den am Konsum orientierten Menschen, weil die Waren verkauft werden müssen. Es nützt ja nichts, so viel herzustellen, wenn alle so asketisch sind und nur noch Gebrauchtwagen fahren oder Second-Hand-Klamotten tragen. Die Masse kann man, wenn man sich dem von Weber beschriebenen asketischen, innengeleiteten Menschentypus zurechnet, für ihr Konsumstreben verachten und man kann sich der auch in Europa damals weit verbreiteten Kritik am Massenmenschen anschließen, aber letztendlich profitiert der innengeleitete Mensch von dieser außengeleiteten, konsumorientierten Masse.

Hat Webers Entdeckung einen biografischen Hintergrund?

Ja, ganz sicher: Seine eigenen Großväter und Onkel standen ihm als erfolgreiche kapitalistische Unternehmer vor Augen, die streng reformiert-protestantische Mutter lebte tief im Geist dieser innerweltlichen Askese. Die Entdeckung des Zusammenhangs von Protestantismus und Kapitalismus fällt dann bei Weber mit der Suche nach einem Ausweg aus einer persönlichen Lebenskrise zusammen. Denn nach der Berufung auf den Lehrstuhl in Heidelberg, einem enormen wissenschaftlichen Erfolg, erlebte er einen schrecklichen Absturz, die tiefe Depression, die seine wissenschaftliche Tätigkeit zunächst einschränkte und dann ganz unmöglich machte. Das brachte ihn auf die Suche nach seiner eigenen Identität und vor allem nach seinem eigenen Verhältnis zur Arbeit.

Er musste feststellen, dass seine unmittelbare Umgebung, nicht zuletzt auch seine Frau und seine Mutter, sein Leiden eher verstärkten, denn auch sie erwarteten und forderten von ihm Leistung und Erfolg. Aber in Rom, als Rekonvaleszent, da ging es ihm gut. Er fragt sich also, warum es den Katholiken so gut geht. Zumindest glaubt er, das zu beobachten: Die sind fröhlich, die lachen, die tanzen, die essen gut, die leben in der Sonne.

Und Weber kämpft als Sprößling eines nüchternen protestantischen Elternhauses mit einer Depression. Die Wurzeln der unterschiedlichen Mentalitäten liegen aus seiner Sicht aber genau genommen nicht im Protestantismus an sich, sondern vor allem im Calvinismus.

Weber schreibt eine *Große Erzählung*, mit der sich sein Publikum einen Reim auf das herrschende Arbeitsethos machen kann. Seine Geschichte beginnt mit der Auffassung des mittelalterlichen Christenmenschen von den Möglichkeiten, trotz seiner Sünden durch das Sakrament der Beichte oder durch gute Werke in den Himmel zu kommen. Dann kommt die Reformation, die angesichts des Ablasshandels mit dieser Auffassung aufräumt und sagt: ‚Mit Werken kann man sich nicht die Seligkeit erkaufen, es kommt allein auf Gottes Gnade an.' Luther kombinierte diese Ablehnung der Werkheiligkeit mit der Wertschätzung des Berufs: ‚Gott bestimmt, wo du stehst im Leben. Tu deine Pflicht und dein Werk an dem Ort, an den dich Gott gestellt hat. Und wenn du das gut und gottgefällig gemacht hast, dann kommst du in den Himmel.' Jean Calvin und seine Nachfolger schlossen daran an, sahen es aber noch komplizierter: ‚Gott hat noch bevor du auf die Welt gekommen bist – „Prä-destination" – beschlossen, ob du in den Himmel oder in die Hölle kommst, und daran kannst du nichts ändern.'

Führt diese Vorstellung nicht zum totalen Fatalismus: Ich setze mich hin und warte ab, was Gott so mit mir vorhat?

Aber nein, denn Calvin sagt weiter: ‚Es wäre eine Sünde, wenn Du nicht davon ausgehst, dass Gott dich erwählt hat. Du musst glauben, dass er dich in den Himmel kommen lässt.' Und er gibt dem Gläubigen einen Anhaltspunkt – jedoch keine Garantie – für seine Gnadenwahl: ‚Wenn du so lebst, wie Gottes Gebote es dir vorschreiben – sparsam, fleißig, tüchtig, engagiert, alle Frivolitäten vermeidend –, dann wird sich das auch in materieller Hinsicht auszahlen. Dein redlich erworbener Besitz soll jedoch angespart, reinvestiert werden, nicht verprasst. Dein Erfolg könnte ein Indiz dafür sein, dass Gott dich auserwählt hat.' Und es führte in Genf und Antwerpen, wo viele Calvinisten lebten, tatsächlich zum materiellen und gesellschaftlichen Erfolg dieser Menschen, die sich für die Berufenen hielten.

Diese Calvinisten waren aber im europäischen Maßstab zunächst eine Minderheit.

Viele von denen, die so glaubten, wanderten in die ‚Neue Welt' aus. Dort entwickelte sich aus den relativ einheitlichen Glaubensvorstellungen eine Vielzahl von protestantischen Sekten. Weber geht nun der Radikalisierung dieser Überzeugungen nach, die viele Gläubige aus Genf, den Niederlanden und England in die Vereinigten Staaten gebracht haben, wo sie zum allgemeinen Credo wurden. Die Menschen leben später, selbst wenn sie nicht mehr an Gott glauben, wie Auserwählte – nüchtern, fleißig und sparsam –, und häufen auf diese Weise Kapital an. Und sie haben kein schlechtes Gewissen, wenn sie etwas vermögender sind als ihre Mitmenschen, weil es ja Gottes Wille und Vorsehung war. Auf diese Weise gewinnt der moderne, rationale (Betriebs-)Kapitalismus an Fahrt.

Sprechen denn die Fakten aus heutiger Sicht dafür, dass Webers These richtig ist?

Es gibt eine Vielzahl von Versuchen diese These sowohl empirisch zu stützen als auch zu widerlegen. Wenn man es sich global ansieht, stehen die Volkswirtschaften mit protestantischer Tradition heute wesentlich erfolgreicher da als jene mit katholischer Tradition: Die Niederlande, Schweden, Deutschland usw. stehen wirtschaftliche besser da als Italien, Frankreich, Spanien. Und das ruft natürlich nach Erklärungen, warum das so ist, denn Kapitalismus herrscht in all diesen Ländern. Und wenn sie dann noch den ganz großen Bogen nach China, Indien schlagen, wo sich derartige Einstellungen – sogar unbeeinflusst vom Protestantismus – ebenfalls verbreitet haben, dann bekommt die Weber-These eine unglaubliche Plausibilität. Die Frage ist nur, warum es zu dieser Entwicklung gekommen ist. Und an dieser Stelle darf man sich an Webers Argument reiben: Die Katholiken sehen auch in ihren Reihen gute Unternehmer, und die Protestanten wollen nicht am Kapitalismus schuld sein. Ich habe von vornherein gesagt, dass die Kapitalismus-Protestantismus-These empirisch überhaupt nicht widerlegt werden kann.

Auch Heinz Steinert kritisiert, dass die Protestantische Ethik aus „unwiderlegbaren Fehlkonstruktionen" gestrickt wurde, die empirisch unhaltbar sind.

Dem kann man nicht widersprechen. Dieser Text ist – mehr als andere – in der Tat in hohem Maß spekulativ. Sie müssen sich das so vorstellen: Weber hat das Gefühl, er sehe ein Muster, einen Zusammenhang zwischen diesen speziellen Strömungen innerhalb des Protestantismus und dem Heraufkommen eines ganz anderen wirtschaftsethischen Denkens bis in seine eigene Familie hinein. Wenn man so etwas sieht, kann man natürlich versuchen, das solide empirisch zu belegen. Aber: Erstens war die empirische Sozialforschung zu jener Zeit noch nicht so weit entwickelt, und zweitens war das auch nicht Webers

Ding. Weber zieht vielmehr ideengeschichtliche, spekulative, hochrechnende, fantasievolle Zusammenhänge zusammen. In dem Moment, wo man das auf den Prüfstand empirischer Sozialforschung stellt, bricht da vieles zusammen. Man kann ihm nachweisen, dass er teilweise seine Quellen falsch oder verkürzt zitiert. Aber so raffiniert, wie Weber seine Erzählung konstruiert hat, ist die These widerlegungsimmun. Denn er hat für alles seine Schlupflöcher eingebaut. So eindeutig ist der Text eben nicht. Empirische Einwände ändern nichts an der Wirkmächtigkeit seiner These als einer *Großen Erzählung* im Sinne von François Lyotard.

Hat Weber eine seiner wichtigsten Quellen – Benjamin Franklin – tatsächlich falsch ausgelegt?

„Zeit ist Geld" – so fängt das ausführliche Zitat von Benjamin Franklin in der *Protestantischen Ethik* an, den Weber als zentralen Kronzeugen seiner Herausarbeitung eines „Geistes des Kapitalismus" heranzieht. Doch Weber übersieht oder negiert, dass dieser amerikanische Aufklärer und Revolutionär ein Zyniker und Spötter vor dem Herrn war. Was Weber zitiert, ist also eine Parodie auf den Kapitalisten, dem der Spiegel vorgehalten werden soll! Weber hat diese Ironie nicht verstanden oder nicht verstehen wollen. Der erste, der das bereits 1936 kritisiert hat, war übrigens Eduard Baumgarten, der seinem Onkel gegenüber aber etwas vorsichtig war.

Ist Weber aus heutiger Sicht nicht zu sehr seiner westlich-abendländischen Perspektive verpflichtet?

Weber stirbt zwar, bevor sein Unternehmen einer umfassenden vergleichenden Untersuchung der Wirtschaftsethik der Weltreligionen abgeschlossen ist. Aber er hat zum Ende seines Lebens jene Texte verfasst gehabt, die postum als *Gesammelte Aufsätze zur Religionssoziologie* publiziert wurden, in denen er sich mit den Religionen Chinas, Indiens und des Vorderen Orients beschäftigt hat. Und die Summe seiner Visionen fasst er in einer famosen *Vorbemerkung* zu den *Gesammelten Aufsätzen* zusammen, die der US-amerikanische Soziologe Talcott Parsons wirkungsmächtig seiner englischsprachigen Ausgabe der *Protestantischen Ethik* voranstellte. Es ist das selbstbewusste Dokument eines Europäers zu Beginn des Zwanzigsten Jahrhunderts, der fest davon überzeugt ist, dass die Kulturleistungen des Okzidents allen anderen Kulturbereichen schon rein sachlich weit überlegen sind – ob das nun die Wissenschaft ist, die Rechtsprechung, die Staatsorganisation, die Wirtschaft, die Technik oder die Religion. Diese Kulturleistungen sind allen konkurrierenden Unternehmungen im Rest der Welt überlegen. Und deshalb ist Weber absolut davon überzeugt, dass unser westliches Modell früher oder später die ganze Welt beherrschen wird.

Wenn Sie diesen Text mit Menschen aus dem asiatischen oder afrikanischen Kulturraum diskutieren, dann sehen Sie, was für einen Widerstand das erzeugt. Unsere Musik zum Beispiel, also Bach, Mozart, Beethoven, usw., ist – Max Weber zufolge – allen anderen musikalischen Systemen überlegen, und das ist auch der Grund, warum heute in Tokio und Bejing Mozart gespielt wird, wie fast überall auf der Welt. Und wir werden diese anderen musikalischen Systeme letzten Endes auf die Seite schieben. Das ist ein europäisches Überlegenheitsgefühl, bei dem wir Heutige – wie ich denke, mit guten Gründen – tief durchatmen und fragen: Kann man das wirklich so sagen? Für Weber jedenfalls war das ungebrochene Selbstgewissheit.

Und das ist natürlich genau die Haltung, die heute im islamischen Bewusstsein den allergrößten Widerstand herausfordert: ‚Wir wollen nicht so sein wie ihr! Wir lassen uns euer westliches System nicht aufoktroyieren! Und weil ihr aggressiv und imperialistisch vorgeht, wehren wir uns auch mit allen Mitteln.' Es ist ein Kampf. Das hätte Max Weber überzeugt, denn für ihn war alles Kampf, auch und gerade Kampf der Weltanschauungen.

Kann man die Vorbemerkung nicht auch hoffnungsvoller lesen? Erwartet Weber wirklich nur Kampf und menschenverachtenden Kapitalismus?

Weber sieht sich in einer ähnlichen Rolle wie die alttestamentlichen Unheilspropheten: ‚Ich bin einer, der Wahrheit verkünden muss. Im Namen der Wahrheit sage ich euch: So wird es kommen, und ich sage euch zugleich: Es wird schrecklich. Es ist nicht das Blühen des Sommers, sondern ich prophezeie euch' – das ist ja das Ende von *Politik als Beruf* – ‚die eiskalte Finsternis der Polarnacht.' Und so stirbt der Mann. Es gab ja in seiner Zeit und vor allem um 1919/20 genügend reale Anlässe, nicht euphorisch in die Zukunft zu gucken. Weber beschreibt, wie der Mensch nach und nach in ein „stahlhartes Gehäuse" gezwängt wird.

Diese Prognose klingt sehr düster. Immerhin gibt es zumindest in Deutschland umfangreiche soziale Sicherungssysteme, mit denen die schädlichen Wirkungen des Kapitalismus aufgefangen und ausgeglichen werden sollen.

In den fünfziger Jahren der alten Bundesrepublik gab es den wackeren Versuch, die explosive Zerstörungskraft des Kapitalismus mit den Mitteln einer sozialen Marktwirtschaft zu bändigen. Aber man muss heute ganz nüchtern mit dem skeptischen Weber sagen: Es gibt keine „National"ökonomie mehr. Es gibt keine „Volks"wirtschaftslehre mehr, auch wenn sich dieses Fach immer noch so nennt. Es gibt nur noch eine „Welt"wirtschaft. Daher ist auch die Zeit des „rheinischen Kapitalismus", der sozialen Marktwirtschaft, abgelaufen. Es ist die Zeit des entfesselten globalen Finanzkapitalismus, und da gibt es solche Schonräume nicht mehr. Sicher versucht man in kleinen homöopathischen Dosen etwas zu verbessern. Aber insgesamt sehe ich – da bin ich zu sehr von Weber geprägt – kein realistisches Potential, dass sich daran grundsätzlich etwas ändern wird.

Impulse

JULIA SCHIMMING — Leistung + Gnade = Vergebung? — 85
Von der Schwierigkeit,
sich mit Verrätern zu versöhnen

„It's hard for me to say I'm sorry", sang 1982 die Band *Chicago*. Dabei gilt gerade die aufrichtige Reue und eine dementsprechende Entschuldigung allgemein als Voraussetzung, um Vergebung zu erhalten. Inwiefern ist diese jedoch (auch) möglich, wenn der Schuldig-Gewordene seine „Reue" nicht in Worten bekennt? Oder ihm diese noch nicht einmal bewusst ist?

Der vorliegende Artikel hinterfragt auf Grundlage der Filmdokumentation *Vaterlandsverräter* von Annekathrin Hendel, welche „Leistungen" es von allen Beteiligten braucht, damit Vergebung zwischen Menschen möglich wird – insbesondere wenn es sich dabei um zwischenmenschlichen Verrat handelt.

SABINE SCHMIDT
ANNE KEMPER — Arbeitswelt — 92

Aufgezeigt werden einige „neuralgische" Punkte, die kennzeichnend für die heutige Arbeitswelt sind und sich auf der strukturellen, sozialen und individuellen Ebene verorten lassen. Es geht dabei z. B. um Reorganisation, Zusammenarbeit, die Einstellung zur Arbeit. Die Rede über die Arbeitswelt ist in der empirisch orientierten (wirtschafts- und sozial-)wissenschaftlichen Welt dominiert von der Leitfrage der Effizienz. Der geisteswissenschaftliche Diskurs hingegen scheint häufiger (unausgesprochenen) Dogmen einer ausgreifenden Kapitalismuskritik verpflichtet zu sein. Anstelle damit einhergehender Blickverengungen oder -verzerrungen wird versucht, Fragestellungen zuallererst zu eröffnen. So soll vorerst „nur" der Raum skizziert werden, in dem sich heute viele Menschen bei der Arbeit bewegen, der ihre Erfahrung mit Arbeit prägt. Folgen für die Menschen, ihr Handeln, ihre Rollen in Organisationen und Unternehmen werden aufgezeigt und Perspektiven weitergehender philosophischer Erörterungen kenntlich gemacht.

| Idris Nassery | Max Weber, die Scharia und Aspekte islamischer Wirtschaftsethik. Eine kritische Würdigung der Beobachtungen Max Webers | 100 |

Gegenstand der vorliegenden Auseinandersetzung ist der Versuch, in einem 1. Schritt die Ansichten Webers bezüglich des Islams als Kriegerreligion grob zu umreißen, sodann seine Ansichten hinsichtlich des Zusammenspiels des islamischen Rechts und wirtschaftlichen Handelns kritisch zu würdigen und schließlich dieses in Relation zu einigen Aspekten islamischer Wirtschaftsethik zu setzen.

| Stefan Scherbaum, Maja Dshemuchadse | Webers Protestantismusthese und die Wahrnehmung des Individuums. Ein kognitionspsychologischer Ansatz | 108 |

Die psychologische Untersuchung der Protestantismusthese Webers stellt das Bindeglied zwischen Leistungsgesellschaft und Religion in den Blickpunkt – den einzelnen Menschen. Mittels einer systemtheoretischen Sichtweise verknüpfen wir die makroskopische Ebene der religiösen Ethik mit der mikroskopischen Ebene der Kognitionspsychologie, um Interaktionen zwischen diesen Ebenen zu analysieren, welche besonders in neuerer Zeit empirisch belegt wurden: So geht das protestantische Bekenntnis einher mit bestimmten Wahrnehmungs- und Handlungstendenzen, wie z.B. der Fokussierung auf Details und der Ausrichtung des Handelns auf langfristige Ziele. Wir führen in den systemtheoretischen und kognitionspsychologischen Ansatz ein, referieren grundlegende kognitionspsychologische Befunde in Bezug auf Webers Protestantismusthese und fügen diese in ein Gesamtbild anhand eines kognitionspsychologischen Modells zielorientierten Verhaltens ein.

| Felix Ekardt | Protestantismus und Glück. Transformationsbedingungen zur Nachhaltigkeit jenseits des Wachstumsdenkens | 117 |

Die Transformation zu nachhaltigen (also dauerhaft und global durchhaltbaren) Lebens- und Wirtschaftsweisen ist bisher großenteils gescheitert. Eine hinreichend komplexe Ursachenanalyse der Nicht-Nachhaltigkeit fördert in Faktoren wie Eigennutzenstreben, hinderlichen Normalitätsvorstellungen und Gefühlen auch kulturelle Aspekte zutage. Max Webers Analysen zur protestantischen Leistungs- und Arbeitsethik erweisen sich hier im Kern als unverändert hilfreich. Über Weber hinaus kann man protestantische Ideen teilweise auch hinter dem modernen Wachstums- und Fortschrittsdenken erkennen. Will man nachhaltige Lebens- und Wirtschaftsweisen etablieren, wird es nicht ausreichen, das Wachstum als Treiber der Umweltzerstörung in eine nunmehr „grüne" Richtung zu lenken. Vielmehr wird das Wachstumsparadigma aus ökologischen Gründen als solches hinterfragt werden müssen. Ob Menschen durch Leistungsdenken und Wachstum glücklich oder unglücklich werden (ein in der Postwachstums-Debatte in linker Theorietradition repetativ umkreister Punkt), ist dafür unerheblich und im Übrigen auch kaum eindeutig zu beantworten, weil hier gegensätzliche Erwartungen der Menschen bestehen.

Leistung + Gnade = Vergebung?
Von der Schwierigkeit, sich mit Verrätern zu versöhnen
JULIA SCHIMMING

„It's hard for me to say I'm sorry", sang 1982 die Band Chicago. Dabei gilt gerade die aufrichtige Reue und eine dementsprechende Entschuldigung allgemein als Voraussetzung, um Vergebung zu erhalten. Inwiefern ist diese jedoch (auch) möglich, wenn der Schuldig-Gewordene seine „Reue" nicht in Worten bekennt? Oder ihm diese noch nicht einmal bewusst ist?
Der vorliegende Artikel hinterfragt auf Grundlage der Filmdokumentation Vaterlandsverräter von Annekathrin Hendel, welche „Leistungen" es von allen Beteiligten braucht, damit Vergebung zwischen Menschen möglich wird – insbesondere wenn es sich dabei um zwischenmenschlichen Verrat handelt.

Sonnenuntergang in der Uckermark. Ein Paddel hebt und senkt sich, Grillen zirpen, Holz knarzt und quietscht. Ein Boot fährt über einen See. Darin sitzen der Schriftsteller Paul Gratzik und die Filmemacherin Annekatrin Hendel. Es entspinnt sich folgendes Gespräch:

> *Hendel*: „Na, wat mich immer so beschäftigt hat, wenn es jetzt darum ging, dass Du was schreiben solltest, was Menschen betraf, die Du mochtest, die Freunde war'n, sag ick mal oder sind" – *Gratzik*: „Gibt's nur einen Bericht. Über so einen, der mir sehr nahe – weil ich letzlich, im Grunde meines Herzens, immer den Satz meiner Mutter hatte: [*mit gebrochener Stimme*] Der größte Feind im ganzen Land, das ist und bleibt der Denunziant! – Klar? Und dieses Wort ist nie aus mir raus gekommen, es hat immer an mir genagt, das konnte ich nicht zudecken, weil ich hab's – ich hatte gute Gründe diese Arbeit zu machen!" *Hendel*: „Aber genagt hat der Satz an Dir, von Deiner Mutter?" *Gratzik*: „Schluss jetzt. [*plötzlich heftig*] Der hat nicht genagt! Ich hab viel zu wenig Leute angeschissen – bist Du jetzt zufrieden?" *Hendel*: „Nee, dit geht nich darum, um Anscheißen…" *Gratzik*: „Es geht nicht darum? Ich geh über Bord! Ich hör' diese scheiß westdeutschen Filmfragen ge-

nau raus – denk mal nicht! [*Pause*] Ich hab kein Gewissen und ich habe keine Moral! Jedenfalls nicht eure!" [*Daraufhin ergeht er sich in Schimpftiraden über damalige und heutige Kapitalisten, die er gerne in die Luft sprengen würde.*]

Mit dieser Szene beginnt die im Jahr 2011 erschienene Dokumentation *Vaterlandsverräter* von Annekatrin Hendel, in der sie dem Schriftsteller und ehemaligen IM Paul Gratzik im Hinblick auf dessen Stasi-Vergangenheit auf den Zahn fühlt. Gratzik, zum Zeitpunkt der Dreharbeiten Mitte 70, steht der Regisseurin, die ihn während der Filmaufnahmen immer wieder mit seinen eigenen IM-Berichten konfrontiert, dabei anfangs weniger, mit der Zeit jedoch immer mehr Rede und Antwort – je nachdem wie kommunikativ ihn der Schnaps, den er stets zur Hand hat, gerade macht. Manchmal blockt er auch oder bricht Gespräche, wie in der eben erwähnten Szene, wütend ab.

Dennoch entsteht bei der dokumentarischen Begleitung Gratziks durch dessen heutigen Alltag – die von einer ambulanten OP beim Augenarzt über ein lang ersehntes Wiedersehen mit seiner in Dresden lebenden Tochter Antje, welche Gratzik liebevoll „Mausel" nennt, bis zu einer Erstbegegnung mit seinem jüngsten Sohn Philipp reicht – der Eindruck eines Mannes, der bis heute für seine Tätigkeiten bei der Stasi „büßt": Auf einem Gutshof ohne Zentralheizung und fließend Wasser, inmitten von Feldern im Nirgendwo der Uckermark, lebt Gratzik allein, aufgedunsen vom permanenten Schnapskonsum, der ihm seit seiner IM-Tätigkeit bei der Stasi das Gewissen erleichtern soll.

Insofern stellt sich beim Betrachten der Dokumentation die Frage, inwiefern Menschen wie Paul Gratzik, die sich mit der Offenbarung ihres Verrats an ihren Mitmenschen an den Rand der Gesellschaft manövriert haben, in diese wieder integriert werden können und welche Leistung es dafür von beiden Seiten – von denen, die den Verrat begangen haben und von denen, die verraten wurden – braucht.[1]

Gratzik fordert diesbezüglich gleich zu Beginn der Doku eine historisch-korrekte Aufklärung über die Rolle der Stasi im „Arbeiter- und Bauernstaat", die seine Taten sicherlich auch insofern rechtfertigen soll, als ein nicht geringer Anteil der DDR-Bevölkerung mit der Stasi zusammengearbeitet hat – sei es als „inoffizielle Mitarbeiter", kurz IM, oder indem die eigene Wohnung für „konspirative Treffen" zwischen solchen und deren „Führungsoffizieren" zur Verfügung gestellt wurden. „Satte 90%" der dissidenten DDR-Autoren, die der linke westdeutsche Rotbuch-Verlag zu DDR-Zeiten verlegt und betreut hat, seien vollständig oder zumindest zeitweilig IM's bei der Stasi gewesen, so die Lektorin Gabriele Dietze in Hendels *Vaterlandsverräter*, die damals auch für Gratzik zuständig war.

Dies lag sicherlich zu großen Teilen auch am perfiden System des Überwachungsapparates des „Ministeriums für Staatssicherheit" der DDR selbst, das mithilfe der über seine Observierungen gewonnenen Informationen bestimmte Personen erpressen und somit auf wieder andere, noch nicht observierte Personen ansetzen konnte. Dass es dabei auch genügend DDR-Bürger gegeben hat, die sich einer solchen Mitarbeit widersetzt und mitsamt ihren Familien unter den darauffolgenden Repressionen gelitten haben, steht dabei außer Frage. Es sind wohl eben jene, ebenso wie viele derjenigen, die unter der Stasi gelitten haben, denen – verständlicherweise! – die Akzeptanz einer gesellschaftlichen Reintegration der ehemaligen hauptamtlichen und inoffiziellen Stasi-Mitarbeiter schwer fällt.

Dennoch sollte im Hinblick auf die für beide Seiten (!) erlösende Wirkung einer Versöhnung, auf die bei diesen Überlegungen später noch eingegangen wird, das Wagnis eines Aufeinander-Zugehens nicht unterlassen werden. Dass dies ein Drahtseilakt ist, zeigt der Fall der Bischöfin der Evangelischen Kirche in Mitteldeutschland (EKM), Ilse Junkermann, die sich bei ihrem ersten Bericht als Landesbischöfin vor der Synode der EKM im Jahre 2009 erstmals für ein Zugehen auf und die Versöhnung mit ehemaligen Stasi-Mitarbeitern ausgesprochen hat und damit für einen jahrelangen Eklat sorgte.[2] Denn ihr

Aufruf zur „Versöhnung oder zumindest [zu] Schritte[n] dorthin mit denen, die einen einst bespitzelt und verraten haben" und ihre Forderung, jene, „die dem Regime nahe standen, nicht in Schubladen zu sperren", da sich mit diesen so nicht reden und auch keine Gesellschaft bauen ließe,[3] wurde als übergriffig und empathielos gegenüber den Opfern der SED missverstanden.[4] Ihre dabei schärfste Gegnerin, die Bündnis90/Grünen-Politikerin Marianne Birthler, die bis 2011 noch als Bundesbeauftragte für die Unterlagen des Staatssicherheitsdienstes der ehemaligen DDR tätig war, warf ihr bei einer Podiumsdiskussion im Augustinerkloster in Erfurt am 13.02. 2012 unter anderem vor, die „Opfer des SED-Regimes" mit ihrem „Ruf nach Versöhnung" unter Druck zu setzen und ihnen außerdem noch eine Leistung abzuverlangen, die sie gar nicht leisten könnten.[5] Doch gerade weil diese von den Geschädigten abverlangte Leistung für versöhnendes Handeln notwendig ist, hat Junkermann ihren „Ruf nach Versöhnung" in den nachfolgenden Debatten und Diskussionen in den Jahren darauf und trotz aller Anfechtungen gegen sie stets wiederholt.

Auf die Frage, ab wann denn Versöhnung möglich wäre, antwortete Marianne Birthler schon Anfang 2009 in einem Interview mit dem Deutschlandfunk: „Versöhnung setzt, glaube ich, ja erst mal voraus, dass Menschen um Versöhnung oder um Verzeihung auch bitten. Wir stellen immer wieder fest, dass diejenigen, die das Leben von anderen zerstört haben, wenig Neigung haben, gegenüber der Öffentlichkeit oder auch gegenüber ihren Opfern dieses einzugestehen und auch um Verzeihung zu bitten."[6]

Ähnlich fielen auch die Reaktionen auf Hendels *Vaterlandsverräter* aus, von denen Vera Lengsfeld am 28.02. 2012 auf dem Weblog „Die Achse des Guten" berichtet: „Der Abend, gedacht als Beitrag zur Versöhnung zwischen Tätern und Verfolgten, musste schief gehen. Die zahlreichen Besucher, die gekommen waren, in der Hoffnung, einen Stasispitzel, der seine Taten bereut hat, zu erleben, wurden bitter enttäuscht. Nach dem Zwischenruf einer ehemaligen politischen Gefangenen, dass sie nicht hier wäre, um einen weiteren Täter, der sich und die DDR verteidigt, auf dem Podium zu erleben, war die Spannung im Saal mit Händen zu greifen. Als die Regisseurin die Zwischenruferin auch noch abkanzelte, sie sei wohl in der falschen Veranstaltung und deutlich machte, dass es ihr [...] darum ging, die Spitzeltätigkeit von Gratzik in den Hintergrund treten zu lassen, hätte das beinahe zu Tumulten geführt. Ungerührt von der überwiegenden Ablehnung demonstrierte Gratzik, dass Kommunisten wie er nichts aus ihrem Debakel gelernt haben."[7] Woraufhin Lengsfeld zu folgendem Fazit kommt: „Versöhnung mit solchen Leuten ist nicht möglich."[8]

Aber ist das Eingeständnis der eigenen Schuld im Angesicht einer nicht allzu versöhnlich gestimmten, vorwurfsvollen Menschenmenge überhaupt möglich? Zeigt doch das eingangs zitierte Gespräch zwischen Hendel und Gratzik, dass schon ein allzu forsches und leicht vorwurfsvolles Nachfragen einer Einzelnen eher das Gegenteil bewirkt. Insofern wird persönliche Schuld doch oftmals erst dann eingestanden, wenn man von seinem Gegenüber ein gewisses Verständnis oder zumindest ein Zugestehen der eigenen Schuldigkeit erwarten kann?

Dass dies eine ungeheure Forderung an die Geschädigten ist, denen damit – wie Birthler oben richtig sagt – erneut eine Leistung abverlangt wird, obschon sie noch auf eine Wiedergutmachung oder zumindest Entschädigung des erlittenen Schadens warten, steht dabei außer Frage. Dennoch können sie offenbar kein aufrichtiges Schuldeingeständnis ihrer Peiniger erwarten, wenn sie diesen ihrerseits mit verschränkten Armen gegenüber treten. Insofern stellt sich hier also die Frage wie man als nicht direkt persönlich betroffener Dritter auf die Schuldig-Gewordenen zugehen soll – ohne dabei die Geschädigten aus dem Blick zu verlieren. Denn zu großes Verständnis und allzu schnell gewährte Nachsicht oder auch Schulderlass für die mehr oder minder reuigen Täter erweckt bei den „Opfern" oftmals den Eindruck, verhöhnt zu werden.

Dies zeigt der südafrikanische Versuch, mittels der 1996 unter Nelson Mandela gegründeten „Wahrheits- und Versöhnungskommission" und des „Amnestiekomitees" die an den Ureinwohnern begangenen Verbrechen und Verletzungen der Menschenrechte während der Apartheid-Ära aufzuarbeiten.[9] Für diese wurde seinerzeit von der südafrikanischen Regierung ein Gesetz zur „Förderung der Nationalen Einheit und Versöhnung" verabschiedet, das vorsah „alle vor dem 12. Dezember 1996 begangenen politischen Verbrechen straffrei zu lassen, sofern die Taten öffentlich zugegeben und bereut wurden. Ziel der Kommission war es, Täter und Opfer in einen ‚Dialog' zu bringen und damit eine Grundlage für die Versöhnung der zerstrittenen Bevölkerungsgruppen zu schaffen."[10] Mehr als 25.000 Amnestieanträge waren daraufhin die Folge, die innerhalb von 4(!) Tagen entschieden werden mussten. Da nach einem solchen Erlass die Täter jedoch nicht nur vor Strafverfolgungen, sondern auch vor zivilrechtlichen Schadenersatz-Ansprüchen von Opfern oder Hinterbliebenen geschützt waren, versuchten manche der Betroffenen die Amnestie auf gerichtlichem Wege verbieten zu lassen, was aufgrund der extra dafür eingerichteten Gesetzeslage jedoch ohne Erfolg blieb.

Daraus folgt also, dass bei zwei Parteien, die aus eigener Kraft nicht aufeinander zugehen können, es einen zwischen den beiden vermittelnden Dritten braucht, der keine der beiden Seiten „bevorzugt" oder zu nachsichtig behandelt wie es in Südafrika geschehen ist.

Im Neuen Testament werden häufig solcherart „Versöhnungen" beschrieben: So wendet sich Jesus in den Evangelien eben jenen zu, die aufgrund ihres mehr oder minder eigenen Verschuldens am Rande der Gesellschaft leben. Wie etwa der jüdische Zöllner Zachäus in Lk 19,1–10, der in Jericho für die Besatzungsmacht der Römer den Zoll eintreibt und dabei jedes Mal auch eine ordentliche Summe für sich selbst draufschlägt. Damit hat er zwar großen Reichtum erlangt, bei seinen Mitbürgern aber jegliches Ansehen verloren. Trotzdem lädt sich Jesus bei ihm zum Essen ein, mit der Begründung, dass auch Zachäus ein „Sohn Abrahams" (Lk 19,9) sei, d. h. also genauso zum Volk Israel dazu gehört wie seine nicht-korrumpierten, jüdischen Mitbürger. Damit tritt Jesus als „Vermittler" zwischen Zachäus und der Bevölkerung auf und führt somit zu einer Verhaltensänderung bei Zachäus, der daraufhin in Lk 19,8 gelobt, die Hälfte seines Vermögens an die Armen abzugeben und all jenen, die er beim Zolleinnehmen betrogen hat, den zu viel gezahlten Betrag in vierfacher Höhe zurück zu geben.

In der Geschichte von der Ehebrecherin in Joh 8,2–11, die ihren Mann betrogen hat und gesteinigt werden soll, bestimmt Jesus wiederum, dass derjenige den ersten Stein werfen solle, der ohne Sünde ist, womit er die rachsüchtigen Anwesenden daran erinnert, dass kein Mensch ohne Schuld sein kann. Hier besteht die Vermittlung Jesu in der Erinnerung an die eigene Schuld, die ins Verhältnis zur Schuld der anderen gesetzt wird. Durch seine Bedingung, dass wer einen Stein wirft, „ohne Schuld" sein solle, macht er deutlich: eben weil Menschen Schuld auf sich laden, dürfen sie nicht über die Schuld anderer urteilen.

Dabei vergisst er jedoch nicht, die Schuldig-Gewordenen zu ermahnen, ihre Taten nicht zu wiederholen, insofern sie nicht wie Zachäus in Lk 19,8 von selbst darauf kommen und in der Lage sind ihre Schulden zurück zu zahlen.[11]

Dass Jesus diesen Vermittler selbst nicht braucht, zeigt er bei seiner Begegnung mit Petrus in Joh 15ff., die insofern bedeutsam ist, als es seine erste persönliche Begegnung mit dem Jünger ist, nachdem dieser ihn im Hof der Hohepriester verleugnet hat. Und so wie Petrus ebenda drei Mal gefragt wird, ob er zu Jesus gehöre – was er jedes Mal verneint, obwohl er Jesus beim letzten Abendmahl noch geschworen hat, für ihn sterben zu wollen[12] – so fragt der auferstandene Jesus ihn an dieser Stelle ebenfalls drei Mal, ob Petrus ihn liebe, was Petrus jedes Mal bejaht. Obwohl Petrus in dem Moment nicht versteht, warum Jesus ihn drei Mal nach seiner Liebe zu ihm fragt und darüber traurig wird[13], wird daran doch deutlich, dass Jesus damit die dreimalige Verleugnung des Petrus aufgehoben hat, indem er diesen sich drei Mal zu seiner Liebe zu ihm bekennen lässt.

An dieser Geschichte zeigt sich zugleich, dass Versöhnung unter Menschen, die sich nahe stehen, leichter zu fallen scheint – gesetzt den Fall, dass der aufgrund einer Enttäuschung oder seelischen Verletzung hervorgerufene Bruch zwischen den Kontrahenten bei beiden eine Verminderung der Lebensqualität zur Folge hat und die Sehnsucht nach erneuter Zweisamkeit und Nähe mit dem/der anderen zu groß ist, als dass verletzte Gefühle und enttäuschte Erwartungen aufrecht erhalten werden können.

Dennoch scheinen Verrat und Betrug unter Freunden oder Verwandten bzw. Familienmitgliedern – wie sie im Auftrag der Stasi zu DDR-Zeiten zuhauf geschehen sind – besonders schwer zu wiegen, zumal diese schon im Hinblick auf den dabei erfolgten Vertrauensbruch nur schwer „wieder gut" zu machen sind.

Ein recht anschauliches Beispiel für die Schwere eines solchen Vergehens findet man in der alttestamentlichen Geschichte von den Zwillingen Esau und Jakob, in der der Ältere von beiden, Esau, von seinem jüngeren Bruder Jakob durch eine List – die im Übrigen mehr auf seine Mutter Rebekka als auf ihn selbst zurückzuführen ist[14] – um sein Erstgeburtsrecht gebracht wird. Dies kann er Jakob jedoch erst verzeihen, als dieser – nach seinem Kampf mit einem Unbekannten am Jabbok in der Nacht zuvor[15] – hinkend vor ihn tritt. Alle Geschenke, die Jakob ihm bis dato hatte zukommen lassen und die genau genommen ein Teil des Segens waren, um den Esau durch Jakob gebracht worden war, konnten demnach bei dem älteren Bruder nicht das bewirken, was die körperliche Zeichnung, die Wiedergutmachung Jakobs am eigenen Leibe, in ihm bewegte.

Doch auch der Umstand, dass Jakob persönlich vor Esau tritt und sich ihm und damit seiner eigenen Schuld stellt, mag an dieser Stelle einen erheblichen Teil zur Versöhnung der beiden beigetragen haben. Insofern funktioniert Versöhnung, wie sie Marianne Birthler im oben genannten Interview an späterer Stelle darstellt, wonach schon die Akteneinsicht durch die Geschädigten einer „Versöhnung" gleichkommt,[16] nicht, da sie dabei einen einseitigen Prozess beschreibt, der keine Begegnung und damit auch keinen Austausch zwischen der Geschädigten und ihren Schuldigern ermöglicht. Auf diesem Wege ist also maximal eine stille Vergebung, die der Geschädigte für sich selbst in seinem Inneren beschließt, möglich, jedoch keine Versöhnung, die sowohl ein Aufeinander-Zu-Gehen, als auch ein Schuldeingeständnis und das Bitten um Entschuldigung durch den Schuldig-Gewordenen voraussetzt.

Doch wozu der Aufwand für beide Seiten? Reicht es am Ende nicht, dass sie sich für den Rest ihrer jeweiligen Leben aus dem Weg gehen? Wohin ein Verweigern von Vergebung führen kann, zeigt die ebenfalls von Hendel stammende und 2015 erschienene Dokumentation *Anderson*, in der sie Gratziks Protegé, Sascha Anderson, mit dessen eigener IM-Vergangenheit konfrontiert. In dieser baut sie im Filmstudio mit Original-Inventar eben jene Küche des Liedermachers Ekkehard Maaß originalgetreu nach, in der Anderson seit dem Ende der 1970er Jahre an den dort regelmäßig stattfindenden dissidenten Lesereihen teilnahm, wo er mit der Zeit selbst zum „Star" wurde und letzten Endes auch seine Informationen für die Treffen mit seinen Führungsoffizieren hernahm. Dass er Maaß dort auch die Ehefrau Wilfriede ausspannte, macht es für den Liedermacher unmöglich Anderson seinen (doppelten) Verrat zu verzeihen. Diese Unversöhnlichkeit hat ihn zu einem verbittert wirkenden Mann werden lassen, der vorrangig in der Vergangenheit zu leben scheint. Anderson hingegen beharrt im Film darauf sich bei jenen, die er damals verraten hat, nicht entschuldigen zu *können*, da nur die Geschädigten selbst in der Lage wären ihn zu entschulden.

Paul Gratzik hat sich – im Gegensatz zu Sascha Anderson, dessen Stasi-Tätigkeit Anfang der 1990er Jahre durch Wolf Biermann öffentlich gemacht wurde – zwischen 1983 und 1986 vor seinen Berliner Künstlerkollegen, die er damals im Auftrag der Stasi bespitzelt hat, selbst offenbart. Ob sie ihm den Verrat vergeben haben, erfährt man aus der Doku nicht. Dass Gratzik sich diesen selbst nicht verzeihen kann, wird nach Meinung der Verfasserin an seinem derzeitigen, vom Alkoholismus bestimmten Leben in ärmlichen Verhältnissen außerhalb der Gesellschaft deutlich. Unklar bleibt jedoch, warum viele Menschen, die den Film gesehen haben, sich – anders als Esau in der oben genannten Geschichte – davon nicht rühren lassen und sich damit einer möglichen Versöhnung, die letzten Endes auch eine Erlösung und Befriedung des erlebten Leids wären, verweigern?

Offenbar braucht auch die einseitige Vergebung, die die Voraussetzung für eine wechselseitige Versöhnung ist, mehr als die Wiedergutmachung erlittenen Unrechts, sie braucht das Wohlwollen der Geschädigten, kurz gesagt: deren Gnade.[17]

Anmerkungen

1 Diese Frage bezieht sich nicht nur auf die Gesellschaft der ehemaligen DDR, sondern auch auf den Umgang mit Verrätern in einer Gesellschaft im Allgemeinen.
2 Vgl. ILSE JUNKERMANN, „Wir sind Kirche – in Luthers Heimat", Bericht zur 3. Tagung der I. Landessynode der EKM vom 18. bis 21. November 2009 in Wittenberg, http://www.ekmd.de/kirche/landesbischoefin/berichte_synode/, (Stand: 17.05.2015).
3 Ebd.
4 Bei einer Podiumsdiskussion im Augustinerkloster in Erfurt am 13.02.2012 wurde ihr von einem der anwesenden Zuhörer sogar angeraten, besser „noch sehr lange zuzuhören", bevor sie als gebürtige Westdeutsche in dieser Sache ehemaligen DDR-Bürgern Ratschläge erteile, was wohl die möglichen Schwierigkeiten einer diesbezüglichen Vermittlung durch Menschen, die das Spitzel-System der Stasi selbst nicht erlebt haben, verdeutlicht. Vgl. VOLKHARD PACZULLA, „Versöhnung ausgeschlossen", in: *Ostthüringer Allgemeine*, 15.02.2012.
5 Ebd.
6 „Erst mal müssen die Karten auf dem Tisch liegen". Marianne Birthler im Gespräch mit Jochen Spengler, Deutschlandfunk, Beitrag vom 15.01. 2009, unter: http://www.deutschlandfunk.de/erst-mal-muessen-die-karten-auf-dem-tisch-liegen.694.de.html?dram:article_id=66702, (Stand: 17.05.2015).
7 VERA LENGSFELD, „Der reuelose Spitzel", http://www.achgut.com/dadgdx/index.php/dadgd/article/der_reueloser_spitzel/ (Stand: 17.05.2015).
8 Ebd.
9 Vgl. SOUTHERN DOMAIN CC (Hg), „Südafrikas ‚Wahrheits- und Versöhnungskommission'" (2010), abrufbar unter: http://www.suedafrika.net/suedafrika/geschichte/wahrheit-versoehnung.html (Stand: 17.05.2015).
10 Ebd.
11 So etwa in Joh 8,11.
12 Vgl. Joh 13,37; 18,15–18.25ff.
13 Vgl. Joh 21,17.
14 Vgl. dazu 1.Mose 27,6–17.
15 Vgl. 1.Mose 32,25f.
16 „Erst mal müssen die Karten auf dem Tisch liegen". Marianne Birthler im Gespräch mit Jochen Spengler (s. o.).
17 In welchen etymologischen, juristischen, theologischen und säkularen Dimensionen diese gedacht werden kann, zeigt der ebenfalls in diesem Heft erschienene Artikel von JENS KRAMER über *„Die Lust an der Gnade"*.

Arbeitswelt

SABINE SCHMIDT, ANNE KEMPER

Wir zeigen einige „neuralgische" Punkte auf, die kennzeichnend für die heutige Arbeitswelt sind, und die sich auf der strukturellen, der sozialen und der individuellen Ebene verorten lassen. Es geht dabei z. B. um Reorganisation, um Zusammenarbeit, um die Einstellung zur Arbeit. Die Rede über die Arbeitswelt ist in der empirisch orientierten (wirtschafts- und sozial-)wissenschaftlichen Welt dominiert von der Leitfrage der Effizienz. Der geisteswissenschaftliche Diskurs hingegen scheint häufiger (unausgesprochenen) Dogmen einer ausgreifenden Kapitalismuskritik verpflichtet zu sein. Anstelle damit einhergehender Blickverengungen oder -verzerrungen versuchen wir, Fragestellungen zuallererst zu eröffnen. Unsere Beschreibungen sollen erst einmal „nur" den Raum skizzieren, in dem sich heute viele Menschen bei der Arbeit bewegen, der ihre Erfahrung mit Arbeit prägt. Folgen für die Menschen, ihr Handeln, ihre Rollen in Organisationen und Unternehmen werden aufgezeigt, Perspektiven weitergehender philosophischer Erörterungen werden kenntlich gemacht.

Nachrichten über die Welt der Wirtschaft und Unternehmen beanspruchen einen immer größeren Raum. Alles dreht sich um Zahlen, Daten und Fakten, Abstürze, Aufstiege, Börsenkurse. Es ist eine mittlerweile banal anmutende Feststellung, dass sich das Leben der meisten Menschen an der und auf die Arbeitswelt hin orientiert. Einen Großteil ihrer Lebenszeit verbringen sie „auf der Arbeit" – die Zahlen für Europäische Länder variieren zwischen 28 und 45 Jahren[1]. Erfahrungen und Lehren aus der Organisation von Unternehmen werden flächendeckend auf andere gesellschaftliche Bereiche übertragen; Universitäten, das gesamte Verwaltungswesen, „NGOs", selbst das politische „Geschäft" bedienen sich zunehmend der Terminologien, Sichtweisen und Verfahren, die für Unternehmen propagiert und in ihnen praktiziert werden.

Die derzeitigen sozialwissenschaftlichen Diskurse zur Arbeitswelt sind größtenteils am Effizienz-Paradigma ausgerichtete Forschungen, die sich beispielsweise mit Teamzusammensetzungen und Managementpraktiken auseinandersetzen, aber auch mit negativen Aspekten der heutigen Arbeitswelt wie der in den vergangenen Jahren häufig diskutierten „Burnout"-Thematik. Vereinzelt gibt es noch Programme, die sich einer Beschreibung von Arbeits-„Welten" widmen – als Beispiele genannt seien hier das Institut für Sozialanthropologie an der Universität zu Bern mit dem Schwerpunkt „Anthropologie der Arbeit" und der mittlerweile abgeschlossene ethnologische Forschungsschwerpunkt „Arbeit in Afrika" an der Universität zu Bayreuth.

Erstgenannte Arbeiten bewegen sich innerhalb eines engen Orientierungsrahmens, der eine klare Zielsetzung vorgibt. Die Arbeitswelt in ihrer jetzigen Verfassung wird dabei normativ kaum in Frage gestellt oder in einem größeren Kontext reflektiert, die Konzentration auf „Effizienzdefizite" und auf die Erforschung der Möglichkeiten ihrer Überwindung ist dominant.[2] In den anderen oben genannten

Programmen entstehen empirisch reichhaltige Beschreibungen, die jedoch im Hinblick auf ihre theoretischen Grundannahmen und mögliche praktische Schlussfolgerungen weniger aufschlussreich sind.

Auf der anderen Seite des Spektrums stehen „globale", dem Geist einer Kapitalismuskritik verpflichtete Studien, die den „schönen Schein der Arbeitswelt", d. h. moderne Formen der Entfremdung durch Arbeit, das verlorene, isolierte, manipulierte und verunsicherte Individuum thematisieren. Alle möglichen „sozialen Pathologien" und „Verwerfungen" werden einer Form der Wirtschaftsorganisation („Kapitalismus") bzw. seiner heutigen Spielart, die mit Schlagworten wie „globaler Kapitalismus", „Neoliberalismus" u. a. m. bezeichnet wird, angelastet. Eine dabei um sich greifende „Schlagwörterei" verhindert oft ein genaues Hinschauen und befördert zum Beispiel die Verklärung früherer Arbeits„umstände", die auch schon, je nachdem, was man unter „Kapitalismus"[3] versteht, im Rahmen früher kapitalistischer Wirtschaftsordnungen zu verorten sind. Hier fehlen zumeist weitergehende Klärungen.[4] Tendenziell wird durch die Fixierung auf das Feindbild „Kapitalismus" komplett übersehen, dass die Arbeitsbedingungen auch in anderen, früheren oder gegenwärtigen Wirtschafts- und Organisationsformen nicht immer besonders schön für die Menschen waren bzw. sind. Darüber hinaus verhindert die Kritik, die sich nur *gegen* ein System richtet, die Formulierung der Vorstellung dessen, wie es anders geht.

Wie sieht die heutige Arbeitswelt aus? Wie geartet sind die Erfahrungen, die Menschen in der Arbeitswelt machen? Selbstverständlich gibt es nicht *die* Arbeitswelt – Betriebsgrößen, Branchen und dementsprechend die Organisationsformen sind bereits in Europa sehr unterschiedlich. Wir rekurrieren hier eher auf größere, global agierende Unternehmen, dennoch sind die gemachten Beobachtungen auch in Unternehmen und Organisationen mittlerer und kleinerer Größe von Bedeutung, weil die gängigen Diskurse sich, wie gesagt, an größeren Unternehmen orientieren, diese mithin Paradigmen bilden.

Reorganisation

Auf der strukturellen Ebene beherrscht das Phänomen der Reorganisation die Tagesordnung vieler Unternehmen und bildet einen besonders wirkmächtigen Erfahrungskontext im Arbeitsalltag.

In der Öffentlichkeit werden Reorganisationen meistens mit Entlassungen gleichgesetzt. Das ist jedoch keineswegs zutreffend. In vielen Unternehmen werden jährlich Rückstellungen für diese Maßnahmen gebildet, sie gehören mittlerweile zur „guten Unternehmenspraxis" und prägen den Unternehmensalltag. Zu Anfang beinah jedes Geschäftsjahres werden beispielsweise die Abteilungen etwas verändert – Menschen und Aufgaben werden von A nach B verschoben, Zuschnitte manchmal nur geringfügig angepasst, Abteilungen fallen weg, neue Abteilungen entstehen, manchmal werden nur neue Bezeichnungen für die bestehenden Organisationseinheiten eingeführt. Diese Maßnahmen werden mit einer besseren Anpassung an Marktgegebenheiten und einer effizienteren Bündelung von Kompetenzen begründet. Sie orientieren sich an neuen Managementtrends, reflektieren technologische Entwicklungen, sind rhetorisch immer ein Zeichen dafür, dass sich das Unternehmen auf der Höhe der Zeit bewegt, „best practices" berücksichtigt und zukunftsfähig ausgerichtet wird – was immer das im Einzelnen bedeuten mag.

In der Praxis bedeutet dies für die Betroffenen zuallererst, dass die tägliche Arbeit („business as usual") weiterlaufen muss und die Reorganisationen eine zusätzliche Herausforderung darstellen. Die Kolleginnen und Kollegen, die gestern noch Ansprechpartner für eine bestimmte Thematik waren, sind es heute nicht mehr, Verantwortungsbereiche haben sich geändert und erfordern ein Ausloten neuer Handlungsspielräume. Selten ändert sich das, was zu tun ist, also die Arbeit im engeren Sinne. Es wundert daher nicht, wenn die Reorganisationen, unabhängig davon, ob Arbeitsplätze gefährdet sind, nicht flächendeckend geliebt werden. Dennoch lässt sich nicht leugnen, dass sie auch als Chance wahrgenommen werden. Was für den einen eine Mehrbelastung bedeutet, kann für die andere eine Bereicherung darstellen: Routinen werden aufgebrochen, neue Arbeitsfelder erschlossen, Chancen zur persönlichen Weiterentwicklung eröffnen sich, dauerhafte Verhärtungen im Verhältnis Führungskraft – Mitarbeiter können dadurch verhindert, ein höheres Maß an Eigenständigkeit gefördert werden.

Je nach Position (Topmanagement, mittleres Management, andere Mitarbeiter) werden diese strukturellen Veränderungen mit unterschiedlichen Deutungen verknüpft und bergen unterschiedliche Risikopotentiale.

Für höhere Managementebenen sind Reorganisationen ein Praxisfeld, in dem die Akteure ihrer Handlungsfähigkeit gewahr werden. Ihre Aktionen sind sichtbar und für die Mitarbeiter/innen spürbar. Es wird darüber gesprochen: „Wir tun etwas." Abgesehen von der ständigen Bewegung, die in die Organisation gebracht wird, verhindert die Häufigkeit der Reorganisationen tendenziell, dass sie die beabsichtigte Wirkung entfalten können. Mit welcher Zielsetzung auch immer angestoßen, benötigen sie erfahrungsgemäß wenigstens ein Jahr, um wirksam zu werden und eine Bewertung der Wirksamkeit zu erlauben. Bei größeren Reorganisationen spricht man von zwei Jahren. Der Rhythmus, in dem sie vorgenommen werden, ist aber wesentlich schneller. Sie können also die gewünschte Wirkung oft gar nicht entfalten. Das ist allen Beteiligten klar, auch wenn selten offen darüber gesprochen wird. Das Handeln findet häufig seine Bestätigung im Handeln selber, nicht aber in einer (überprüfbaren, verhandelbaren) Zwecksetzung und -erreichung.

Auf der Ebene des mittleren Managements sind die Auswirkungen anders geartet. Selten findet eine gestalterische Einbeziehung in die Entscheidungen für Reorganisationen statt. Eine Verbindung zwischen dem eigenen Handeln und der „verordneten" Veränderung ist nicht vorhanden. Die unmittelbare operative Verantwortung sowie Personalführung machen den „Verantwortungsraum" des mittleren Managements aus. Es sind also die mittleren Manager, die für nicht von ihnen getroffene Entscheidungen argumentativ (und operativ) geradestehen müssen.

Unternehmerische Verantwortung, die ja einen Teil des Reizes von Managementpositionen ausmacht, ist hier eingeschränkt. Für Führungskräfte bedeuten die Reorganisationen sehr häufig einen Wechsel der Personen, für die sie verantwortlich sind. Eine gewisse Beliebigkeit ist der Eindruck, der bei den Mitarbeiter/innen ankommt. Rückzug insbesondere des mittleren Managements kann eine Strategie sein: Nach oben hält man sich gleichermaßen bedeckt wie nach unten – und zur Seite. Häufig findet man in den Kreisen des mittleren Managements eine ängstliche Stimmung, mehr noch als bei den Mitarbeiter/innen. Sie äußert sich darin, dass Meinungen zu Sinn und Zweck von Reorganisationen tendenziell eher nicht geäußert werden – konträr zu den „Guidelines", den „Werthaltungen" einer offenen Unternehmenskommunikation, die oft an ebenso vielen Orten propagiert wie nicht praktiziert wird.

Eine andere Folge ist nicht selten eine Art von „Anarchie" – Führungsstrukturen und Hierarchien werden nur noch als periphere Gegebenheiten wahrgenommen, als Hintergrundrauschen, dem keine tiefergehende Bedeutung beigemessen wird, mit dem man sich arrangieren muss. Oder es bilden sich persönliche Netzwerke unabhängig von Hierarchien und Organisationseinheiten, die immun gegen die ständigen strukturellen Veränderungen sind.

Je weiter nach „unten" man in der Hierarchie gelangt, desto mehr nimmt die Tendenz zu, sich mit der Sinnhaftigkeit von Anweisungen, die Reorganisationen betreffen, nicht mehr auseinanderzusetzen. Die Verbindung zwischen dem Topmanagement und großen Teilen der Belegschaft ist in großen Unternehmen tendenziell brüchig. Infolgedessen werden Werbekampagnen von Kommunikationsabteilungen für anstehende Veränderungen „weiter unten" häufig als Augenwischerei wahrgenommen.

Zusammenarbeit

Ein weiteres interessantes Themenfeld ist die Zusammenarbeit in Unternehmen. Kaum ein Unternehmen, in dem nicht die Zusammenarbeit als immer währende Optimierungsbaustelle im Gespräch wäre. Stärkung von Teams, Teamgeist, sozialer Kompetenz – all diese Bemühungen basieren auf der einfachen Einsicht, dass Unternehmen und ihr Erfolg nicht aus einer Ansammlung von egozentrischen Akteuren resultieren, dass vielmehr in einer arbeitsteiligen Welt funktionierende Zusammenarbeit essentiell ist. Ich bin darauf angewiesen, dass die Kollegin mir rechtzeitig bestimmte Ergebnisse liefert, die ich für meine Arbeit benötige. Ich bin auch darauf angewiesen, dass ich mich bei der Arbeit in einem sozialen Klima wiederfinde, in dem ich mich zumindest unbeschadet bewegen kann und das von einem respektvollen Umgang geprägt ist. Zusammenarbeit bedeutet darüber hinaus, dass mehrere Menschen an einer Sache arbeiten – d. h. dass sie sich in einer Gruppe bewegen, sich austauschen, Ansichten anderer stehen lassen und sich selber einbringen können.

Noch jedes Mal verzweifelt die Ingenieursabteilung, wenn aus der Fabrikhalle die Männer in den Blaukitteln anrücken und sich über nicht umsetzbare Konstruktionsvorgaben beschweren. Die „Blaukittel" wundern sich über die Praxisferne der Planer. Beide Abteilungen sind guten Willens, aber nicht in der Lage, sich in die Situation der jeweils anderen hineinzuversetzen. Hier haben wir die Situation, dass Zusammenarbeit in den jeweiligen Abteilungen funktioniert, nicht aber über Abteilungen hinweg. Sehr schnell werden gruppenbezogene negative Zuschreibungen vorgenommen („die wollen ja nicht, sind zu blöd", usw. usf.), die es schwer machen, aufeinander zuzugehen. Oder im Sekretariat weiß niemand den Verantwortlichen für eine bestimmte Angelegenheit zu nennen, schlichtweg, weil die Information dort fehlt, wo sie gebraucht wird. Informationswirrwarr, Überhäufung, Unklarheiten bezüglich Kompetenzen, gepaart mit einem Mangel an „Instrumenten", um Verantwortung wahrnehmen zu können, prägen nicht selten das Bild.

Es gibt verschiedene Ursachen für diese Mängel in der Zusammenarbeit, unklare Vorgaben sind nur ein Beispiel. Hinzu kommt der Mangel an etwas, was Richard Sennett in seinem Buch „Together" als „dialogische Skills"[5] bezeichnet, ein präziserer Ausdruck als die viel geforderte „soziale Kompetenz". „Dialogische Skills" beziehen sich auf den Umgang mit den anderen, und dazu gehört die Fähigkeit, nicht nur über das Können („Sachbezogenheit") nachdenken und sprechen zu können, sondern auch über das „Sein" („Bezug auf Begegnungen").[6]

„Gut-dastehen-Wollen"

Und nun zu einem dritten Phänomen, das hier nur gestreift werden kann, und das eher auf der individuellen Ebene zu verorten ist: Das Phänomen des „Gut-dastehen-Wollens", in den Augen von anderen bestehen zu wollen – dieses Motiv bestimmt in nicht geringem Ausmaß das Agieren von Menschen in Unternehmen – und zwar auf allen Unternehmensebenen. Bei aller Nachvollziehbarkeit des Wunsches, von anderen angemessen wahrgenommen und in der eigenen Arbeit richtig beurteilt zu werden, nimmt dieses Bestreben dort überhand, wo die Zufriedenheit mit und bei der Arbeit weitaus weniger in der (gelingenden) Arbeit gesucht wird als in der Zustimmung und Anerkennung durch andere; überspitzt gesagt: „Egal was ich da gerade mache, Hauptsache ich stehe gut da." Damit verknüpft ist das Thema der individuellen Verantwortung, der Verantwortung für sich selbst und gegenüber anderen. Werden Fehler gemacht, ist es eine weit verbreitete Praxis, die Verantwortung bei anderen zu suchen. Sieht man sich mit unsinnigen Vorgaben konfrontiert, schweigt man lieber, als nachzufragen. Die entgegengesetzte Haltung, das Rebellentum, eine ständige situationsblinde Protesthaltung, ist auf der anderen Seite ebenso kontraproduktiv wie das selbstschädigende Übernehmen einer (Über-)Verantwortung, die praktisch kaum einzulösen ist. Mit „Selbstoptimierung" allein kommt man hier nicht weiter; es reicht in diesem Zusammenhang nicht, eine in der Ratgeberliteratur propagierte Perfektionierung der eigenen Leistungs- und Durchsetzungsfähigkeit zu betreiben.

Resümee

Eine in der Arbeitswelt und den Diskursen darüber zu beobachtende Schwammigkeit von Begriffen, Begründungen und Zwecksetzungen hängt nicht zuletzt mit der gängigen Bedeutungsüberfrachtung[7] von Arbeit zusammen. Diese resultiert in der Praxis häufig in Aktionismus und einem bei vielen Mitarbeitern nach wie vor unhinterfragten Streben nach Bestätigung durch Erfolg. Angesichts dieser Gemengelage stellt sich darüber hinaus die Frage, wie Kapitalismuskritik mit dem geschilderten Unbehagen in der Arbeitswelt zusammen gedacht werden kann. Kapitalismus gibt es in vielen Spielarten, und in der rezenten Kritik am „Neoliberalismus"

(„Raubtierkapitalismus") geht es zumeist um Fragen von Gerechtigkeit, Macht, Ausbeutung und um einen zerstörerischen Umgang mit der Natur. All die genannten Dimensionen, deren Bedeutsamkeit nicht in Frage gestellt zu werden braucht, hängen zwar zusammen, klaffen aber auch weit auseinander, d. h. reduktionistische Erklärungsversuche führen nicht weiter, und unmittelbare Überführungen von arbeitsphilosophischen Fragen in Systemfragen, die ins Feld der politischen Philosophie und der Wirtschaftsphilosophie führen, wären zumindest naiv.

Sich dies klarzumachen, kann den Blick öffnen. Dann fällt auf, dass sich aus den genannten drei Phänomenbeschreibungen immer Fragen ergeben, die einen klaren sozialen Fokus beinhalten. Jedes Mal kann man sich fragen: Wie gehen Menschen hier mit sich und anderen um? Diese (psycho)soziale Frage lässt sich nicht auf den kommunikativen Aspekt von Arbeit beschränken, es geht im weiteren Sinne um Interaktion und Kooperation. Würde man stärker in diese soziale Richtung denken, dann würden sich Fragen nach Erfolg, Arbeitsqualität und Arbeitszufriedenheit anders stellen lassen. Erfolg z. B. wäre längst nicht mehr als eine bloß *individuelle* Angelegenheit zu betrachten, was er in Unternehmen auch längst nicht mehr ist. Es ist fraglich, ob Diskurse zum Thema „Bestätigung" oder „Selbstgewissheit durch Erfolg", wie sie durch Max Webers umstrittene Thesen zu den religiösen Fundamenten des Leistungsprinzips vorgeprägt sind, dafür ein ausreichendes begriffliches Instrumentarium bieten. In der Unternehmenspraxis spiegelt sich die mangelnde Zurkenntnisnahme des kooperativen Erfolgsaspektes in den Widersprüchen zwischen individuellen Vergütungen und Vergünstigungen einerseits und den starken Erfordernissen von gelingender Zusammenarbeit in Unternehmen andererseits wider. Diese Widersprüche sind durch Teambildungsmaßnahmen allein nicht aus der Welt zu schaffen. Im Zusammenhang damit könnten Themen wie „Arbeitsqualität" und „Arbeitszufriedenheit" aus der bloßen „Komfortecke"[8], in die sie momentan gerne geschoben werden, herauskommen. Die Frage nach dem Miteinander und, in direktem Zusammenhang damit, dem Haushalten mit individuellen Ressourcen, würde stärker in den Mittelpunkt rücken.

Denn es existiert längst eine neue Arbeitswelt, die auf ein hohes Maß an Interaktionsfähigkeit angewiesen und in vielen Bereichen von einem erstaunlichen Maß an Gelingen geprägt ist, und zwar auf der Basis hochdifferenzierter technischer, digitaler und organisatorischer Infrastrukturen. Die alte Weisheit, dass man in Arbeitsorganisationen nicht nur berufliche Fertigkeiten, sondern auch soziale Tugenden erwerben kann, gewinnt hier eine nachgerade ungeahnte Aktualität, die keineswegs eine bloße Neuauflage darstellt. Hier liegt ein großes Potential – hier ist aber auch Vieles unreflektiert, sowohl in struktureller als auch in anthropologischer Hinsicht.

Das heißt, nicht nur die unbestreitbar vorhandenen Risiken, sondern auch die Chancen dieser digital gestützten Entwicklungen sollten wahrgenommen werden und nicht zuletzt in philosophischen und sozialwissenschaftlichen, in unternehmens- und führungsethischen Überlegungen Platz finden und konstruktiv kritisch erörtert werden. Dazu gehört auch die Frage nach Möglichkeiten zur Freisetzung und Förderung von Energien und kooperativen Möglichkeitsräumen. Denn Ideen und eine Bereitschaft zum Engagement in Richtung zukunftsweisender, einer freieren und gerechteren Welt dienender, kultursensitiver und umweltschonender Initiativen sind bei vielen Mitarbeitern/innen und Managern/innen in nicht geringem Ausmaß vorhanden. Diese Möglichkeitsräume können eröffnet werden durch den Abbau von (gegenseitigen) Blockierungen der Handlungsfähigkeit, von Aktionismus, Arbeitshetze, Methodenzwängen, hinderlichen Standardisierungen und durch ein höheres Maß an Abstimmung untereinander auf höheren Führungsebenen. Aber auch dadurch, dass jede/r einzelne Mitarbeiter/in seine/ihre individuelle Selbstbestimmung und Handlungsfähigkeit (wieder) entdeckt durch einen reflektierteren Umgang mit den Themen „Arbeit", „Lebenszeit", „Technik", „Interaktion" und durch ein von mehr Vertrauen, Freude und Freundlichkeit geprägtes Miteinander. Könnten um Differenzierung und Praxisnähe bemühte philosophische und andere wissenschaftliche Studien, beispielsweise zu den genannten Phänomenen, einen höheren Beitrag dazu leisten als bisher, wäre mehr gewonnen, als viele Menschen in und außerhalb von Unternehmen noch zu denken scheinen.

Anmerkungen

1 Quelle: Eurostat; http://appsso.eurostat.ec.europa.eu/nui/show.do?dataset=lfsi_dwl_a&lang=de (25.08.2015).
2 Z. B. Studien zu demographischem Wandel, Fachkräftemangel u.a.m.
3 S. dazu bspw. die Arbeiten von F. BRAUDEL: Sozialgeschichte des 15.–18. Jahrhunderts, München: Kindler 1985–1986 (3 Bände: Bd. 1: *Der Alltag*, 1985; Bd. 2: *Der Handel*, 1986; Bd. 3: *Aufbruch zur Weltwirtschaft*, 1986).
4 Vgl. dazu auch HANS-DIETER GELFERT, *Kleine Kulturgeschichte Großbritanniens*, München: C.H. Beck 1999, S. 250ff.
5 RICHARD SENNETT, *Together: The Rituals, Pleasures and Politics of Cooperation*, New Haven & London: Yale University Press 2012, S. 6; vgl. anders auch ENRICO SPERFELD, *Arbeit als Gespräch*, Freiburg/München: Verlag Karl Alber 2012.
6 GERHARD SCHULZE, *Die beste aller Welten*, München/Wien: Hanser 2003, S. 343ff.
7 In der Diskussion fällt auf, dass „Arbeit" kaum mehr als Notwendigkeit reflektiert wird – als eine Tätigkeit, die die meisten Menschen nach wie vor ausüben, um ihren Lebensunterhalt zu bestreiten. Die Arbeit wird vornehmlich als Schauplatz für vielfältige Wünsche, Ambitionen und Erwartungen (Selbstverwirklichung, gesellschaftliche Teilhabe, Sinn, Erfüllung, Anerkennung, Spannung etc.) thematisiert.
8 Gemeint sind z. B. individuelle Vergünstigungen und „Spielfelder" für Kreativität und Selbstverwirklichung, mit denen man nach wie vor Fachkräfte zu gewinnen sucht.

Max Weber, die Scharia und Aspekte islamischer Wirtschaftsethik
Eine kritische Würdigung der Beobachtungen Max Webers

Idris Nassery

> „Nicht der Islam als Konfession der Individuen hinderte die Industrialisierung...
> Sondern die religiös bedingte Struktur der islamischen Staatengebilde,
> ihres Beamtentums und ihrer Rechtsfindung."
> (Max Weber)[1]

Zwar verfasste Max Weber keine Monografie über den Islam, jedoch beabsichtigte er dies sehr wahrscheinlich, soweit ihm mehr Lebenszeit geblieben wäre. Denn bereits im Rahmen seiner Auseinandersetzungen mit der Wirtschaftsethik der Weltreligionen lagen Weber umfangreiche Recherchen über den Islam vor. Jedoch erfuhren seine allenfalls fragmentarischen Bemerkungen über den Islam bisher wenig bis keine Resonanz in der islamischen Theologie. Dies erscheint wenig überraschend. Denn es bedarf enormer Anstrengungen, um die wesentlichen Aspekte der Islamanalyse Webers aus den zumeist verstreuten und unverständlichen Aussagen freizulegen. Gegenstand der vorliegenden Auseinandersetzung soll daher der Versuch sein, in einem ersten Schritt die Ansichten Webers bezüglich des Islams als Kriegerreligion grob zu umreißen, sodann seine Ansichten hinsichtlich des Zusammenspiels des islamischen Rechts und wirtschaftlichen Handelns kritisch zu würdigen und schließlich dieses in Relation zu einigen Aspekten islamischer Wirtschaftsethik zu setzen.

Für Max Weber war es im Rahmen seiner religionssoziologischen Abhandlungen zu den Kulturreligionen geradezu unvermeidbar, sich mit dem Islam auseinanderzusetzen. Ein zusammenhängender Text oder monografische Skizzen, die sich allein dem Islam widmeten, sind allerdings daraus nicht hervorgegangen. Vielmehr beschränkten sich die Ausführungen Webers zum Islam auf fragmentarische und zumeist allein vergleichende Bemerkungen, die sich im Wesentlichen verstreut in seinen Werken „Die protestantische Ethik und der Geist des Kapitalismus" und seinem *opus magnum* „Wirtschaft und Gesellschaft" finden lassen.[2] Diese unter dem Vorbehalt des Antagonismus zu den okzidentalen Kulturerscheinungen stehenden und von Eurozentrismus geprägten Islam-Thesen Webers,[3] die zudem im Kern auf sekundär vermittelte Abhandlungen von Orientalisten zurückgeführt werden können,[4] haben bis heute lediglich zu einer überschaubaren Anzahl von wissenschaftlichen Auseinandersetzungen mit den Aussagen Webers zum Islam geführt.[5] Nun scheint eine Bündelung zusammenhangloser und zumeist vergrabener Bemerkungen Webers zum Islam in seinen von Unverständlichkeit und zugleich von eindrucksvoller Gelehrsamkeit geprägten Werken sicherlich unter vielerlei Gesichtspunkten kein einfaches Unterfangen zu sein, doch hatten die Thesen Webers bezüglich des Islams nicht nur enormen Einfluss auf die Entwicklung vieler Theorien und Ansätze über die Religion des Islam,[6] sondern es finden sich noch heute geradezu identische und nicht selten unreflektierte Aussagen bei einigen Islam-‚Reformern' sowie -‚Kritikern'[7], die es in unserer gegenwärtigen von Negativfokussierung und Feindbildern geprägten gesellschaftlich-politischen Lage notwendig machen, sich mit den Islam-Thesen Webers auseinanderzusetzen. Entsprechend sind Gegenstand der vorliegenden Ausführungen einige zentrale Elemente der Islamanalyse Webers, ohne aber hier in dem begrenzten Rahmen den Anspruch auf Vollständigkeit zu erheben. Vielmehr geht es mir um den Versuch, einige Bemerkungen der Islamanalyse Webers aus genuin islamischer Perspektive kritisch zu würdigen. Dabei widmet sich der erste Teil der nachfolgenden Ausführungen einer fundamentalen Prämisse Webers über den Islam als „Kriegerreligion" und der darauffolgende Abschnitt der Scharia, die nach Weber wesentlich zur wirtschaftlichen Entwicklungsunfähigkeit mehrheitlich muslimisch geprägter Gesellschaften geführt hat. Sodann werden in einem letzten Schritt einige praktisch relevante Aspekte des islamischen Finanzwesens und der Wirtschaftsethik diskutiert.

Islam: Eine Kriegerreligion?

Selbst wenn es gelingt, die Grundzüge von Webers Islam-Thesen zu überschauen, erscheint die von Weber nicht näher ausgeführte Prämisse über den Islam als Kriegerreligion selbst unter Beachtung der methodischen und theoretischen Herangehensweise Webers besonders fragwürdig. So führt Weber im Rahmen seiner Besprechung der Erlösungs- und Prädestinationskonzeption im Islam aus: „Das jenseitige Schicksal des Einzelnen war dagegen schon durch seinen bloßen Glauben an Allah und den Propheten hinlänglich gesichert, und bedurfte daher [...] keiner Bewährung in der Lebensführung: ein rationales System der Alltagsaskese war dieser Kriegerreligion (dem Islam, A.d.V.) ursprünglich fremd."[8] Eine Erläuterung, wie Weber zu dem Konzept einer ‚Kriegerreligion' in Bezug auf den Islam gelangt, lässt sich seinen weiteren Ausführungen nicht unmittelbar entnehmen. Vielmehr erschöpfen sich seine Ausführungen in Darstellungen der Gemeinde der Muslime im frühen Islam, ohne dabei allerdings eine spezifische Periodisierung des Bezugsrahmens abgesteckt zu haben.

Aber selbst bei einem restriktiven Verständnis der Periode ‚früher Islam' unter Bezugnahme auf die Urgemeinde Muhammads erscheint die Einstufung des Islam als ‚Kriegerreligion' verfehlt. Denn betrachtet man sowohl die muslimische Urgemeinde um den Propheten Muhammad und seine Praxis (*Sunna*) als auch die islamische Offenbarungsschrift, den Koran, so wird die verfehlte Zuschreibung Webers offenkundig. Muhammad, Prophet (*nabī*) und Gottesgesandter (*rasūl Allāh*), dem der Koran offenbart wurde, war im Wesentlichen in kaufmännische Tätigkeiten zur Abwicklung von Handelskarawanen involviert.[9] Ebenso galt Muhammads etwa fünfzehn Jahre ältere und zweifach verwitwete Ehefrau *Ḥadīǧa bint Ḫuwaylid*, die er im Rahmen seiner Tätigkeit in den Handelskarawanen kennenlernte, als eine der einflussreichsten Unternehmerinnen und Kauffrauen in ganz Mekka. Die ersten Muslime gingen im Wesentlichen diversen Handelstätigkeiten nach und waren wenig bis gar nicht kriegserfahren.¹⁰ Beispielhaft ist hierfür etwa die Konversion *Abū Bakr aṣ-Ṣiddīqs* zum Islam, erster Kalif nach Muhammads Ableben und zugleich sein Schwiegervater, der durch den Handel mit Stoffen zum wohlhabendsten Mitglied seines Clans wurde und unter anderem durch finanzielles Engagement die Förderung des Islams vorantrieb. Wenn nun der Zugang zum Verständnis der Gesellschaft nicht über die Religion erfolgt, sondern wie bei Weber im Falle des Islams die Religion durch das Verständnis der Gesellschaft interpretiert wird, so erscheint Webers Konstrukt ‚Kriegerreligion' für den ‚frühen Islam' als eine im Wesentlichen aus Händlern bestehende Urgemeinde verfehlt. Auch bei einem weiten Verständnis des Bezugsrahmens ‚früher Islam' ist die Darstellung des Islams als ‚Kriegerreligion' verkürzt und wäre unter Berücksichtigung der gesellschaftspolitischen Geschehnisse simplifiziert.¹¹

Wenn sich Weber nun tatsächlich allein, wie es dem Zitat oben zu entnehmen ist, für die innerweltliche Berufsbewährung interessiert, und ‚der' Islam in den Bezügen Webers diametral andere Entwicklungsmuster aufweist als der Westen,¹² so hätte ein Blick in den Koran oder in die Praxis des Propheten Muhammad und seiner Gemeinde Weber ein differenzierteres Bild vom Islam vermittelt. Denn so lautet ein vielzitierter Ausspruch (*ḥadīṯ*) des Propheten Muhammad: „Kein Handel oder Einkommen ist segensreicher als der durch eigene Hand verdiente."¹³ In dieser Hinsicht ist auch die Koranpassage Sure 53 Vers 39 einzuordnen: „Und dass der Mensch nur empfangen wird, worum er sich bemüht."¹⁴ Folglich ist es schlicht unzutreffend, den frühen Islam auf eine Ethik des Krieges zu reduzieren und die Vielfalt an Einflüssen und Erscheinungsvarianten zu ignorieren.¹⁵ Entsprechend führt Bryan S. Turner treffend bezüglich des Islams aus:

> „[It] was, and continued to be, an urban religion of merchants and state officials; many of its key concepts reflect the urban life of a mercantile society in opposition to the values of the desert and of the warrior. The warrior ethic described by Weber was simply one religious perspective which was regarded with suspicion and hostility by the orthodox."¹⁶

Die missverstandene Scharia

Allerdings sah Weber nicht allein in der Prädestinationslehre des Islams einen hemmenden Faktor für die Etablierung des rationalen Kapitalismus, für ihn bildete gleichermaßen „*[d]ie Herrschaft religiös stereotypierten Rechts [...] eine der allerwichtigsten Schranken für Rationalisierung der Rechtsordnung und also der Wirtschaft*"¹⁷. Dabei kenne der Islam „*der Theorie nach so gut wie kein Gebiet des Rechtslebens, auf welchem nicht Ansprüche heiliger Normen der Entwicklung profanen Rechts den Weg versperrten*"¹⁸. Weber meint ferner, in der islamischen Praxis der „Kadijustiz" den Idealtypus eines willkürlichen und dem Ermessen des Richters bzw. des Herrschers anvertrauten Systems zu erkennen, das eine „*logische Systematisierung des Rechts in formale juristische Begriffe*"¹⁹ unmöglich mache. Ferner ergeben sich nach Weber angesichts der im Islam herrschenden Rechtsuneinheitlichkeit und der nicht erfolgten Trennung zwischen moralischen und rechtlichen Geboten enorme Rechtsunsicherheiten, die ebenfalls eine Rationalisierung des Rechts und mithin der Wirtschaft verhinderten.[20] Entsprechend ordnet Weber im Rahmen seiner Unterscheidung zwischen theoretisch-formalen, empirisch-praktischen und theokratischen Rechtsschulerscheinungen das islamische Recht als theologisch-materiale Erscheinung letzterem zu.[21] Ohne alle Argumente Webers hinsichtlich der Sphärenabgrenzungen bezogen auf das islamische Recht würdigen zu können, soll hier allein die Ansicht Webers, dass die charismatische Rechtsschöpfung im islamischen Recht mit der Schließung der heiligen Tradition durch kasuistische Rechtsbildung ersetzt wurde, näher beleuchtet werden.[22] Bemerkenswert ist bereits vorab, dass Weber, selbst Jurist, den Bezugsrahmen ‚islamisches Recht' in seinen rechtssoziologischen Ausführungen verwendet, ohne dabei eine exakte und notwendige Differenzierung zwischen der Scharia und der islamischen Rechtswissenschaft (*fiqh*) vorzunehmen. Scharia, was häufig fälschlicherweise mit „islamisches Recht" übersetzt wird, meint wörtlich den „Weg zur Quelle" oder den „Weg zum Glauben"[23]. Also ist Scharia der Weg, gemäß dem ein Muslim sein Leben nach Maßgabe des Glaubens ausrichtet. Dies umfasst sowohl die religiöse Praxis (*'Ibādat*) als auch die zwischenmenschlichen Handlungen (*muamalat*). Daher ist unter der Scharia die Gesamtheit der islamischen Normenlehre einschließlich der Methoden für deren Auffindung und Interpretation zu verstehen, mit welcher dieser Weg beschritten werden kann. Die Scharia ist somit das Ganze, das Umfassende und zugleich Ewige, ohne von einem Einzelnen erschöpfend verstanden und manifestiert zu sein. Vielmehr ist es die Aufgabe der islamischen Rechtswissenschaft und mithin der Rechtsgelehrten (*fuqahā'*), die Scharia gemäß der Zeit und des Ortes zu verstehen, die göttliche Botschaft zu erkennen und einsichtig zu machen, um so die sich ergebenden Normen abzuleiten. Daher ist es geradezu essentiell, die Scharia nicht mit der islamischen Rechtswissenschaft gleichzusetzen, da die individuelle Interpretationsmöglichkeit eines Rechtsgelehrten lediglich ein Ausschnitt des „Ganzen" ist und als Menschenwerk dem steten Wandel historisch-geografischer Bedingtheit unterliegt.

Es erscheint dabei wenig verwunderlich, dass sich diverse Zweige (*furū'*) in der islamischen Rechtswissenschaft etabliert haben und ihr mithin die Meinungsvielfalt (*ikhtilāf*) geradezu immanent ist. Dabei kam der autonomen Urteilsbemühung bzw. Interpretationsbemühung (*iğtihād ar-ra'y*) des jeweils befähigten Rechtsgelehrten (*muğtahid*) eine maßgebliche Rolle für die Rechtsfortbildung und Rechtsschöpfung zu.[24] Angesichts dieser der Scharia inhärenten Rechtsdynamik kann die These Webers von der Starrheit der rationalen Rechtsschöpfung in der islamischen Rechtsentwicklung nur schwerlich eingeordnet werden. Sofern Weber mit der „Rechtsschöpfung" die Schaffung eines bisher nicht vorhandenen Rechtssatzes unter der Beteiligung des Gesetzgebers oder im Einzelfall durch einen Richter bzw. Rechtsgelehrten meinte,[25] so muss im Falle des Islams konstatiert werden, dass regelmäßig Richter (*qāḍī*) und Rechtsgelehrte (*muftī*) an der Schaffung des Rechts maßgeblich beteiligt waren. Dies scheint Weber auch treffend erkannt zu haben, wenn er von einem „Juristenrecht" im Islam spricht.[26]

Daher ist zu vermuten, dass Weber die unter den Orientalisten seiner Zeit kursierende Doktrin von der „Schließung der Tore des iǧtihād" (*insidād bāb al-iǧtihād*) als Beleg für die Starrheit der Rechtsschöpfung nach der Schließung der heiligen Tradition angesehen und unreflektiert in seine Rechtssoziologie eingebettet hat. Diese Doktrin, die im Zuge der Konsolidierung der Rechtsschulen im 11. und 12. Jh. Konsens geworden sei, führte nach Ansicht einiger Autoren letztlich zu einem Stillstand der islamischen Rechtsentwicklung.[27] Mittlerweile zeigen viele Untersuchungen, dass sich eine Rechtsfortbildung bzw. Rechtsschöpfung bis ins 17. Jahrhundert bei diversen Rechtsgelehrten belegen lassen und unverkennbar auch eine zentrale Rolle in den Reformbestrebungen vieler muslimischer Denker Anfang des 19. Jahrhundert spielten.[28] Insofern Weber in der vermeintlichen historisch eingetretenen Starrheit der Rechtsschöpfung islamischer Rechtsentwicklung ein wesentliches Hemmnis für die Rationalisierung der islamischen Normativität sah, irrte er sich. Eine fundierte Analyse der rechtsgeschichtlichen Entwicklungen im Islam hätte Weber ein anderes Bild offenbart.

Aspekte islamischer Wirtschaftsethik

Allerdings ging es Weber nicht um eine reflektierte Auseinandersetzung mit dem Islam, vielmehr interessierte er sich im Wesentlichen für die Frage, warum muslimisch geprägte Länder im Gegensatz zum Westen oder genauer zum calvinistisch geprägten Teil des Westens keine kapitalistische Gesellschaftsordnung hervorbringen konnten. Dabei gelangt Weber zu einer seiner Kernthesen, dass die traditionelle islamische Wirtschaftsethik und Wirtschaftsgesinnung mit ihrem Pfründenfeudalismus gegenüber der protestantischen Ethik[29] und dem okzidentalem Lehensfeudalismus nicht nur defizitär war, sondern auch eine hemmende Wirkung für die Etablierung des rationalen Kapitalismus hatte. Dabei ist anders als von Weber beobachtet gewiss nicht in der traditionell islamischen Wirtschaftsethik und Wirtschaftsgesinnung die Ursache für das Fernbleiben einer kapitalistischen Gesellschaftsformation in muslimisch geprägten Staaten zu suchen, sondern allenfalls in islamunabhängigen und mithin exogenen Faktoren wie etwa liberal-ökonomischen und politischen Programmen und industriellen bzw. technologischen Errungenschaften westlicher Staaten. Daher sollen im Folgenden einige wirtschaftsethische Grundsätze, die insbesondere für die aktuellen Entwicklungen des islamischen Finanzwesens charakteristisch sind und zugleich keinesfalls einer marktwirtschaftlichen Entwicklung hinderlich sein müssen, umrissen werden.

Neben dem Verbot des Hortens, der Bildung von Preiskartellen, der Manipulation der Marktpraxis[30] und einigen Anforderungen an das Investitionsverhalten wie etwa dem Verbot der Investition in gesellschaftsschädliche Produkte (z. B. Waffen, Tabak, Alkohol, Pornografie etc.), sind die Verbote des *ribā* und *gharar* als elementar für das gesamte islamische Finanzwesen anzusehen. Während sich bei der Umsetzung eines etwaig bestehenden Spekulationsverbots (*gharar*)[31] im Islam nicht notwendigerweise Konfliktlinien mit einer marktwirtschaftlich orientierten Gesellschaft ergeben, werden seitens diverser Wissenschaftler und Praktiker gegen das im Islam bestehende Zinsverbot bzw. Verbot des Wuchers (*ribā*) erhebliche Bedenken hinsichtlich der Kompatibilität mit marktwirtschaftlichen Entwicklungen erhoben. Wie Weber zutreffend vermerkt, ist das Verbot des Zins bzw. Wuchers in fast allen Religionen bzw. ethischen Lebenskonzeptionen vorzufinden,[32] jedoch allein in den islamischen Primärquellen[33] apodiktisch festgelegt und vor allem nach wie vor im islamischen Finanzwesen so virulent wie kein anderes Themenfeld.[34] Entsprechend finden sich in Bezug auf das *ribā*-Verbot unterschiedliche Einordnungs- und Interpretationsmöglichkeiten. Dabei reichen die Deutungsmöglichkeiten des *ribā*-Verbots von einer Beschränkung des Begriffs *ribā* in lexikalischer und historischer Hinsicht allein auf die Bedeutung des Wuchers, einer gänzlichen Umgehung des Verbots durch Rechtskniffe oder Aufschlagsfinanzierungen bis hin zu einer Finanzierung auf Gewinn- und Verlustbeteiligungen.[35]

Die gegenwärtigen Tendenzen im Bereich des islamischen Finanzwesens zeigen, dass sich die Praxis durch Scharia-konforme Nachbildung von komplexen konventionellen Produkten und Fonds- bzw. Zertifikatsmodellen im Wesentlichen der Konzeption und den Instrumenten konventioneller Banken und Wirtschaftsinstitute angenähert hat. Zwar entsprechen dabei sicherlich nicht alle Instrumente dem wirtschaftsethischen Anspruch des Islams, und ebenso bedarf es weiterer theoretischer und praktischer Maßnahmen, um die nach wie vor bestehenden Etablierungsschwierigkeiten des islamischen Finanzwesens als einer funktionsfähigen Alternative zum konventionellen Finanzsystem zu verringern. Allerdings kann schließlich resümiert werden, dass abgesehen von besonders spekulativen Transaktionen und Geschäftsgebaren faktisch identische Geschäfte unter ähnlichen kommerziellen Bedingungen im Rahmen des islamischen Finanzwesens abgewickelt werden können, so dass man nach anderen wirtschaftshemmenden Ursachen als der islamischen Wirtschaftsethik und Wirtschaftsgesinnung suchen muss, um die Entwicklungsrückstände gewisser Staaten des Nahen Ostens und Afrikas zu erklären. Vielmehr scheinen die machtpolitischen Rahmenbedingungen in diesen Ländern eine wirtschaftliche Entwicklung und weiterführende Forschungen unmöglich zu machen. Stattdessen können aber in dem bisher wenig erforschten Bereich der islamischen Wirtschaftsethik weiterführende Denkanstöße von Forschern, die ihre Wirkungsstätte im Westen haben, erwartet werden, die im Idealfall auch Rückwirkungen auf die islamische Welt haben.

Anmerkungen

1 Max Weber, *Wirtschaft und Gesellschaft*, Tübingen 1976, S. 651.
2 Vgl. Wolfgang Schluchter, *Max Webers Sicht des Islams*, Frankfurt am Main 1987, S. 12 u. 24.
3 Ebd., S. 25.
4 Die Primärquellen Koran und Sunna lagen Weber durch Sekundärliteratur vor. Insbesondere die islamwissenschaftlichen Auseinandersetzungen von Carl Heinrich Becker, Ignaz Goldziher und Julius Becker waren für Webers Ansicht maßgeblich. Vgl. Schluchter (Hg.), *Webers Sicht des Islams*, S. 18.
5 Erwähnenswert sind hier insbesondere: Toby E. Huff / Wolfgang Schluchter, *Max Weber and Islam*, London 1999; Bryan S. Turner, *Weber and Islam*, London 1998; Schluchter (Hg.), *Webers Sicht des Islams*; Maxime Rodinson, *Islam und Kapitalismus*, übers. von Renate Schubert, Frankfurt am Main 1986.
6 Vgl. für eine kritische Auseinandersetzung: Michael Hill, *A Sociology of Religion*, Heinemann Educational, Michigan 1973, Ira M. Lapidus, *A History of Islamic Societies*, Cambridge 2002.
7 So etwa erst kürzlich: Abdel-Hakim Ourghi, „Der Islam braucht eine kritikfähige Renaissance", Aufgerufen am 03.02.2015 unter: http://www.sueddeutsche.de/politik/religion-und-gewalt-der-islam-braucht-eine-kritikfaehige-renaissance-1.2309352.
8 Weber, *Wirtschaft und Gesellschaft*, S. 347.
9 Der Stamm der *Quraiš*, dem nicht nur Muhammad, sondern eine Vielzahl der ersten Muslime angehörten, war besonders für seine Handelstüchtigkeit bekannt und nicht etwa für ihre Kriegserfolge auf der arabischen Halbinsel.
10 Vgl. Benedikt Koehler, *Early Islam and the Birth of Capitalism*, Lanham 2014, S. 1f. Koehler zeigt, dass der frühe Islam überraschend marktwirtschaftlich orientiert war. Durch die Schaffung einer ganzen Reihe von Wirtschaftsprinzipien und Institutionen wurde nach Koehler ein Wirtschaftssystem durch den Islam geprägt, das im Kern den modernen marktwirtschaftlichen Kapitalismus mithervorgebracht hat.
11 Die friedlichen Expansionen des Islams nach Afrika und Indonesien finden ebenso wenig Berücksichtigung bei Weber wie der Sufismus und andere neuzeitliche reformerische Bewegungen. Vgl. Schluchter (Hg.), *Webers Sicht des Islams*, S. 93.
12 So sieht Wolfgang Schluchter die Islam-Konzeption Webers als ‚Kriegerreligion' bezogen auf die innerweltliche Berufsbewährung, für die sich Weber eigentlich interessiert, als begründet an. Vgl. Schluchter (Hg.), *Webers Sicht des Islams*, S. 93.
13 Muhammad al-Buchari, Ṣaḥīḥ Al-Buchari, Beirut 2007, Buch 1, Hadith Nr. 543.
14 Zugrunde gelegt wird Bobzins Koran-Übersetzung: Hartmut Bobzin (Übers.), *Der Koran*, München: Beck'sche Reihe 2012.
15 Bryan S. Turner, "Islam, Capitalism and the Weber Theses", in: *The British Journal of Sociology*, 1974, Bd. 25, S. 230–243, hier: S. 238.
16 Bryan S. Turner, *Weber and Islam: A Critical Study*, London 1978, S. 172.
17 Weber, *Wirtschaft und Gesellschaft*, S. 349.
18 Ebd., S. 474.
19 Ebd., S. 486, 665.
20 Vgl. Ebd., S. 477.
21 Vgl. Schluchter (Hg.), *Webers Sicht des Islams*, S. 93.
22 Weber, *Wirtschaft und Gesellschaft*, S. 460, 474. Webers These bezüglich der Starrheit der Rechtsschöpfung im islamischen Recht ist ein bisher wenig bis gar nicht behandelter Aspekt seiner Rechtssoziologie.
23 Der Begriff *Scharia* findet im Koran lediglich einmal in der Sure 45:18 Erwähnung und wird häufig von den Exegeten mit *Pfad*, *Weg* oder *Methode* wiedergegeben.
24 Vgl. Abbas Poya, *Anerkennung des Iǧtihād : Legitimation der Toleranz. Möglichkeiten innerer und äußerer Toleranz im Islam am Beispiel der Iǧtihād-Diskussion*, Berlin 2003.
25 Vgl. die Definition bei Günther Hirsch, *Rechtsanwendung, Rechtsfindung, Rechtsschöpfung: Der Richter im Spannungsverhältnis von Erster und Dritter Gewalt*, Heidelberg 2003.
26 Weber, *Wirtschaft und Gesellschaft*, S. 475.
27 Joseph Schacht, *An Introduction to Islamic*

Law, Oxford 1964, S. 70f.

28 Neben vielen anderen: WAEL HALLAQ, „Was the gate of ijtihad closed?", in: *International Journal of Middle East Studies* 1984, S. 3–41.

29 Für den Umstand, dass die protestantische Ethik von tragenden Elementen christlicher Moralkonzeption abweicht, schient Weber wenig Interesse zu haben. Hier sei allein auf den maßgeblichen Umverteilungsgedanken im Christentum verwiesen: Vgl. hierzu u. a. Lukas, Kapitel 12, Vers 33f.

30 Vgl. MAHA-HANAAN BALALA, *Islamic finance and law. Theory and practice in a globalized world*, London 2011, S. 26–27.

31 Ein Verstoß gegen das Spekulationsverbot soll dann vorliegen, wenn etwa Vertragsgegenstand, Preis oder Vertragspartner und somit die *essentialia negotii* eines Vertrags nicht erkennbar festgelegt worden sind und daher Unsicherheit über diese unter den Vertragspartnern besteht. Ferner gelten als Anhaltspunkte für das Vorliegen eines Verstoßes gegen das Spekulationsverbot das Bestehen von Unsicherheiten bezüglich Menge, Wesen, Verfügbarkeit, Existenz und Konkretisierung des Vertragsgegenstands sowie bei Unsicherheiten über Erfüllbarkeit der Leistung bzw. Gegenleistung als auch bei nicht eindeutigen Vertragsbedingungen bzw. AGB.

32 Vgl. WEBER, *Wirtschaft und Gesellschaft*, S. 352.

33 Maßgeblich für das Verbot sind die vier Passagen des *Koran* in der Sure 2 Verse 275–279, Sure 3 Verse 130–131, Sure 4 Verse 160–161 und Sure 30 Vers 39. Ebenso finden sich zahlreiche Aussprüche des Propheten, die jeweils die Ausführungen des Korans konkretisieren.

34 Exemplarisch sei hier auf ABDULKADER THOMAS (Hg.), *Interest in Islamic Economics. Understanding ribā*, London 2006, verwiesen.

35 Ebd.

Webers Protestantismusthese und die Wahrnehmung des Individuums
Ein kognitionspsychologischer Ansatz
Stefan Scherbaum, Maja Dshemuchadse

Unsere psychologische Untersuchung der Protestantismusthese Webers stellt das Bindeglied zwischen Leistungsgesellschaft und Religion in den Blickpunkt – den einzelnen Menschen. Mittels einer systemtheoretischen Sichtweise verknüpfen wir die makroskopische Ebene der religiösen Ethik mit der mikroskopischen Ebene der Kognitionspsychologie, um Interaktionen zwischen diesen Ebenen zu analysieren, welche besonders in neuerer Zeit empirisch belegt wurden: So geht das protestantische Bekenntnis einher mit bestimmten Wahrnehmungs- und Handlungstendenzen, wie z. B. der Fokussierung auf Details und der Ausrichtung des Handelns auf langfristige Ziele. Wir führen in den systemtheoretischen und kognitionspsychologischen Ansatz ein, referieren grundlegende kognitionspsychologische Befunde in Bezug auf Webers Protestantismusthese und fügen diese in ein Gesamtbild anhand eines kognitionspsychologischen Modells zielorientierten Verhaltens ein.

Weber warf in seinem Werk „Die protestantische Ethik und der Geist des Kapitalismus"[1] die Frage nach dem Beitrag des Protestantismus zur Entwicklung des Kapitalismus auf. Diese so genannte Protestantismusthese wurde innerhalb der Religionssoziologie quantitativ untersucht.[2] In neuerer Zeit leistet auch die kognitive Psychologie einen Beitrag zu dieser Diskussion, indem sie die Spuren der protestantischen Ethik auf der Ebene kognitiver Verarbeitung und einfacher Entscheidungen verortet.[3]

Wir stellen zunächst eine systemtheoretisch fundierte Sichtweise vor, leiten aus ihr den Wirkzusammenhang von protestantischem Geist und kognitiven Prozessen im Rahmen eines kognitionspsychologischen Modells zielorientierten Verhaltens ab und präsentieren anschließend kognitionspsychologische Befunde zur Auswirkung des protestantischen Geistes.

1. Eine systemtheoretische Sichtweise

Die Theorie dynamischer Systeme betrachtet menschliches Verhalten auf verschiedenen Skalen,[4] z. B. Zeitskalen oder räumlichen Skalen. Dabei ordnet sie Verhalten entsprechend dieser Skalen auf hierarchischen Ebenen ein (siehe Abbildung 1, E1 bis E4) und verbindet die unterschiedlichen Beschreibungen der Ebenen durch einen übergeordneten Denkansatz.[5] Damit bietet sie die Möglichkeit zur Verknüpfung der sonst in verschiedenen Disziplinen verstreuten Forschungsarbeiten. Zentral für die Verbindung der Ebenen ist das Konzept der zirkulären Kausalität: Einerseits bringen Prozesse, die auf der Mikroebene stattfinden, Phänomene auf der Makroebene hervor – entsprechend dem klassisch-reduktionistischen Weltbild der Naturwissenschaften. Andererseits wirken die Phänomene auf der Makroebene mit ihrer eigenen Qualität kausal auf die Elemente der Mikroebene zurück und zwingen diesen ihre eigene Ordnung auf – die Mikroebene wird *versklavt*. Die Rückkopplung der beiden Ebenen bewirkt ein Gesamtverhaltensmuster, das beide Ebenen einschließt – das Phänomen der *Selbstorganisation*. Anschaulich wird dies z. B. am Klatschen der Zuschauer nach einem Theaterauftritt. Aus dem zufälligen Klatschen auf Individuumsebene (E2) entsteht ein rhythmisches Klatschen auf Ebene des Auditoriums (E1). Dieser Rhythmus wirkt auf die Individuumsebene (E2) zurück und *zwingt* den einzelnen Zuschauer, sich dem Klatschrhythmus anzuschließen [6]. Die Elemente der mikroskopischeren Ebene – die Zuschauer – bilden also zusammen ein Muster auf der makroskopischeren Ebene – den Klatschrhythmus – welches auf sie zurückwirkt und sie *versklavt*.

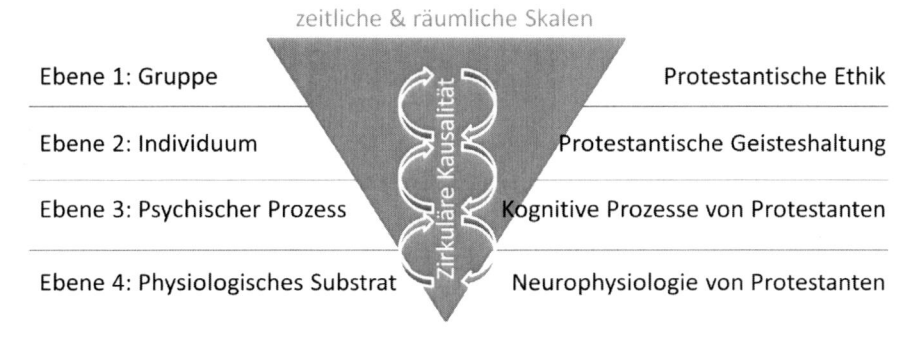

zeitliche & räumliche Skalen	
Ebene 1: Gruppe	Protestantische Ethik
Ebene 2: Individuum	Protestantische Geisteshaltung
Ebene 3: Psychischer Prozess	Kognitive Prozesse von Protestanten
Ebene 4: Physiologisches Substrat	Neurophysiologie von Protestanten

Abbildung 1: Ebenen menschlichen Verhaltens: Gruppen, Individuen und die unterliegenden kognitiven und physiologischen Prozess sind auf verschiedenen räumlichen und zeitlichen Skalen angesiedelt.

Übertragen auf Webers Thesen (siehe Abbildung 1) beziehen sich seine Annahmen zur protestantischen Ethik auf die E1 der Gruppe / der Gesellschaft, wobei Weber bereits in seinen Beispielen die Verbindung zum einzelnen Individuum und seiner Geisteshaltung herstellt und damit zur mikroskopischeren E2. Mittels der kognitiven Psychologie stellen wir die Verbindung dieser beiden Makroebenen (E1 und E2) auf die Mikroebene E3 der kognitiven Prozesse her.

2. Ein kognitionspsychologisches Modell

Um die Ebene 3 näher zu beleuchten, greifen wir auf das Denkmodell der Kognitionspsychologie zurück: die Theorie der Informationsverarbeitung,[7] nach der das kognitive System Informationen aus der Umwelt in so genannten Repräsentationen abbildet. Moderne Theorien verstehen Repräsentationen als neuronale Aktivierungsmuster, welche in Form künstlicher neuronaler Netzwerkmodelle dargestellt werden können.[8] In diesen

Modellen sind drei neuronale Prinzipien von Bedeutung.[9,10] Erstens, das Hebb'sche Prinzip: Das Wissen eines neuronalen Systems wird in der *Stärke der Verbindungen* zwischen seinen Elementen – hier also den Repräsentationen – abgespeichert; beim Lernen erfolgt eine Anpassung dieser Verbindungen. Befindet sich ein Individuum (E2) in einer protestantisch geprägten Umwelt (E1), in der es immer wieder bestimmten Wirklichkeitskonstruktionen in Wahrnehmung und Handlung ausgesetzt ist, so schlägt sich das in veränderten Verbindungsgewichten – sprich Lernen – nieder. Zweitens, das Prinzip des Wettbewerbs: Werden mehrere Repräsentationen gleichzeitig aktiviert, stehen diese miteinander in einem Wettbewerb, der über *laterale Hemmung* ausgetragen wird. Repräsentationen hemmen mit ihrer Aktivierung andere Repräsentationen derselben Ebene umso stärker, je weiter entfernt (im semantischen Sinne) diese Repräsentationen sind. Drittens, das Prinzip der Rückkopplung: Rückkopplungsschleifen innerhalb neuronaler Netze sorgen dafür, dass aktive Repräsentationen sich selbst über einen längeren Zeitraum aufrechterhalten.

Auf diesen Prinzipien basiert das hier verwendete kognitionspsychologische Modell zielorientierten Verhaltens.[11,12] Abbildung 2 zeigt dieses Modell und seine Ebenen, die durch aktivierende und hemmende Verbindungen verschaltet sind. Innerhalb jeder Modellebene hemmen sich Repräsentationen gegenseitig und aktivieren sich selbst. Die Wahrnehmungsrepräsentationen interagieren mit der Zielebene, was einerseits einen Fokus auf zielrelevante Informationen in der Umwelt bedingt, andererseits aber auch zu Veränderungen in den Zielen durch besonders wichtige Informationen führen kann. Ist eine Zielrepräsentation aktiviert, hält sie ihre Aktivierung aufrecht, was zielführende Handlungsrepräsentationen auslöst. Außerdem hemmen Ziele spezifisch nicht zielführende Handlungsrepräsentationen. So unterbinden sie, dass unerwünschte Handlungen von bestimmten Wahrnehmungsrepräsentationen direkt ausgelöst werden. Der Wettbewerb zwischen zielführenden und nicht zielführenden Handlungsrepräsentationen wird schließlich als Konflikt detektiert, in dessen Folge die aktuelle Zielrepräsentation verstärkt wird, um eine stärkere Fokussierung auf das eigentliche Ziel zu erreichen.[13]

Anhand dieses Modells wird ersichtlich, wie sich die Ebene der religiösen Gruppe (E1) mit ihren Werten und Realitätskonstruktionen auf Individuen (E2) und deren kognitiven Systeme (E3) auswirkt. In der permanenten Konfrontation des kognitiven Systems mit den Wahrnehmungs- und Handlungsmustern der religiösen Gruppe passt es sich durch Veränderung seiner internen Verbindungen an diese soziale Umwelt an. Diese Veränderungen wirken auf laterale Hemmung, Selbstaktivierung, Zielorientierung, spezifische Hemmung und Konfliktdetektion. In der Auseinandersetzung mit seiner Umwelt sucht das System nach der Verbindungskonfiguration, die ein energetisches Optimum darstellt,[14] im Falle der religiösen Wertegemeinschaft also ein optimal angepasstes Verhalten an die Wahrnehmungs-

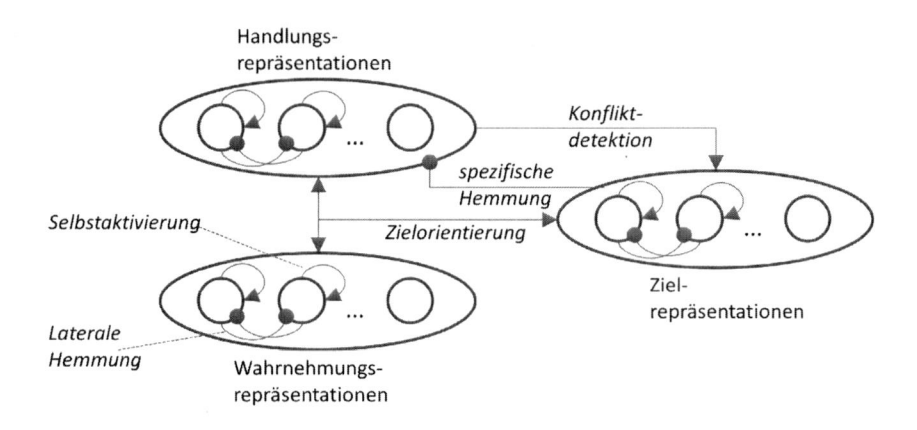

Abbildung 2: Das kognitionspsychologische Modell zielorientierten Verhaltens mit den drei Modellebenen der Wahrnehmungs-, Ziel- und Handlungsrepräsentationen.

und Handlungskonventionen der Gruppe. Gleichzeitig entstehen die Konventionen der Gruppe erst aus den Individuen, die dank ihrer Systemkonfiguration entsprechendes Verhalten zeigen.

3. Die Auswirkungen des protestantischen Geistes auf die Prozesse zielorientierten Verhaltens

Die für Weber entscheidenden Komponenten der protestantischen Ethik auf der Ebene der religiösen Gruppe (E1) sind insbesondere die innerweltliche Askese und das Streben nach Selbstgewissheit, welche aus der calvinistischen Prädestinationslehre folgen. Dabei führt die innerweltliche Askese zu Kapitalakkumulation als Selbstzweck unter Vermeidung jeglicher auf Genuss ausgerichteter Ausgaben. Das Streben nach Selbstgewissheit folgt daraus, dass Gnade nicht erlangt werden kann, sondern vorherbestimmt ist. Jeder einzelne Erfolg und Misserfolg erlangt somit Bedeutung für die eigene Gewissheit des Auserwähltseins unter dem gleichzeitigen Ausschluss jeglichen Zweifels. Entsprechend dieser zwei Aspekte lassen sich anhand des kognitionspsychologischen Modells zielorientierten Verhaltens Hypothesen für die Ebene der kognitiven Prozesse (E3) ableiten:[11,15,16]

1. Zielorientierung:

   Die Orientierung an langfristigen Zielen sollte stark ausgeprägt sein. Sie entspricht der innerweltlichen Askese, welche ohne Unterlass gegen die Verführungen des Hier-und-Jetzt wirken soll. Zielorientierung kann sich im Modell in einer Verstärkung von zielgerichtetem Handeln und/oder in einer spezifischen Hemmung von nicht zielführenden Verhaltensmustern ausdrücken.

2. Selbstvergewisserung:

   Die Bedeutung des einzelnen Ereignisses sollte besonders stark sein, Zweifel sollten nicht zugelassen werden. Dies resultiert aus dem Streben nach Gnadengewissheit, das einerseits zu einem Fokus auf jedes Einzelereignis führt und andererseits Zweifel an der eigenen Auserwähltheit ausschließt. Selbstvergewisserung kann sich im Modell in einer stärkeren lateralen Hemmung und/oder einer schwächeren Konfliktdetektion auswirken.

3.1 Empirische Untersuchungen des Zusammenhangs von protestantischem System und kognitiven Prozessen

Um Unterschiede zwischen Individuen hinsichtlich ihrer kognitiven Prozesse zu untersuchen, verwenden kognitionspsychologische Studien einfache Aufgaben, die jeweils einzelne der hier dargestellten kognitiven Prozesse messbar machen. Insbesondere die Gruppe um Hommel und Colzato erforschte im Rahmen verschiedener Studien die Auswirkungen des Protestantismus auf kognitive Prozesse. Diese Untersuchungen sind methodisch bemerkenswert, denn sie trennen kulturelle und religiöse Effekte. So vergleichen sie einerseits niederländische Calvinisten mit niederländischen Atheisten, andererseits italienische Katholiken mit italienischen Atheisten. Ein Großteil der weiteren Forschung konzentriert sich dagegen auf die Auswirkungen von Religiosität im Allgemeinen und vernachlässigt dabei die genaue religiöse Ausprägung und den kulturellen Kontext. Mit Blick auf den in den USA zahlenmäßig dominierenden Protestantismus werden wir diese Befunde unter Verweis auf die methodische Unschärfe der mangelnden konfessionellen Differenzierung in das Gesamtbild einordnen.

3.1.1 Protestantismus und Zielorientierung

Die Befunde zur ersten Hypothese deuten darauf hin, dass bei calvinistisch erzogenen Menschen die Aktivierung von Zielen stärker ausgeprägt sein könnte. In einer sogenannten Simon-Aufgabe mussten Probanden anhand eines linken oder rechten Tastendrucks mitteilen, ob ein gezeigtes Quadrat grün oder blau war. Das Quadrat konnte aber links oder rechts auf dem Bildschirm erscheinen. Klassischerweise fällt Probanden der Tastendruck schwerer, wenn der Erscheinungsort des Quadrats (z. B. links) mit der zu drückenden Taste (z. B. rechts) nicht übereinstimmt. Dieser Effekt war aber bei Calvinisten im Vergleich zu Atheisten verringert, während er bei Katholiken im Vergleich zu Atheisten vergrößert war.[11] Bezogen auf das Modell deutet dies auf eine Verstärkung zielorientierten Handelns bei Calvinisten hin, allerdings musste noch zwischen den Varianten einer spezifischen Hemmung von Verhaltensmustern und einer Verstärkung von zielgerichtetem Handeln getrennt werden. Hierzu absolvierten die Teilnehmer eine weitere Aufgabe: In der so genannten Stop-Signal-Aufgabe mussten die Probanden bereits initiierte Handlungen abbrechen, wobei die Anzahl der gescheiterten Abbrüche als Maß für die Fähigkeit zur gezielten Hemmung genommen wurde. Da sich in diesem Maß keinerlei Unterschiede zeigten, lässt sich schlussfolgern, dass eine verstärkte Zielorientierung direkt durch eine Verstärkung von zielgerichtetem Handeln entsteht. Weitere Befunde unterstützen diese Sicht. So wiesen calvinistische Studienteilnehmer einen größeren „Attentional-Blink"-Effekt auf: Zeigte man ihnen eine schnelle Serie von Buchstaben und Zahlen, hatten sie größere Probleme auf eine bestimmte Zahl zu reagieren, wenn diese Zahl in kurzem Abstand auf sich selbst folgte, als Atheisten.[17] Dieser Befund wurde als Folge einer stärkeren Zielorientierung interpretiert, die dazu führte, dass die erste bemerkte Zahl das Entdecken der zweiten Zahl erschwerte. Schließlich wurden diese Befunde von einer methodisch kritischeren Studie gestützt, bei der religiöse Menschen ebenfalls einen kleineren Kongruenzeffekt in Simon-ähnlichen Aufgaben aufwiesen.[18]

Ein weiteres Maß, welches Zielorientierung nicht nur abstrakt, sondern in einem wirtschaftlichen Kontext erfasst, ist die Ausprägung des so genannten intertemporalen Diskontierens: Wenn Menschen sich zwischen Optionen entscheiden müssen, welche sie zu verschiedenen Zeitpunkten erhalten würden (z. B. jetzt vs. in zehn Tagen), zeigt sich, dass die spätere Option entsprechend der zeitlichen Verzögerung abgewertet – diskontiert – wird. So kann diese spätere Option durchaus einen höheren objektiven Wert als die sofortige Option haben und wird trotzdem nicht gewählt. Sowohl eine Studie aus der Gruppe von Colzato und Hommel,[19] als auch eine methodisch kritischere Studie[20] stützen also die These einer verstärkten Zielorientierung der Protestanten. Im Vergleich zu Atheisten und Katholiken diskontieren Calvinisten weniger, orientieren sich also eher am langfristigen Wert einer Option.

Zusammengefasst scheint der protestantische Geist zu einer stärkeren Zielorientierung durch die Verstärkung von zielführendem Verhalten zu führen. Im Gegensatz dazu scheint die zielspezifische Hemmung nicht verändert zu sein – ein Befund der überraschen mag, wenn man intuitiv Askese mit der Unterdrückung bzw. Beherrschung verführerischer Handlungstendenzen assoziiert.

3.1.2 Protestantismus und Selbstvergewisserung

Die Befunde zur zweiten Hypothese deuten darauf hin, dass beide Wirkmechanismen zu finden sind – eine verstärkte laterale Hemmung und eine verringerte Konfliktdetektion. In der sogenannten Navon-Aufgabe werden Probanden geometrische Figuren verschiedener Form gezeigt, z. B. Rechtecke und Quadrate. Diese Figuren sind aber zusammengesetzt aus vielen kleinen Versionen der jeweils gegenteiligen Form, z. B. großes Rechteck aus kleinen Quadraten. Die Probanden müssen anhand eines Tastendrucks anzeigen, welche Figur sie sehen, wobei Sie mal auf die großen Figuren, mal auf die kleinen Figuren achten sollen. Üblicherweise fällt es Probanden leichter, auf die großen Figuren zu achten, doch für Calvinisten war diese Effekt kleiner als für Katholiken, was bezogen auf das Modell auf eine verstärkte laterale Hemmung hinweist.[15]

Auf der anderen Seite weisen religiöse Menschen in methodisch kritischeren

Studien sowohl weniger Konflikt-Detektion auf[21] als auch kleinere fehlerbezogene neuronale Signale in Simon-ähnlichen Aufgaben,[18] welche mit Konfliktdetektion in Verbindung gebracht werden.

Zusammengenommen deuten die Befunde zur zweiten Hypothese auf ein Streben nach Selbstgewissheit resultierend in einem Fokus auf Einzelereignisse und einer Unterdrückung von Zweifeln bei Protestanten hin, wobei die Befundlage hier weniger umfangreich ist.

3.2 Parallelen zwischen protestantischem Geist und kapitalistischem Geist

Insgesamt deuten die empirischen Befunde darauf hin, dass Webers Thesen zum protestantischen Geist sich wie im Modell abgeleitet auch auf der Ebene kognitiver Prozesse abbilden. Doch lässt sich darüber hinaus auch die von Weber hergestellte Parallele zwischen protestantischem und kapitalistischem Geist auf kognitiver Ebene wieder finden? Die empirischen Befunde zum intertemporalen Diskontieren deuten bereits an, dass sich Unterschiede auf der kognitiven Ebene tatsächlich auch in unterschiedlichem wirtschaftlichem Entscheidungsverhalten widerspiegeln. Studien zu kulturpsychologischen Unterschieden, besonders zwischen ost-asiatisch geprägten (besonders chinesischen) und westlich-amerikanisch geprägten Kulturen und damit auch verschiedenen Wirtschaftssystemen deuten außerdem in eine ähnliche Richtung, sowohl in der Wahrnehmungs-Orientierung[22] als auch beim intertemporalen Diskontieren[23].

4. Schlussfolgerungen

Im Rahmen einer systemtheoretischen Perspektive stellten wir dar, wie sich der protestantische Geist im Sinne Webers auf kognitive Prozesse, die wir in einem kognitionspsychologischen Modell zielorientierten Verhaltens darstellten, auswirken kann. Zum einen fanden sich Hinweise auf eine Verstärkung zielgerichteten Handelns, die wir mit der Orientierung an langfristigen Zielen in Zusammenhang brachten, welche wiederum aus der protestantischen Askese abgeleitet werden können. Zum anderen fanden sich Hinweise auf stärkere laterale Hemmung und geringere Konfliktdetektion, die wir mit einem Fokus auf Einzelereignisse und einer Unterdrückung von Zweifeln in Verbindung brachten, die wiederum nach Weber auf der Prädestinationslehre fußen. Darüber hinaus fanden sich erste Hinweise, dass sich auch die von Weber gezogenen Parallelen zwischen protestantischem und kapitalistischem Geist auf kognitiver Ebene widerspiegeln.

Allerdings sollen die Grenzen dieser Perspektive nicht ungenannt bleiben. Zum einen ist die Anzahl der durchgeführten Studien im Maßstab der psychologischen Empirie gering, was weitere umfassendere empirische Überprüfungen erfordert. Zum anderen ist das hier vorgestellte kognitionspsychologische Modell zielorientierten Verhaltens bei aller theoretischen Erklärungskraft begrenzt, z. B. in Hinsicht auf den Grad seiner Formalisierung und die Ableitung alternativer Hypothesen.

Eine Frage, die empirische Studien dieser Art zwangsläufig offen lassen, ist die

Wirkrichtung zwischen protestantischem Geist und den kognitiven Veränderungen. Der hier verfolgte systemtheoretische Ansatz würde von vorneherein ein „sowohl als auch" nahe legen: Das protestantische System auf der Gruppenebene ist zirkulär kausal mit den kognitiven Prozessen seiner Elemente verzahnt, so dass sich beides gegenseitig hervorbringt und erhält – ein Prozess der Selbstorganisation, der ursprünglich schwache Tendenzen auf beiden Ebenen durch positive Rückkopplung immer weiter verstärkt und so zur Entstehung eines so umfassenden Phänomens wie der Wirtschaftsordnung des Kapitalismus führen kann.

Auch wenn die Erforschung der Thesen Webers auf kognitiver Ebene noch am Anfang steht, stellt sich bereits die Frage, welchen Nutzen die Religionssoziologie aus diesem Forschungszweig ziehen kann. Zum einen bietet die kognitive Psychologie eine Möglichkeit der Überprüfung religionssoziologischer Annahmen über makrosoziologischen Studien hinaus. Dabei können Auswirkungen auf kognitiver Ebene noch gefunden werden, die auf der Ebene des Individuums aufgrund neuerer Einflüsse nicht mehr auffindbar sein mögen. So sind asketische Einstellungen bei modernen Protestanten kaum noch auffindbar,[2] wohingegen eine verstärkte Zielorientierung auf kognitiver Ebene weiterhin besteht. Zum anderen ermöglicht die Verknüpfung des religionssoziologischen Diskurses mit den Modellen der kognitiven Psychologie eine Bereicherung des an inhaltlichen Begrifflichkeiten orientierten Diskurses durch eine funktional-prozessorientierte Perspektive. Hierbei stehen statt des inhaltlichen Begriffs wie z. B. *Selbstgewissheit* abstrakte Wirkmechanismen wie z. B. die *laterale Hemmung ko-aktivierter Repräsentationen* im Vordergrund. Die Verständigung zwischen beiden Disziplinen ermöglicht die Theorie dynamischer Systeme als übergreifender Denkansatz. Für diesen Brückenschlag bedarf es Geduld und Neugier, das eigene Feld einmal in ganz anderem Lichte zu sehen – wofür wir Ihnen, liebe/r Leser/in, an dieser Stelle danken.

Literatur

1. Max Weber, *Die protestantische Ethik und der Geist des Kapitalismus*, Tübingen 1934.
2. G. Lenski, *The religious factor: a sociological study of religion's impact on politics, economics, and family life*, Doubleday 1961.
3. B. Hommel / L.S. Colzato, "Religion as a Control Guide: On the Impact of Religion on Cognition", in: *Zygon*, Nr. 45 (2010), S. 596–604.
4. H. Haken / G. Schiepek, *Synergetik in der Psychologie: Selbstorganisation verstehen und gestalten*, Göttingen: Hogrefe 2010.
5. D. Cabrera u. a., "Systems thinking", in: *Evaluation und Programm Planning*, Nr. 31 (2008), S. 299–310.
6. J. Kriz, *Systemtheorie: Eine Einführung für Psychotherapeuten, Psychologen und Mediziner*, Wien: Facultas WUV Universitätsverlag 1997.
7. A. Newell / H.A. Simon, *Human problem solving*. New Jersey: Prentice-Hall 1972.
8. D. E. Rumelhart u. a., *Parallel Distributed Processing. Explorations in the Microstructure of Cognition*, Vol. 1: *Foundations*, Cambridge: MIT Press 1986.
9. S. Amari, "Dynamics of pattern formation in lateral-inhibition type neural fields", in: *Biological Cybernetics*, Nr. 27 (1977), S. 77–87.
10. D. O. Hebb, *The organization of behavior: a neuropsychological theory*, New York: Wiley 1949.
11. B. Hommel u. a., "Religion and action control: Faith-specific modulation of the Simon effect

but not Stop-Signal performance", in: *Cognition*, Nr. 120 (2011), S. 177–185.

12. S. Scherbaum / M. Dshemuchadse / H. Ruge / T. Goschke, "Dynamic goal states: Adjusting cognitive control without conflict monitoring", in: *NeuroImage*, Nr. 63 (2012), S. 126–136.

13. M. M. Botvinick u. a., "Conflict monitoring and cognitive control", in: *Psychological Review*, Nr. 108 (2001), S. 624–652.

14. K. Friston, "The free-energy principle: a unified brain theory?", in: *Nature Reviews Neuroscience*, Nr. 11 (2010), S. 127–138.

15. L. S. Colzato u. a., "God: Do I have your attention?", in: *Cognition*, Nr. 117 (2010), S. 87–94.

16. L. S. Colzato / W. P. M. van den Wildenberg / B. Hommel, "Losing the big picture: how religion may control visual attention", in: *PloS One*, Nr. 3 (2008), e3679.

17. L. S. Colzato / B. Hommel / K.L. Shapiro, "Religion and the attentional blink: depth of faith predicts depth of the blink", in: *Frontiers in Psychology*, Nr. 1 (2010), S. 147.

18. M. Inzlicht / A.M. Tullett, "Reflecting on God: religious primes can reduce neurophysiological response to errors", in: *Psychological Science*, Nr. 21 (2010), S. 1184–1190.

19. F. Paglieri u. a., "Heaven can wait. How religion modulates temporal discounting", in: *Psychological Research*, Nr. 77 (2013), S. 738–747.

20. E. C. Carter / M. E. McCullough / J. Kim-Spoon / C. Corrales / A. Blake, "Religious people discount the future less", in: *Evolution and Human Behavior.*, Nr. 33 (2012), S. 224–231.

21. M. Inzlicht / A.M. Tullett / M. Good, "The need to believe: a neuroscience account of religion as a motivated process", in: *Religion, Brain & Behavior.*, Nr. 1 (2011), S. 192–212.

22. R. E. Nisbett / Y. Miyamoto, "The influence of culture: holistic versus analytic perception", in: *Trends in Cognitive Science*, Nr. 9 (2005), S. 467–473.

23. Z. Dai, "Delay Discounting, Probability Discounting, Reward Contrast and Gambling: A Cross-Cultural Study", University of Canterbury 2012, URL: http://hdl.handle.net/10092/7128.

Beate Beckmann-Zöller,
Hanna-Barbara Gerl-Falkovitz (Hgg.)

Edith Stein.
Themen, Kontexte, Materialien

Verlag Text & Dialog Dresden 2015, Kt., 21,0 x 14,8 cm, 320 S., 29,90 € (D), ISBN: 978-3-943897-16-6

Verlag Text & Dialog
verlag@text-dialog.de | www.text-dialog.de/shop
T: (+49)351-427 10 30 | F: (+49)351-219 969 56

Protestantismus, Glück und die Transformationsbedingungen zur Nachhaltigkeit jenseits des Wachstumsdenkens

Felix Ekardt

Die Transformation zu nachhaltigen (also dauerhaft und global durchhaltbaren) Lebens- und Wirtschaftsweisen ist bisher großenteils gescheitert. Eine hinreichend komplexe Ursachenanalyse der Nicht-Nachhaltigkeit fördert in Faktoren wie Eigennutzenstreben, hinderlichen Normalitätsvorstellungen und Gefühlen auch kulturelle Aspekte zutage. Max Webers Analysen zur protestantischen Leistungs- und Arbeitsethik erweisen sich hier im Kern als unverändert hilfreich. Über Weber hinaus kann man protestantische Ideen teilweise auch hinter dem modernen Wachstums- und Fortschrittsdenken erkennen. Will man nachhaltige Lebens- und Wirtschaftsweisen etablieren, wird es nicht ausreichen, das Wachstum als Treiber der Umweltzerstörung in eine nunmehr „grüne" Richtung zu lenken. Vielmehr wird das Wachstumsparadigma aus ökologischen Gründen als solches hinterfragt werden müssen. Ob Menschen durch Leistungsdenken und Wachstum glücklich oder unglücklich werden (ein in der Postwachstums-Debatte in linker Theorietradition repetitiv umkreister Punkt), ist dafür unerheblich und im Übrigen auch kaum eindeutig zu beantworten, weil hier gegensätzliche Erwartungen der Menschen bestehen.

1. Transformationsbedingungen zur Nachhaltigkeit

Moderne Gesellschaften haben trotz aller Sonntagsreden keine nachhaltigen, also dauerhaft und global durchhaltbaren Lebens- und Wirtschaftsweisen erreicht. Auch vermeintliche Erfolge wie beim Klimaschutz in Deutschland verkennen, dass erstens die Umweltbelastung absolut gesehen auf völlig unverträglich hohem Niveau verbleibt und zweitens die Probleme oft nur schöngerechnet oder in andere Länder und Sektoren verlagert wurden. Nach dem naturwissenschaftlichen Erkenntnisstand ist aber (hier lediglich als ein Beispiel von vielen angeführt) eine ernsthafte Energie- und Klimawende nötig, will man nicht katastrophale Folgen für die Menschheit in ökonomischer, existenzieller und verteilungsbezogener Hinsicht riskieren. Der vorliegende Beitrag geht einigen in diesem Zusammenhang entstehenden Fragestellungen, die sich unter dem Rubrum „Leistung und Gnade" einschließlich der darin angelegten Verbindung zu Max Webers Werk assoziieren lassen, weiter nach, in knapper Wiedergabe andernorts näher thematisierter Gegenstände – wobei wichtige Fragenkreise wie die normative Perspektive auf das Nachhaltigkeitsproblem oder politisch-rechtliche Handlungsoptionen hier ausgeklammert bleiben.[1]

Der Ausgangspunkt des Klimaproblems und unseres übermäßigen Gebrauchs fossiler Brennstoffe (für Strom, Wärme, Treibstoff und stoffliche Nutzungen wie Mineraldünger) als Klimawandelursache ist der moderne Wohlstand in Verbindung mit unseren weitreichenden technischen Möglichkeiten, die Erde zu unserem kurzfristigen Vorteil zu nutzen. Dagegen spielt das Bevölkerungswachstum etwa in Afrika bisher eine relativ geringe Rolle, weil aufgrund der Armut dort nur minimale Pro-Kopf-Emissionen auftreten. Doch weder ist damit etwas darüber ausgesagt, wie der problemursächliche Wohlstand zustande gekommen ist, noch erklärt es, warum wir nicht dennoch angemessen auf das Energie- und Klimaproblem reagieren. An mangelndem Faktenwissen oder mangelndem Bewusstsein im Sinne der grundsätzlichen Einstellung, dass sich etwas ändern müsste, liegt es speziell in Ländern wie Deutschland nicht in erster Linie. Neben diversen Umfragen zum Umweltbewusstsein zeigen dies Befunde wie der, dass gerade ökologisch besonders Bewusste nicht selten große Ressourcenverbraucher und beispielsweise Vielflieger sind, die eine eher schlechte Energie- und Klimabilanz aufweisen.[2]

Letztlich liegt die Hauptursache, warum ein echter Richtungswechsel ausbleibt, wohl in einem „doppelten Teufelskreis" zwischen politischen Entscheidungsträgern und Bürgern sowie zwischen Kunden und Unternehmen, die sich jeweils wechselseitig in bestimmten, der Nachhaltigkeit abträglichen Motivationslagen bestärken. Zu einer bestimmten Wirtschaftsweise gehören immer auch Kunden, die viele und ständig mehr und neue Produkte kaufen, nicht nach den Produktionsumständen fragen und sozial-ökologisch vorbildlich hergestellte Produkte zu teuer finden. Ebenso gehören aber auch Unternehmen dazu, die den Kunden bestimmte Angebote machen oder nicht machen, immer mehr anbieten und immer mehr verkaufen wollen. Der gleiche Teufelskreis besteht zwischen Politikern und Wählern. Die einen können nicht ohne die anderen – der Hinweis auf „die Konzerne" greift deshalb zu kurz. Keine politische Partei und kein Unternehmen kommt ohne Wähler respektive ohne Käufer aus.

Allerdings ergeben sich wechselseitige Abhängigkeiten nur, wenn Gesellschaften (und sei es beim globalen Klimaproblem letztlich die Weltgesellschaft) auch irgendwie in sie hineingeraten sind, und die Abhängigkeiten bestehen nur, wenn aus verschiedenen Motiven die Akteure (oder sehr viele von ihnen) auch nur bedingt an einem Aufbrechen der Situation interessiert sind. Es geht damit um Grundstrukturen, die das Handeln der Menschen jenseits bloßen Wissens etwa über Energie- und Klimafragen bestimmen und sowohl im Einzelnen als auch in den Strukturen, die durch Zusammenwirken vieler Einzelner entstehen (etwa „Kapitalismus" und „Staat"), sichtbar sind. Wohlgemerkt, es geht dabei um Bürger, Unternehmer und Politiker gleichermaßen, denn Menschen sind wir alle. Der spezifisch kulturelle Anteil der nachstehend aufgeführten Faktoren wird dann im nächsten Abschnitt betrachtet.

- Ein wesentlicher Faktor sind menschliche Normalitätsvorstellungen: Ungeachtet aller intellektuellen Einsichten leben wir unverändert in einer Hochemissionswelt. Wenn man dieses Journal weglegt, ist das nächste Fleischbuffet, die nächste Autofahrt zur Arbeit oder der nächste Urlaubsflug nie weit. Diese Dinge sind heutzutage schlicht üblich, solange man sie sich finanziell leisten

kann. Verabschiedet man sich gänzlich von Flugreisen, gerät man sozial womöglich als Sonderling unter Druck.
- Ebenso relevant (wobei die Punkte nicht trennscharf zu scheiden sind) sind menschliche Gefühle: Zu räumlich und zeitlich entfernten, unsichtbaren, in hochkomplexen Kausalitäten verursachten und daher nur schwer vorstellbaren Klimaschäden haben Menschen (Bürger, Politiker, Unternehmer) meist kaum einen gefühlsmäßigen Zugang. Emotionale Neigungen zu Bequemlichkeit, zum Verweilen beim Gewohnten und zum Verdrängen unliebsamer Zusammenhänge (einschließlich etwa der Kosten künftiger Kriege um schwindende Ressourcen) sowie weitere Aspekte sind ebenfalls relevant.
- Ebenso wichtig sind lange (gegebenenfalls über Jahrhunderte) entstandene typische Überzeugungen in Bezug auf Werte – was nicht das Gleiche ist wie Gefühle oder meist halb- oder unterbewusste Normalitätsvorstellungen – wie die unumschränkte, gerade ökonomische und statusmäßige Selbstentfaltung sowie eine Fixierung auf ein „Steigerungsspiel" und auf einen Pfad des unbegrenzten Wachstums und Fortschritts in persönlicher, wirtschaftlicher und politischer Hinsicht. Wie gesagt dürfte dies alles Bürger, Unternehmer und Politikerinnen gleichermaßen betreffen.
- Relevant ist ferner der Faktor Eigeninteresse respektive Eigennutzen. Dieser kann in kurzfristigen Unternehmensgewinnen durch möglichst viele verkaufte Produkte und in der entsprechenden Lobbyarbeit und Werbung von Unternehmen bestehen (hier steckt die vielbeschworene „Macht der Konzerne"). Ebenso können Politiker an ihrer Wiederwahl interessiert sein und verschiedene Politikebenen mit jeweils eigeninteressierten Politikern sich gegenseitig behindern.[3] Für künftige Generationen sowie sozial Schwache dagegen ist die Artikulation ihres Eigennutzens schwer oder unmöglich.
- Des Weiteren bestehen Pfadabhängigkeiten: Sind Entscheidungen erst einmal getroffen, wird es oft für einen längeren Zeitraum schwierig, sie zu revidieren. Dies gilt, einerlei ob es das einmal gekaufte Auto, das einmal errichtete Kohlekraftwerk oder die einmal eingeschlagene politische Linie angeht. Denn man schafft bestimmte Güter nicht ständig neu an, und auch Denkrichtungen können sich entlang eines Pfads zu Denkblockaden verfestigen. Ebenso beinhaltet das westliche, weltweit exportfähig gewordene Kultur-, Technik- und Wirtschaftsmodell als Ganzes eine Vielzahl von Pfadabhängigkeiten.
- Zuletzt muss man beim Klimawandel auch von einem Kollektivgutproblem respektive von einer „Allmendetragik" sprechen: Kein Bürger, keine Unternehmerin und kein Politiker (und auch kein Nationalstaat) kann das globale Klima allein stabilisieren – da es unmöglich ist, andere von der Nutzung der Atmosphäre auszuschließen. Damit besteht die Gefahr, dass letztlich niemand handelt, zumal wenn die Nutzung der Atmosphäre momentan scheinbar kosten-

los erfolgen kann und ich mir ohnehin nicht mein Stück stabiles Klima ganz für mich sichern kann. Die Forschung zu Allmenden, etwa der nobelpreisgekrönten Ökonomin Elinor Ostrom,[4] hat zwar wenigstens teilweise aufzeigen können, dass Kollektivgüter dann sinnvoll gemeinsam genutzt werden können, wenn die Zahl der Nutzer überschaubar ist, Sanktionsmechanismen vorhanden sind und/oder Kommunikation zwischen den Nutzern stattfindet und deren Verhalten beobachtbar ist. Diese Punkte sind bei der Nutzung der Atmosphäre aber bisher nicht oder nur unzureichend vorhanden.

2. Kultur- und religionshistorische Aspekte hinter der mangelnden Motivation heutiger Akteure in Politik, Bürgerschaft und Unternehmen

Es klang im letzten Abschnitt wiederholt an, dass solche menschlichen Verhaltensantriebe eine kulturelle, biologische oder auch eine autobiografische Grundlage haben können. Fälle übermäßiger Inanspruchnahme der Lebensgrundlagen finden sich überall auf der Erde und in der Geschichte. Allein dies schon ist ein wesentlicher Grund für die Annahme, dass die geschilderten Probleme in wichtigen Hinsichten auf menschliche Grundeigenschaften zurückzuführen sind, ebenso wie der Umstand, dass die beschriebenen menschlichen Verhaltensweisen eher genereller Natur sind. Diese Seite menschlichen Handelns hat insbesondere die Soziobiologie in den letzten Jahrzehnten betrachtet, initiiert insbesondere von Edward Wilson, der menschliche Gefühle wie Anerkennungssuche, Kurzzeitorientierung oder Bequemlichkeit untersucht und biologisch zu erklären versucht hat.[5] Als mehr oder minder feststehende Gegebenheiten mögen neben biologischen Antrieben auch geografische Eigentümlichkeiten in Erscheinung treten, die beispielsweise das Wirtschaften in Europa und Nordamerika begünstigen.

Zu den tatsächlichen oder vermeintlichen menschlichen Arteigenschaften treten kulturelle Aspekte, und damit ist man zumindest hinsichtlich der Arbeitsethik bei einem zentralen Punkt des Weberschen Forschungsprogramms zur protestantischen Ethik: Die moderne kapitalistische Wirtschaft, Naturwissenschaft und Technik entstanden „von selbst" nur im Abendland; erst von hier aus verbreitete sich ihr Geist langsam über die ganze Welt. Sie lieferten die wesentlichen Mittel für unsere übermäßige Naturaneignung. Und diese äußeren Faktoren standen historisch in einer Wechselwirkung zu bestimmten Weltanschauungen; gemeinsam prägen sie bis heute unsere Normalitätsvorstellungen, unsere Gewohnheiten, unsere Vorstellungen von Eigennutzen.

Welche kulturellen Prägungen sind das nun, die uns in Richtung eines achtlosen Umgangs mit dem Globalklima treiben?[6] Unbeschränkte wirtschaftliche Freiheit, ein ungehindertes freies Spiel der Kräfte, Wirtschaftswachstum, wohlstands- und technikbezogener Fortschritt und eine bestimmte, hohe Wertschätzung von Arbeit (und damit auch Arbeitsplätzen) sowie das Wohlergehen des eigenen Volkes und der eigenen Industrie, das nennt man in der Philosophiegeschichte den klassischen Liberalismus. Dazu gehört auch ein Anthropozentrismus, der vergisst, dass die menschliche Freiheit ohne bestimmte physische Voraussetzungen nicht existieren könnte. Dieser Hyperindividualismus, wie man ihn vielleicht eher nennen sollte, zielte klassischerweise auf wirtschaftliche Entfaltung. Heute wird dagegen unter postmodernen Vorzeichen der Selbstverwirklichungsgedanke immer einflussreicher.

Das (ursprünglich protestantisch-calvinistisch, dann liberal grundierte) Freiheitsideal hat im Okzident die größten Selbstentfaltungsmöglichkeiten und den größten Wohlstand seit Menschengedenken gebracht. Ebenso hat das klassische Freiheitsideal durchaus das soziale Streben des frühneuzeitlichen Bürgertums und sodann der Arbeiter nach einer gleichberechtigten Anerkennung aller Menschen in einer Gesellschaft in etwa verwirklicht. Zudem gibt es eine wechselseitige Bedingtheit von Individualismus und (Wohlstand schaffendem) Kapitalismus: Der Kapitalismus kann nicht ohne eine über grundrechtliche Freiheitsgarantien hergestellte Rechtssicherheit leben. Und der Individualismus kann kaum ohne die Möglichkeit persönlicher (auch) ökonomischer Entfaltung existieren.

Die Zentrierung um Arbeit, Leistung und Individualität – genau dies hatte Max Weber erkannt – entstammt ideengeschichtlich allerdings nicht erst dem Liberalismus, sondern eher schon dem Protestantismus, primär in der von Johannes Calvin geprägten und von seinen Nachfolgern in Staaten wie England, die späteren USA oder auch Frankreich exportierten Version. Besonders gilt die calvinistische Vorprägung für die breite Bevölkerung oder wenigstens die Bildungselite in den Ländern Westeuropas und Nordamerikas, in denen sich klassisch-liberale Ideen in Philosophie, Wirtschaft und Recht zuerst durchsetzten. Die Reformation im 16. Jahrhundert artikulierte eine Kritik an einem katholischen Autoritarismus und Traditionalismus, stellte den Menschen stärker auf sich selbst und brach mit dem mittelalterlichen Gemeinschaftsdenken. Das Priestertum aller Gläubigen wurde propagiert und der Einzelne direkt auf Gott verwiesen. Neben diesem Startpunkt für den modernen Individualismus ist auch eine ausgeprägte Fokussierung auf Leistung und Arbeit – im Sinne einer „Sichtbarmachung der göttlichen Berufung" – für den Protestantismus respektive Calvinismus charakteristisch. Dies protegierte dann auch das moderne Ideal des Wachstums, der technischen Optimierung, der Schaffung des „Paradieses auf Erden". Wobei die Religion die wirtschaftlich-technische Entwicklung stimulierte, aber auch unter ihrem Einfluss stand – ebenso wie der soziale Emanzipationsanspruch des frühen Bürgertums in ihr wirkte. Es schöpfte sein Selbstbewusstsein aus selbst erarbeitetem ökonomischem Erfolg, in Abgrenzung zum „faulen Adel". Dass dieser Leistungsfokus trotz aller Präzisierungen, dass menschliche Leistungen lediglich die Berufung sichtbar machen und nicht erzwungen können, in einem leicht kuriosen Spannungsverhältnis zur von calvinistischer Seite eigentlich propagierten Ablehnung von Werkgerechtigkeit und einer Hinwendung zur göttlichen Gnade steht, ist hinlänglich bekannt.

Einen weiteren wichtigen Schritt auf dem Weg zu Autoritätenschwund und Pluralismus markiert die später von Hobbes übernommene calvinistische – eigentlich schon von Augustinus oder teilweise sogar von Platon herrührende – Anthropologie vom eigennützig-bösen, aber dadurch zugleich durchaus produktiven Menschen. Daraus wurde einerseits ein einseitig staatsabwehrendes und ansonsten wirtschaftsliberales Freiheitsideal. Andererseits entwickelte sich daraus zusammen mit dem Arbeits- und Fortschrittsideal die nicht-nachhaltige Vorstellung, die Welt durch technische und wirtschaftliche Mittel zu einem Paradies auf Erden machen zu müssen. Aus den protestantischen Gedanken entstand aber auch die Idee einer pluralistischen Gesellschaft, in der die Herrschaftsgewalt das Individuum in einer weiten persönlichen Sphäre in Ruhe lässt. Dies liegt teilweise am Individualismus und an der Autoritätsskepsis, ferner an der reformationsbedingten Pluralität von Konfessionen in Europa. Auch die neuzeitliche Demokratieidee, die wiederum teilweise in calvinistischen Gemeindekonzepten wurzelte, sowie der calvinistische Widerstandskampf gegen religiöse Unterdrückung in der frühen Neuzeit spielten eine Rolle. All diese Faktoren beförderten mit dem calvinistischen Streben nach Rechtssicherheit für den sich formieren-

den Kapitalismus sowie nach sozialer Aufwertung des entstehenden Bürgertums die moderne wirtschaftlich ausgerichtete Freiheitsidee. Einschließlich aller Folgeprobleme, etwa für den Klimaschutz. All dies vertieft die Erklärung, dass ursprünglich religiös bedingte kulturelle Faktoren im Rahmen von Eigennutzenkalkülen, Überzeugungen oder Normalitätsvorstellungen für eine Energie- und Klimawende ein erhebliches Hindernis bilden.

3. Nachhaltigkeit allein durch Technik und damit „grünes" Wachstum?

Ein originär protestantischer Leistungsfokus mag kulturell die nicht-nachhaltige Lebens- und Wirtschaftsweise geprägt haben. Ganz konkret das darauf unmittelbar aufbauende moderne Wachstumsdenken wird für eine ernsthafte Energie- und Klimawende zum Problem. Um den vielfältigen Problemen, die mit der aktuellen Energieversorgung verknüpft sind, zu begegnen, bedarf es vielleicht – auch wenn es keinen Hellseher gibt, der sämtliche künftige Technikentwicklungen vorhersagen könnte – neben technischer Optionen wie mehr erneuerbaren Energien und mehr Energieeffizienz noch zusätzlicher Perspektiven. Insbesondere erfordert eine erfolgreiche Energie- und Klimawende aller Voraussicht nach neben besserer Technik auch Verhaltensänderungen. Das bedeutet insbesondere das häufigere Unterlassen oder Einschränken zum Beispiel des Fliegens oder des Fleischkonsums. Die Genügsamkeit oder der Verzicht wird als Suffizienz bezeichnet. Natürlich sind künftige technologische Entwicklungen und deren

Fähigkeit, bestehende Probleme zu lösen, nie mit Sicherheit vorauszusagen, so dass eine rein technische Lösbarkeit des Energie- und Klimaproblems nicht völlig ausgeschlossen ist. Und es erscheint aus mancherlei Gründen vordergründig attraktiv, Umweltprobleme wie den Klimawandel rein technisch lösen zu wollen. Denn neue Technik lässt sich verkaufen und schafft Arbeitsplätze, wogegen Verhaltensänderungen häufig bedeuten, Güter aus dem Markt zu nehmen und damit letztlich das auf Wachstum ausgerichtete Wirtschaftsmodell generell in Frage zu stellen. Zudem kann ein rein technischer Wandel bequemer und deshalb leichter umsetzbar sein als das Umstellen von Verhaltensweisen.

Dennoch sprechen verschiedene Aspekte eher dagegen, von einer ausschließlich technischen Problemlösung auszugehen. Zu nennen ist besonders das Problemausmaß beim Klimawandel. Gemessen an bisher bekannten Innovationsgeschwindigkeiten erscheint es nur mäßig wahrscheinlich, dass allein ein Wandel hin zu erneuerbaren Energien und Energieeffizienz bis 2050 die sehr weitgehende Reduktion der Treibhausgasemissionen erzielen kann, die weithin zur Vermeidung katastrophaler Folgen als nötig erachtet wird.[7] Weitere Faktoren wurden wiederholt andernorts dargestellt.[8]

Damit ist deutlich geworden, dass Klimaschutz in einem Spannungsverhältnis zur heute dominierenden Wachstumsidee steht. Denn wenn Suffizienz (also Verhaltensänderungen, die bestimmte mit Energieverbrauch verbundene Tätigkeit seltener oder weniger intensiv ausführen) ein wesentlicher Teil der Energiewende sein muss, dann wird weniger verkauft werden (etwa weniger Urlaubsflüge). Genau das könnte, sofern es einen erheblichen Umfang annimmt, einen ungeplanten Übergang zu einer Postwachstumsgesellschaft bedeuten, also zu einer Gesellschaft, die dauerhaft ohne Wachstum auskommen oder sich sogar auf Schrumpfungsprozesse einstellen muss.[9]

Hier geht es nicht darum, dass Wachstum und Leistungsdenken absichtlich vermieden werden, etwa weil die Wohlstandsmehrung ab einem gewissen Niveau die Zufriedenheit der Menschen nicht mehr verbessert, sondern ihr eher entgegenwirkt (dazu sogleich). Der Übergang zu einer Postwachstumsgesellschaft könnte schlicht die Nebenfolge einer problemadäquaten Energie- und Klimapolitik sein, wenn diese erhebliche Suffizienzanteile einschließt. Das erfordert Lösungen für gesellschaftliche Bereiche, die bisher teilweise vom Wachstum abhängen, etwa für den Arbeitsmarkt, die Staatsverschuldung, die Rentenversicherung und das Bankenwesen, die hier aus Raumgründen nicht weiter thematisiert werden können – und die insgesamt bisher sträflich wenig erörtert werden.

4. Macht Wachstum glücklich – oder Postwachstum – oder wissen wir das nicht?

Ob Menschen durch Leistungsdenken und Wachstum glücklich oder unglücklich werden (ein in der Postwachstums-Debatte in linker Theorietradition repetitiv umkreister Punkt), ist für die ökologische Relevanz des Wachstums und die Notwendigkeit seiner Überwindung unerheblich. Die faktische Durchsetzung eines Wandels zur Nachhaltigkeit könnte allerdings sehr erleichtert werden, wenn sich viele Menschen davon mehr Glück und Zufriedenheit versprechen – just wie Weber zufolge einst Verhaltensänderungen dadurch ausgelöst wurden, dass sich Menschen davon Gnade im Jenseits versprachen. Das legt eine Befassung mit der Frage nahe: Stimmt es überhaupt, dass der momentan in den Industriestaaten und den Oberschichten der Schwellenländer gepflegte Lebensstil und das damit verknüpfte wirtschaftliche Leistungsdenken glücklich machen?

Für einen kleinen Personenkreis[10] scheint fraglos ausgemacht, dass der Menschheit nichts Besseres passieren könnte als weniger Orientierung an materiellen Dingen. Konsumismus und Leistungsgesellschaft machten unglücklich, kann man die Botschaft leicht überspitzt zusammenfassen, glücklicher sei dagegen, wer sich auf ideelle Dinge konzentriere, viel Zeit mit Freunden und Familie verbringe und am besten in einer Kommune wohne. Auf jeden Fall mache materieller Wohlstand nicht glücklich. Wenn das stimmt, ist eine Energie- und Klimawende, die auch mit Verhaltensänderungen operiert, ein regelrechtes Glücksprogramm für Gesellschaften. Im realen Leben folgt demgegenüber der allergrößte Teil der Bewohner westlicher Industriestaaten sowie die Oberschicht der Schwellenländer der Devise: mehr materieller Wohlstand und Konsum sind im Zweifel immer gut. Auch wenn viele nicht so reden, weist der reale Kauf von Produkten und Dienstleistungen in diese Richtung. Man merkt es oft nur nicht – weil alle um einen herum ebenfalls eine große Wohnung, viel Unterhaltungselektronik, ein hochmodernes Auto und regelmäßige Fernreisen haben. Wie geht man mit dieser Diskrepanz um? Nötig erscheint eine differenzierte Perspektive:

Glück und Zufriedenheit hängen empirisch (also nicht im Sinne einer unter liberal-demokratischen Bedingungen gar nicht zulässigen normativen Aussage über „rechtes" Glück) ab von den zwei Relationen „was möchte ich versus was habe ich" und „was habe ich in Relation zu den anderen in meiner Umgebung".[11] Stellt man dies in Rechnung, braucht man nicht länger darüber zu streiten, ob Reichtum nun glücklich macht oder doch vergleichsweise Arme in den Entwicklungsländern genauso glücklich sein können wie wir – es kann beides zutreffen. Einerseits misst man sich gern an seiner Umgebung und kann deshalb, solange keine existenzielle Not herrscht, mit ganz unterschiedlichen Güterausstattungen gleichermaßen zufrieden sein, solange es einigermaßen konform geht mit dem, was andere in Sichtweite haben. Umso mehr gilt das, als man sich ja nicht zwangsläufig sehr weitreichende materielle Ziele stecken muss. Andererseits ist es eben auch sehr menschlich, sich zu freuen, besser dazustehen als andere – wobei dann wiederum nicht der absolute Reichtum das Entscheidende ist, sondern die gute eigene Situation verglichen mit anderen Leuten. Es könnte zwar sein, dass dies in westlichen Kulturen ausgeprägter auftritt, dass das Phänomen aber nur hier auftritt, kann man kaum behaupten. Denn letztlich wurzelt ein solches Streben nach Sichtbarkeit auch im basalen menschlichen Wunsch nach Anerkennung.

Für das menschliche Glück in der Energie- und Klimawende heißt das zunächst: Wenn wir uns alle gemeinsam umstellen, wäre auch ein materielles Weniger für die Menschen in den Industriestaaten vielleicht gar nicht als so unangenehm fühlbar, sofern es eben alle betrifft und anders als in den Eurokrisenländern seit 2010 nicht allzu abrupt auftritt. Angesichts des Strebens vieler nach einem Mehr gegenüber anderen Menschen ist es aber sehr schwierig, einen solchen Prozess real zu initiieren. Und selbst wenn es gelänge, würde das Ganze eben doch kaum „alle" glücklich machen, weil Menschen mit dem Mehr-Haben teilweise eben auch mehr Glück assoziieren. Wie sich längerfristiges Postwachstum auf empirisch vorhandene Glücksvorstellungen dann dauerhaft auswirken würde, weiß man nicht.

Allerdings gibt es in Zukunft einen neuen Aspekt, der die Glücksförderlichkeit der Energie- und Klimawende verstärkt nahelegt: Obwohl der „wirkliche" Globalisierungsdruck auf die Industriestaaten wohl erst noch bevorsteht, sobald die südlichen Länder umfassender konkurrenzfähig sind, prägt die Globalisierung schon heute immer mehr das Alltagsleben, und dies nicht nur durch eine zunehmende Produktvielfalt. Auch wenn die formale Freiheit in westlichen Gesellschaften immer größer wird, kommt der „Sachzwang" eines globalen Wettbewerbs zunehmend beim einzelnen Arbeitnehmer an, selbst in den reichen westlichen Ländern. Dabei setzt uns die ökonomische Situation immer stärker unter Druck und bewirkt eine zunehmende „Kolonialisierung"[12] des vormals „privaten" Lebensumfeldes durch Arbeit und wirtschaftliche Gesichtspunkte. Bald fragen wir uns vielleicht: Warum eigentlich noch abends in die Kneipe gehen oder in den Urlaub fahren, wenn man sich in dieser Zeit auch weiterbilden oder arbeiten könnte? Nun kann man auch solche Umstände – wir erleben es täglich – durchaus als eine Art Kick und zunächst als sogar glücksförderlich erleben. Dass der Mensch als endliches Wesen hier einer unendlichen Spirale aufwärts der Leistungsanforderungen folgen kann, ist dennoch zweifelhaft.

Noch drastischer dürfte ein weiterer absehbarer künftiger Aspekt sein: Dass Kriege um schwindende Ressourcen, Naturkatastrophen und ähnliche Klimawandelfolgen definitiv unglücklich machen werden, kann man jedenfalls mit allem Nachdruck festhalten. Insofern steht das westliche Leistungsdenken mit der Energie- und Klimawende und der damit ggf. zwangsläufig verknüpften Wachstumswende vor seiner vielleicht größten Herausforderung.

Anmerkungen

1 Die Argumentation im Beitrag folgt in Kurzform FELIX EKARDT, *Jahrhundertaufgabe Energiewende: Ein Handbuch*, Berlin: Christoph Links Verlag 2014; ausführlicher FELIX EKARDT, *Theorie der Nachhaltigkeit*, 3. Aufl. Baden-Baden: Nomos 2015; zum zweiten Abschnitt ferner FELIX EKARDT, *Steuerungsdefizite im Umweltrecht*, Sinzheim: Pro Universitate 2001.

2 Vgl. zur Umweltbewusstseinsforschung EKARDT, *Steuerungsdefizite*, § 13; übersehen z. B.

bei GERD ROSENKRANZ, *Energiewende 2.0*, Berlin: Heinrich-Böll-Stiftung 2014.
3 Vgl. dazu ausführlicher ROSENKRANZ, *Energiewende*, S. 113 und passim.
4 Vgl. ELINOR OSTROM, *Was mehr wird, wenn wir teilen. Vom gesellschaftlichen Wert der Gemeingüter*, München: Oekom 2013.
5 Vgl. EDWARD WILSON, *Die soziale Eroberung der Erde*, München 2013; zu den Einseitigkeiten und Missgriffen dieser Forschungsrichtung siehe kurz den Beitrag von FELIX EKARDT, in: *Süddeutsche Zeitung* vom 09.04.2013, S. 22.
6 Vgl. zum Folgenden näher EKARDT, *Steuerungsdefizite*, §§ 14, 18; DERS., in: DERS. (Hg.), *Generationengerechtigkeit und Zukunftsfähigkeit*, Münster: LIT Verlag 2006, S. 27ff.; EKARDT, *Theorie*, § 2 D.
7 Dazu näher TIM JACKSON, *Wohlstand ohne Wachstum*, München: Oekom 2011 (auch generell auf Umwelt- und Ressourcenfragen bezogen). Beim Bundesumweltministerium läuft aktuell zudem ein Forschungsprojekt, welches dem Vernehmen nach zum gleichen Ergebnis kommt.
8 Siehe die Nachweise aus Anm. 1.
9 Siehe dazu neben JACKSON, *Wohlstand*; NIKO PAECH, *Befreiung vom Überfluss*, München: Oekom 2012; ANGELIKA ZAHRNT / IRMI SEIDL (Hg.), *Postwachstumsgesellschaft: Neue Konzepte für die Zukunft*, Marburg: Metropolis Verlag 2010.
10 Prononciert in diese Richtung PAECH, *Befreiung* und HARALD WELZER, *Selbst Denken*, Frankfurt am Main: S. Fischer Verlag 2013.
11 Siehe etwa MATHIAS BINSWANGER, *Tretmühlen des Glücks*, Freiburg: Herder 2006.
12 Vgl. die berühmte Formulierung von der Kolonialisierung der Lebenswelt bei JÜRGEN HABERMAS, *Theorie des kommunikativen Handelns*, Bd. 2, Frankfurt am Main: Suhrkamp 1981.

Buch Besprechungen

Hanna-Barbara Gerl-Falkovitz	*Zwischen Religion und Vernunft.* Harald Seuberts magistrales Werk (2013)	128
Albrecht Voigt	Glauben zwischen ‚peinlichem Vorfall' und intellektueller Redlichkeit. Volker Gerhardts *Sinn des Sinns. Versuch über das Göttliche* im Spannungsfeld von Glaube und Wissen (^{3}2015)	134
Martin Büscher	Sergij Bulgakov, *Philosophie der Wirtschaft – Die Welt als Wirtschaftsgeschehen* (1914)	136
Dirk Uffelmann	Steffen Huber, *Einführung in die Geschichte der polnischen Sozialphilosophie. Ausgewählte Probleme aus sechs Jahrhunderten* (2014)	139

Zwischen Religion und Vernunft.
Harald Seuberts magistrales Werk
HANNA-BARBARA GERL-FALKOVITZ

„Nach jahrhundertelanger Entfaltung der Aufklärung erwachten wir plötzlich in einer geistigen und kulturellen Verwirrung: mehr und mehr stehen wir mit Entsetzen einer Welt gegenüber, die ihre religiöse Überlieferung verliert. Und unsere Furcht davor ist durchaus begründet. Verlorene Mythen werden weniger durch aufgeklärte Rationalität als vielmehr durch ihre schrecklichen säkularen Karikaturen ersetzt."

Sollte dieser Satz Leszek Kołakowskis (+2009) zutreffen, so ist das vorliegende Werk Harald Seuberts ein Augenöffner für die klassische religiöse Überlieferung und ebenso für die gegenwärtige Theorievielfalt religiöser Spätzeit. In manchen kritischen Freilegungen steckt zudem das Remedium für eine sich religionsdistant dünkende „Säkularität".

Harald Seubert (*1967), an verschiedenen Universitäten und Hochschulen als Philosoph tätig (Halle, Erlangen, München, Posen, Eichstätt, Bamberg, jetzt Basel), legt sein *opus magnum* zur Religionsphilosophie vor. Dessen jahrelange Genese in Vorlesungen und Seminaren geriet nicht allein an Umfang, sondern vor allem im geistigen Radius eindrucksvoll. Das Thema setzt nicht einfach bei der europäischen Aufklärung und Moderne an, sondern sachgemäß bereits in der griechischen Denkschule Platons und Aristoteles' und den von beiden abzweigenden Wegen, welche außer der tiefgehenden christlichen Verarbeitung auch jüdische und islamische Horizonte beeinflussen. Es mündet in die heutigen uneinheitlichen, auch eklektizistischen Fragestellungen und den darin gegebenen Methodenpluralismus und schließt die bekannten neo-atheistischen und positivistischen Reduktionismen ein, aber auch analytisch und phänomenologisch grundierte spätmoderne Theorien von Religion.

Aus dem großentworfenen Fundus seien einige nachdenkenswerte Positionen herausgehoben. Seubert selbst bezieht sich teilweise auf die Werke von Richard Schaeffler, Lorenz B. Puntel und Charles Taylor als geschätzte Vordenker, die dem Thema „Religion und Vernunft" je unterschiedliches Profil – auch gegen die „neuen Atheismen" – verliehen haben. Sein eigener Ansatz speist sich aus der Hochschätzung europäischer Denktradition, die er unter den kritischen Gebrochenheiten des 20. Jahrhunderts zu reformulieren sucht. Der methodische Einsatz beruft sich auf Heinrich Scholz' Unterscheidung (1922) von konstruktivem und rezeptivem Typus von Religionsphilosophie: einerseits mit der Fassung des Themas „Gott" in der Konstruktion der Vernunft (Kant), also unter Absehung von Offenbarung; andererseits im Aufweis der Vernunfthaltigkeit kontingenter geschichtlicher Religionen (Hegel), also im Einbezug von Offenbarung, die auf Vernunft hin übersetzt wird. Seubert ergänzt dieses europäische Doppel-Konzept durch „Interkulturelle Blicke", welchen die aufklärerische Religion der Vernunft nicht genügen kann, weil andere Kulturen vielmehr zu ihrer je eigenen Selbstreflexion finden müssen. Mythische, theoretische oder mystische Gottesbilder in östlicher und westlicher Formgebung sollten in solcher Selbstreflexion „Tiefenanalogien" zutage bringen, die z. B. in einer „negativen Theologie" der Unbegreiflichkeit und Unaussagbarkeit Gottes übereinstimmen. Seubert selbst arbeitet methodisch überwiegend diesem zweiten „rezeptiven" Verfahren zu, das den gemeinsamen „Glutkern" von Religionen hermeneutisch herausstellt, ohne sie durch einen bestimmten Typus von Rationalität apriori zu dominieren.

Das Buch erlaubt aufgrund klarer Gliederung bei allem Materialreichtum ein gutes Zurechtfinden. Der rote Faden zieht sich erkennbar durch zwei unterschiedlich große Teile: den ersten ausdrücklich religionsphilosophischen: *Konstellationen zwischen Glaube und Vernunft* und den zweiten knapperen Teil, der verschiedene Bezüge von Religion auf Wissenschaften und Lebenspraxen darstellt: *Probleme und Phänomene*. Für sich lesbare Überblicke sind einrahmend eine „Einleitung" und ein „Epilog".

Die „Einleitung" erarbeitet in sechs Schritten den Problemstand jenes „Zwischen", das der Titel „Zwischen Religion und Vernunft" programmatisch setzt, also das Spannungsfeld sich wandelnder vernünftiger Annäherungen an Religion. Die These kann verkürzt lauten: Religion selbst ist vernunfthaltig; sie muß nicht mühsam durch Vernunft glaubwürdig erhärtet werden, sondern sie selbst thesauriert auf ihre je eigene Weise Vernunft. Allerdings bedarf es – wie auch Habermas mehrfach festhielt – einer „Übersetzung" dieses Thesaurus in plausible Argumentation. Seubert lenkt den Blick auf den historischen Plural der Religionen, die sich in ihren konkreten Erscheinungsformen zu widersprechen scheinen, aber gerade durch Vernunft in ihrer analogen Struktur erhellt werden können. Andererseits lenkt er den Blick auf die Vernunft selbst, die ihrerseits keineswegs nur in einem zweifelsfreien Singular agiert: „Welche Philosophie? Welche Religion?" Zu beachten ist jedenfalls, daß die Trennung beider Bereiche auch zu Ungunsten beider ausfällt: Religion kann in Fanatismus oder Esoterik entarten, Vernunft in Reduktionsformen von Positivismus oder szientischem Rationalismus.

Statt solcher Verkürzungen und mäandernden Entgleisungen betont Seubert die inhärente Ausrichtung des Menschen auf Selbstüberschreitung. Nur von dieser Selbsttranszendenz her bestimmen sich Religion ebenso wie Philosophie, und zwar ausdrücklich seit ihren Ursprüngen.

Mit dieser Suchthese beleuchtet der Autor im „Ersten Teil" das Verhältnis von religiöser Tradition und Philosophie in der griechischen Antike (Kap. 2). Vorfindliche Traditionsgemeinschaften mit religiösem Horizont und Problembewußtsein, durchwegs also vorphilosophische Überlieferungen, sind bei den Gründungsvätern der Philosophie augenscheinlich. Das bedeutet nicht einfach die Übernahme, aber auch nicht das Ausscheiden, vielmehr die Reinigung des religiösen Mythos durch eine philosophische Gotteslehre, die sich deutlich auf eine überlieferte religiöse Weltdeutung von Ursprung und Ende, von gestörter Ordnung etc., einläßt. Philosophie setzt sich ins denkerische Verhältnis dazu, weil sie dieselben kosmologischen und anthropologischen Themen hat; ihr Medium aber wird der Logos.

So artikuliert Philosophie seit ihren griechischen Anfängen ein Verstehen des Ganzen, auch des religiösen Verstehens selbst: Das Verlangen nach Einsicht und Weisheit schließt das Telos des Ganzen ein, das als „aei on", immer Seiendes, Göttliches erfaßt wird. So besteht schon bei Platon unmittelbar in der Person des Philosophierenden die Verbindung, das *metaxy* beider Bereiche, weil Wahrheit sowohl in der Form des Denkens als auch des im Glauben „immer schon Gewußten" aufscheint.

Wachsende geschichtliche Entfaltungen dieses allerersten Gründungszusammenhangs zeigt Seubert, erfreulich differenziert, im Blick auf Philosophien des Islam und des Judentums (Kap. 3), über die großen Stationen Thomas von Aquin, Meister Eckhart und Nicolaus Cusanus (Kap. 4) bis zu jenen mittelalterlichen Religionsgesprächen, in denen die Reichweite gegenseitig zugestandener Vernunft angesichts eines verschiedenen Glaubens auf die Probe gestellt wird (Kap. 5). Immer weitere Ausfaltungen führen die Spannung des „Zwischen" durch die großen Entwürfe von Spinoza, Leibniz (mit einem Exkurs zur Theodizee), Pascal, Kant, den Spinozismusstreit zum fulminant beleuchteten Dreigestirn des Deutschen Idealismus: Hegel, Schelling und Fichte, mit einem Blick auf Schleiermacher (Kap. 6–10). Nach diesen unterschiedlichen Apotheosen der Vernunfthaltigkeit christlichen Glaubens „bricht der Bogen" mit Kierkegaard und Nietzsche; der im 19. Jahrhundert noch mit Verzweiflung und Pathos erfahrene „Tod Gottes" wird dem 20. Jahrhundert vererbt und bei Weber und Troeltsch theoretisch durchdekliniert (Kap. 11).

Ab da wandelt und verzweigt sich das Philosophieren, auch in Sprache und Denkstil. Aber es bleibt von Theologie getränkt, insbesondere bei jüdischen Denkern des 20. Jahrhunderts vor und nach dem Schatten der Shoah. Als programmatisch für die neue Formalanzeige eines „kommenden letzten Gottes" – jenseits des Christus-Ereignisses – wird Heidegger in der Nachfolge Hölderlins, Hegels und Schellings angeführt. Dem steht zeitgleich Rosenzweigs „Stern der Erlösung" ebenso programmatisch gegenüber mit einer jüdischen, d. h. geschichtlichen Grammatik des Gott-Denkens. Dasein zwischen Geburt und Tod wird in seiner Faktizität gedacht und lebendig erlitten und ist damit dem formalen Existential weit voraus: Gerade Leiden (in seiner theoretischen Uneinholbarkeit) ist Teilhabe am unvordenklichen Leben. Ebenso ist der Uranfang, Gott/Jahwe, der formalen Selbstbegründung des Daseins enthoben; er wird vielmehr immerwährend vom jüdischen Schicksal bezeugt. Geschichte trägt mehr als Existentialien.

Dieser Exkurs zu Heidegger und Rosenzweig (als zwei prototypischen Versuchen, Geschichte auf Zukunft hin zu denken) führt zur Aufschlüsselung einer „negativen Religionsphilosophie" in der kritischen Theorie Adornos und Benjamins (Kap. 12). Walter Benjamin erinnerte in den 1940er Jahren an den messianischen Grundzug der Geschichte, wobei allerdings die Gestalt des Messias bei ihm unbesetzt, eine bloße „Idee" blieb. Immerhin hält auch diese Formalanzeige den Platz für den Kommenden frei, was der Geschichte bleibende Gespanntheit verleiht. Adorno skizzierte „nach Auschwitz" angesichts der erlebten Verzweiflung eine kommende Erlösung, deren religiöse Signatur er allerdings verneinte, es sei denn, sie komme als säkulare Erlösung und sei eher im Bereich der Ästhetik erwartbar.

Sehr erhellend für die methodische Annäherung des 20. Jahrhunderts an „Gott" ist der Abgleich zwischen Phänomenologie der Religion und analytischer Religionsphilosophie (Kap. 13). Zunächst gibt Seubert eine reiche Materialentfaltung: In der Entwicklung der Phänomenologie führte Husserls „reine" Hinnahme der Phänomenalität der „Sachen selbst" bei vielen Schülern unbeabsichtigt zur Suche nach dem Ur- und Erstgeschehen, das aller transzendentalen Konstitution vorausgehe: also auf die Gegebenheit der Gotteserfahrung (Edith Stein, Emmanuel Lévinas, Michel Henry). Die Weiterentwicklungen phänomenologischen Fragens durch Jean-Luc Marion, der Widerspruch dagegen durch eine neue Ontotheologie bei Lorenz B. Puntel, die Paulusexegesen Badious, Taubes', Agambens und Zizeks, letztlich die weithin unbekannten Analysen von Ursprungsmythologien durch Klaus Heinrich – all diese Themen in den essayistischen, fundierten Beleuchtungen Seuberts lohnen sich unbedingt zu lesen. Die folgende Gegenüberstellung analytischer Religionsphilosophie betont zwei Tendenzen: a) die des späten Wittgenstein von den Grenzen der Sprachwelt, in welchen sich auch Religion aufhalte, zusammen mit einer neueren „realistisch-metaphysischen Form" von kognitiven und propositionalen Aussagen; b) das Sprechen in radikaler Transzendenz; so in Wittgensteins Tagebüchern, wo es zur Leidenschaft einer „grundlosen" Glaubensgewißheit kommt, die ebenso wenig wie Sprache und Welt von Begründungen eingeholt werden müßte. Dass der Übertieg selbst mit einem gewissen Solipsismus, positiv: mit subjektiver Evidenz einhergeht, erhöht seine Unaussagbarkeit; religiöses Sprachspiel unterliegt nicht den Regeln belastbarer Propositionen. Unterschiedliche analytische Religionsphilosophien und Marginalien zu Whitehead und Peirce schließen den Ersten Teil informativ und kenntnisreich ab.

Der Zweite Teil „verortet" in acht, reichen Inhalt ausbreitenden Kapiteln Religion im Umfeld von Philosophie, Theologie, Metaphysik, Politik und Kunst; die Ästhetik verschränkt dabei bekannte Topoi (so das Erhabene, das Schöne, die Herrlichkeit) von Platon bis zur Gegenwart in neuer Zuordnung. Ferner wird die Vielzahl der Religionen in ein „Tiefengespräch" über verbindende Analogien und bleibende Abgrenzungen genommen; erfreulich konkret und nicht einfach harmonisierend fällt der Blick auf Judentum, Islam und fernöstliche Religionen in begegnender Distanz zum Christentum. Ein letztes Nachdenken widmet sich dem Bösen im Zeichen seiner Unlösbarkeit; glaubend lasse sich Lösung nur religiös, in der Vergebung, der „reinen Gabe" der Gnade, reflektieren.

Abschließend seien aus der profunden Vorlage einige wenige Überlegungen gehoben, die der Rezensentin besonders nachdenkens- und fortführungswert erscheinen (anstatt „künstlich" nach Ansatzpunkten einer Kritik zu suchen).

- Was die Vernunft betrifft: Seubert kann die materiale Abhängigkeit des philosophischen Diskurses von religiösen Traditionen überzeugend aufweisen. Das bedeutet: Philosophieren steht selbst unvermeidlich in einer (religiösen) Tradition, gerade auch in kritischer Absetzung dazu. Diese Abhängigkeit zieht ebenso unvermeidlich eine Partikularität oder Topologie des Philosophierens nach sich. Konkret: Auch die autonome Vernunft kann als eine europäische Metaerzählung (Lyotard) gelten, ist sie doch selbst ein Traditionsbegriff. Das bestreitet nicht ihren Geltungsanspruch, beleuchtet aber ihre Genese – letztlich aus dem Logos griechischen Denkens (Stichwort: „Hellenisierung der Vernunft?"). Dem Logos entspricht „nahtlos" in religiöser Sprache das jüdische *dabar*, mit dem Weltschöpfung beschrieben wird, oder der vor-zeitliche *logos* im Johannes-Prolog, der den personalen, willentlichen Ursprung der Welt kennzeichnet. Hinter diesen Reflexionsstand über Vernunft sollte man auch atheistisch oder agnostisch nicht zurückfallen.

- Was die Religion betrifft: „Gott" ist nicht nur als Korrelat menschlicher, vielleicht sogar evolutionär fundierter Sehnsucht zu denken, vielmehr als ein Sein, dessen Bestimmungen freilich durch Offenbarung seiner selbst, auch durch eine denkbare „Uroffenbarung" in Mythen zu finden sind, nicht notwendig erstrangig durch Vernunft. Allerdings wird solche Offenbarung (nicht weniger als eine kulturübergreifende anthropologische Sehnsucht nach dem Heiligen) als Herausforderung der Vernunft „zu denken geben". Anzufragen bleibt dabei, und das weist auf das oben Gesagte zurück, ob so gewonnene Einsichten, an eine bestimmte Genese in einer bestimmten Religion gebunden, ohne weiteres in andere Kontexte übertragen werden können (Stichwort „Christianisierung der Vernunft?" – nicht nur „Hellenisierung des Christentums").

- Eine parallele Anfrage bezieht sich auf den Menschen, der sich der Gott-Erfahrung stellt: Wozu entbindet ihn die jeweilige Religion? Zwischen einer „Tier-Werdung", wie sie ein bestimmter Dionysos-Kult befördert, und einer Person-Werdung, wie sie im Christus-Ereignis möglich wird, besteht ein augenfälliger Unterschied. Um diese Differenz begrifflich einsichtig zu machen, könnte die klassische, auf Paulus zurückgreifende Unterscheidung von *religio* und *fides* (wie bei Ernst Feil entfaltet) den zu allgemein verwendeten Religionsbegriff schärfen, nämlich seine Transformationen durch die Implikationen des biblischen Denkens bis zum persönlichen Glauben aufweisen. Alles zusammenfassend könnte man nach der Lektüre des Buches sogar fragen: Kann es überhaupt eine sinnvolle Anthropologie geben, die sich der Gott-Erfahrung – unterschiedlicher Herkünfte und Sprachwelten, von der Frühgeschichte bis zur Spätmoderne, in Negation wie in Position – nicht stellt?

Bei weiteren Auflagen, die dem Werk zu wünschen sind, sollten Druckfehler bereinigt werden, sowie Errata (z. B. A-pollon: der Nicht-Viele (S. 328), statt: der Nicht-Eine; bei Kap. 5/ 5.1 muß die Überschrift wohl lauten: Jüdisch-islamische Konstellationen, statt: Jüdisch-christliche K.). Diese Petitessen schmälern indes den großen Wurf nicht. An dem ausgreifenden Radius dieser Religionsphilosophie werden sich andere Versuche messen lassen, sowohl was den Materialreichtum, als auch was die Reflexion verschiedener Methodiken angeht.

Seubert hat auf fulminante Weise bis in Gegenwartsanalysen hinein gezeigt, was mit Denis de Rougemont (*Der Anteil des Teufels*, München 1999, S. 21) festzuhalten ist: „Das Denken des Okzidents und sein Wortschatz sind aus den großen theologischen Debatten der ersten Kirche geboren. Unsere Musik, unsere Bildhauerei, unsere Malerei sind im Chor der Kirchen geboren, während unsere Poetik in der Atmosphäre der manichäischen Sekten entstand. Sogar die großen modernen Philosophien: Descartes und Kant, Hegel, Auguste Comte und Marx, sind ursprünglich theologische Stellungnahmen gewesen. Die Theologie ignorieren heißt mit der fruchtbarsten Tradition der abendländischen Kultur brechen. Das heißt also, sich dazu verurteilen, ohne es zu wissen, die seit mehr als 1500 Jahren durch die Kirchenväter und die großen Häretiker in Form gebrachten geistigen Entdeckungen noch einmal zu machen."

Besprochener Titel:
Harald Seubert, *Zwischen Religion und Vernunft. Vermessung eines Terrains*, Baden-Baden: Nomos Verlagsgesellschaft 2013, ISBN 978-3-8487-0351-7, 708 Seiten, € 98,-.

Glauben zwischen ‚peinlichem Vorfall' und intellektueller Redlichkeit

Volker Gerhardts *Sinn des Sinns. Versuch über das Göttliche* im Spannungsfeld von Glaube und Wissen

ALBRECHT VOIGT

Als der jüdische Literat Alfred Döblin zu seinem 65. Geburtstag 1943 kundtat, dass er sich katholisch hat taufen lassen, kam es zum Eklat: Einige Gäste, darunter Bertold Brecht, verließen das Fest. Sie konnten diesen Schritt Döblins nur als ‚peinlichen Vorfall' (so der Titel des darauf von Brecht verfassten Gedichts) empfinden: Der religiöse Glaube galt als Abseits der Vernunft, a priori verknüpft mit dem Denken im Kontext einer geschlossenen Weltanschauung.

Diese Sichtweise hat in den sich seither weiter zuspitzenden Vereinseitigungen der Moderne einerseits zu einem Vernunftverständnis geführt, welches die Erkenntnisdimensionen des Glaubens zu vergessen droht und damit längst pathologische Vernunftformen (Gerhardt analysiert dies luzide bei Äußerungen der Giordano-Bruno-Stiftung, S.40f.) ausgeprägt hat. Andererseits beschert die Vernachlässigung der Erkenntnisweisen der Vernunft nicht nur dem Islam (z. B. im IS-Extremismus) ungeheure Herausforderungen und lässt zum Teil extrem pathologische Glaubensverständnisse hervortreten. In diesen großen Vereinseitigungen bieten vor allem philosophische Hinführungen die Möglichkeit, die Vernünftigkeit und Unabdingbarkeit des Glaubens glaubwürdig zu skizzieren.

Volker Gerhardt setzt in seinem jüngsten Werk *Der Sinn des Sinns. Versuch über das Göttliche* dezidiert mit diesen Herausforderungen ein. Die Negation des Glaubens produziere nicht die erhoffte reine Sachlichkeit, sondern zeige nur ein grundlegendes Missverständnis, da ‚der Schritt des Glaubens' immer schon von jedem Menschen, natürlich mit allen biographischen und sozialen Konditionalitäten, getan werde: Das die Grenzen der Vernunft sprengende Ganze lasse sich nicht vergessen, höchstens um den Preis der Selbstvergessenheit. Die Korrespondenz zwischen Welt und Person setze eine Einheit voraus, die gar nicht anders als göttlich begriffen werden könne. Von diesem Weltvertrauen aus und im Nachdenken über die Bedingungen der eigenen Selbstgewissheit sei es über den Akt vorbehaltloser Aufklärung ein kleiner Schritt zu der Einsicht, wie weit der in allen Fällen notwendige Glaube reiche. Dieser Glaube setze eine Aktivität voraus, einen Akt der gleichermaßen intellektuellen wie affektiven Konzentration auf das uns im Dasein Wesentliche, um so zum Sinn des Sinns, dem Göttlichen zu gelangen. Das auf vernünftiges Denken gründende Wissen sei daher nötiger als je zuvor, wir benötigen die Wahrheit und ebenso das Vertrauen in ihre Wirksamkeit, denn das eigene personale Wollen impliziere einen Lebenssinn, der letztlich nicht ins Leere gehe: Dieser Sinngrund verdiene den Namen des Göttlichen und sei ‚der Sinn des Sinns'. Natürlich komme dieser Bezug nicht ohne ein Vertrauen in das Welt- und auch Selbstverhältnis aus, ohne eine Erwartung bleibe Wissen kraftlos; gerade die Wissenschaft könne daher auf den bei Gerhardt sehr weit gefassten Begriff des Glaubens nicht verzichten. Diese existentielle Bereitschaft, das Selbst und Welt umspannende göttliche Ganze anzuerkennen, sei die Grundlage des religiösen Bewusstseins.

Diesen Glauben als Gefühl in seiner Unabdingbarkeit zum Wissen zu beschreiben, wie er sich z. B. in sozialen Einstellungen des Menschen wie Liebe, Treue und Loyalität äußert, gelingt Gerhardt überzeugend, auch wenn er selbst einräumt, dass der alleinige Maßstab des Gefühls für den Glauben zu kurz greife. An dieser Stelle stellt sich jedoch die Rückfrage an den Autor, inwieweit es eine vernunft- und glaubensgeleitete Institution geben muss, welche die wesentlichen (nicht nur über das Gefühl, sondern ebenso über die Einsicht der Vernunft), also wahrscheinlichsten Erkenntnisse und Erfahrungen des Glauben kritisch prüft und lebendig tradiert. Ist gegen die Anfälligkeit des Glaubens, gerade wegen der pathologischen Erscheinungsweisen der ‚Religion des Privaturteils' eine Institution nötig, welche ein kritisches Gegengewicht bietet? Ein Beispiel hierfür sind die vom Philosophen Gerhardt (S. 201ff.) skizzierten theologischen Grenzgänge in Rekurs auf den Johannesprolog („*Am* Anfang war die *Liebe.*") mit allen philologischen Improvisationen, welche dann leider in eine sehr problematische Argumentation geführt werden: Vielmehr ist das Christentum nicht nur (Nächsten-) Liebe, sondern allem voran fleischgewordener Logos („*Im* Anfang war das *Wort*!"). Wenn jedoch der Ethos vor dem Logos steht (diese die Neuzeit sehr prägende Vereinseitigung erscheint in Gerhardts Denken tief verwurzelt), so geraten die religiösen Maßstäbe sehr bald auf die Ebene des allein persönlichen Urteilens, des Fühlens und Erlebens.

Die abschließenden Verweise Gerhardts auf den nationalsozialistischen Widerstand (Dietrich Bonhoeffer, Alfred Delp u.a.) vermögen diese Vereinfachungen nicht aufzuwiegen: Diese Märtyrer gingen nicht nur auf ‚das Wissen' gerichtet in den Tod, sondern weil sie eine Erfahrung bezeugten, die vom Logos ergriffen war. Diese Erfahrungen als Bezug auf das Ganze zu beschreiben, gelingt Gerhardt als philosophische Hinführung zum Glauben überzeugend, in den theologischen Implikationen bleiben die Ausführungen jedoch sehr unzulänglich: Das Christentum präzise ist mehr als ein ozeanisches Aufgehen im Ganzen, es zielt vielmehr auf ein rettendes Bewahren des Einzelnen, auch wenn diese Hoffnung (nicht nur nach dem Grauen der Shoah) vielen Menschen nur noch als „wahnwitziger Optimismus" (Karl Rahner) erscheinen mag.

Besprochener Titel
Volker Gerhardt, Der Sinn des Sinns. Versuch über das Göttliche, München: C.H. Beck 2015³, ISBN 978-3-406-66934-7, 357 Seiten, 29,95 €.

Rezension von „Sergij Bulgakov. Philosophie der Wirtschaft – Die Welt als Wirtschaftsgeschehen [Moskau 1912]" (2014)
Martin Büscher

Als hätte er es geahnt: „An einem allerdings zweifle ich nicht – an der enormen Bedeutung des Problems selbst, dem meiner Überzeugung nach wenn schon nicht der heutige, so doch der morgige Tag in der Philosophie gehören muss." Eine erweiterte Form dieses Satzes stellen die Herausgeberinnen an den Anfang des Textes. Die Prägung menschlichen Zusammenlebens durch wirtschaftsorientiertes Denken ist identifiziert, zunächst als Betonung der Rolle der wirtschaftlichen Verhältnisse für das Leben der Menschen. Aber Wahrnehmung dieser zentralen Rolle in der Philosophie oder gar der Theologie? Ein Randphänomen nur sind gewöhnlich Wirtschaft und Wirtschaftswissenschaft für geisteswissenschaftliche Analysen und wenn, dann sind diese in der Regel auf additive Wahrnehmungen mit Grundsatzkritik, normativer Kriterienbildung oder ethische Bewertungen beschränkt. Demgegenüber eine gesellschaftlich umfassende Wirtschaftsphilosophie, gar mit einem konstitutiven Anspruch an Wirtschaft und Wirtschaftswissenschaft?

Bulgakov beginnt methodisch grundlegend. Eine „Kritik des Ökonomismus"(S. 5ff.) im Jahre 1912 zu verfassen, hinterlässt ungläubiges Staunen im Blick auf die Aktualität des Zugangs. Zwar bezieht sich seine Kritik historisch auf den ökonomischen Materialismus marxistischer Prägung, zugleich aber auf den Punkt, in dem die gesellschaftliche Analyse von Karl Marx durchaus Aktualisierungskraft entwickeln kann, nämlich in der Wahrnehmung ökonomischer Gesetze, die als ökonomische Sachgesetze oder Sachzwänge interpretiert werden. Ungewöhnlich ist, dass und wie der Autor Fragen nach dem Wesen des Phänomens Wirtschaft, den Methoden der wissenschaftlichen Erfassung und Ansatzpunkte geisteswissenschaftlicher Verortung durchgängig verbindet. Soziale Mechanismen als „gegeben und selbstverständlich" anzunehmen (S. 9) sei Ausdruck einer einzelwissenschaftlichen Unkultur, der nur mit einer philosophischen (oder theologischen! [M.B.]) Gesamtschau begegnet werden kann. Die konventionell pragmatische, mechanistische Weltanschauung der Wissenschaft als passive Schematisierung der Welt („Katechismus der Metaphysik des wissenschaftlichen Rationalismus") stelle eine typische Krankheit der neueren Philosophie dar (S. 156). Das Verhältnis zur Natur als zu einem Mechanismus sei auch in erster Linie eine „List der Wirtschaft", ein Kunstgriff des vordringenden Lebens, dessen heimliches und eigentliches Bestreben darin besteht, alles Leblose, alles Mechanische zu besiegen und in sich aufzulösen (S. 159). Insofern das Objekt in der Wirtschaft als Grenze der Macht des Subjekts wahrgenommen wird, bedeute es Notwendigkeit, Unfreiheit für das Subjekt (S. 164). Aber:

Als Träger der Freiheit sind die Menschen Götter, Wesen, die potentiell zur Vergöttlichung bestimmt sind, befähigt, sich in den Ozean des göttlichen Seins zu ergießen (S. 176).

Die Weltseele sei die wahre Gesetzmäßigkeit der Geschichte. Der Geist der Geschichte sei kein bildhafter Ausdruck, sondern echte Wirklichkeit (S. 184f.). Methodenkritisch bemerkt Bulgakov: Jede Sozialwissenschaft richte ihre Aufmerksamkeit auf einen Aspekt und verwerfe alles übrige als für sie unwesentlich, doch natürlich gibt es unter dem Gesichtspunkt der Fülle des Lebens diese Unterscheidung nicht. Das lebendige Ganze des sozialen Lebens lege sich nicht unter das Skalpell der wissenschaftlichen Analyse (S. 201). Insofern deren Aufmerksamkeit an das Einzelne und Besondere gefesselt sei, bleibe ihnen das Allgemeine fremd (S. 213). Die Grundthese der politischen Ökonomie, dass die Phänomene des wirtschaftlichen Lebens den Charakter des Wiederholbaren und Typischen aufweisen, sei die allgemeine methodologische Voraussetzung ökonomischer Gesetzmäßigkeiten (S. 221). Hier identifiziert Bulgakov die den Gegenstand einengende Verbindung von wirtschaftswissenschaftlicher Heuristik und vermeintlichem Realtypus der Ökonomik.

Gegen Ende profiliert sich auch die theologische Deutungskraft des Autors. Der Glaube an die Autorität sei die wahre Gnoseologie des ökonomischen Materialismus, deren logische Grundlage. Und dieser Fluch der Abhängigkeit von der Natur erzeuge einen neuen, noch schlimmeren Fluch, und zwar die wirtschaftliche Versklavung des Menschen durch den Menschen selbst, die ewige Feindschaft unter den Menschen um des Reichtums willen. Das sei die Sehnsucht nach Befreiung, die im ökonomischen Materialismus zu vernehmen ist, und das sei die Wahrheit, die in seinen wissenschaftlichen Hieroglyphen verhüllt ist. Es ist die Wahrheit, die auf den ersten Seiten des Buches über die Genesis des Menschengeschlechtes ausgesprochen ist als das Wort des göttlichen Zorns und des göttlichen Gerichts über den sündhaften Menschen und die ganze Schöpfung (S. 249f.). Eine Übereinkunft der Gedanken könne nur durch eine lebenspraktische Einigung erzielt werden. „Deshalb ist mir klar, dass es neben der vorgelegten Philosophie der Wirtschaft auch noch eine ganz andere geben kann" (S. 261): Natur als religiöser Materialismus und konkreter naturphilosophischer Spiritualismus. Ein deutlicher Unterschied zu Materialismus und abstraktem Idealismus, insbesondere in protestantischer Theologie, die Gott vor allem als moralische Weltordnung und die Religion vor allem als Ethik versteht, wird so diagnostiziert (S. 290). Das weder politisch noch methodologisch eingeengte Wirtschaftsgeschehen als Teil der Weltseele leitet Bulgakovs philosophisches Denken.

Der Autor diskutiert in seiner wahrhaft ganzheitlichen Weltsicht Grundkategorien (u. a. den Freiheitsbegriff [S. 165ff.]), ökonomische Begriffe und Gesetzmäßigkeiten (S. 199ff., 222ff., S. 237f.). In der Wahrnehmung der Welt als Wirtschaftsgeschehen wird der Zusammenhang von

Sein (Realtypus der Wirtschaft) und Bewusstsein aus theologischer Sicht entfaltet. Wirtschaft schafft Kultur (S. 257), sie sei zugleich Teil der Schöpfung. Deren letzter Sinn bleibt menschlicher Erkenntnis verschlossen. Sinnfragen der Wirtschaft zu stellen macht Bulgakov zum Vorbild für hermeneutische Ökonomie und zum philosophischen Partner verstehender Nationalökonomie (Werner Sombart, Max Weber, Alfred Müller-Armack). Schade nur, dass zeitbedingt das Potential zur Entwicklung differenzierterer Steuerungsmechanismen der Wirtschaft unausgeschöpft bleiben mußte und bedauerlich, dass es bisher eine zeitgeschichtliche Weiterführung einer Philosophie der Wirtschaft vom Range Bulgakovs nicht gibt.

Es liegt eine differenzierte herausgeberische Bearbeitung mit Anhang, der Dokumentation einer interdisziplinären Diskussion jedes Kapitels und eine m. E. feinsinnige Übersetzung vor. Man muss diesem Band wünschen, zur Pflichtlektüre zu werden, sowohl in der wirtschaftswissenschaftlichen auch als der philosophischen Grundausbildung, bietet er doch Position, Verfeinerungen und reiche Anregung dafür, jeweilige disziplinäre Grenzen wahrzunehmen, zu überdenken, gesellschaftliche Kontexte herzustellen und wissenschaftliche Disziplinen zu integrieren. Den Bedarf dafür hat der Autor weitsichtig formuliert: „Die Wirtschaftswissenschaften gehören zu den am stärksten bedingten und philosophisch am wenigsten selbständigen Disziplinen. Zugleich erhebt sie jedoch aufgrund ihrer faktischen Rolle und ihres Einflusses auf das Leben in unserem Jahrhundert den Anspruch, eine herrische Gesetzgeberin des Denkens zu sein" (S. 9).

Besprochener Titel
SERGIJ BULGAKOV, *Philosophie der Wirtschaft – Die Welt als Wirtschaftsgeschehen [Moskau 1912]*. Herausgegeben von Barbara Hallensleben und Regula M. Zwahlen. Münster: Aschendorff 2014, 351 Seiten, € 54,-.

„Steffen Huber, Einführung in die Geschichte der polnischen Sozialphilosophie. Ausgewählte Probleme aus sechs Jahrhunderten" (2014)

Dirk Uffelmann

Ein Deutscher, der in Krakau polnische Philosophie lehrt? Sehr schön! Eine „Geschichte der polnischen Sozialphilosophie"? Ausgezeichnet! Aber „Ausgewählte Probleme aus sechs Jahrhunderten" – warum so ausgreifend und zugleich so bruchstückhaft? Hätte es nicht gelohnt, länger an der 2014 vorgelegten *Einführung* zu arbeiten und weniger eklektisch vorzugehen? Etwa – um Gottes willen! – um nicht die Romantik und ihren eine Generation späteren Widerpart, den Positivismus, in *ein* Kapitel „Adam Mickiewicz und die Warschauer Positivisten" (S. 179–203) pressen zu müssen?

Der Reihe nach. Steffen Huber, der in Wien Philosophie studierte, 2003 an der Jagiellonen-Universität promoviert wurde und seither dort polnische Philosophie lehrt, führt in neun Kapiteln vom Ende des 14. Jh. bis in die 1960er Jahre. Seine Hinführung beginnt defensiv: Die polnische Philosophie sei beileibe nicht nur eklektisch; sie biete

„[...] viel Neues, das freilich manchmal erst vor dem Hintergrund der polnischen Realien als solches erkennbar wird. Entscheidend ist die Verbindung mit der Praxis. So kann in Polen die Sozialphilosophie als wichtigster und eigentlichster Teil der Philosophie gelten, [...]" (S. 9).

Huber verfolgt also eine kulturgeschichtliche Episteme. Auch hat er Recht, wenn er präzisiert, dass kulturelle Bezogenheit in der polnischen Geschichte existenzielle, geopolitisch-traumatische Erfahrung bedeute (S. 15f.); zu fragen wäre, in welchem Maße über Grunddaten – etwa was die quantitative Stärke des Adels betrifft (S. 74) – hinaus eine Strukturgeschichte vonnöten wäre, welche die Teilungsgrenzen, die Stadt-Land-Spaltung, die Kluft zwischen *Polska A* und *Polska B* oder die Emigrations- und Migrationswellen berücksichtigt.

In der Einleitung vermisst man eine systematische Definition von Sozialphilosophie (etwa eine Auseinandersetzung mit den jüngeren historisch-systematischen Überblickswerken von Detlef Horster oder Norbert Brieskorn) und die unausweichliche Abgrenzung von der Soziologie (vgl. Peter Winch, *The Idea of a Social Science and Its Relation to Philosophy*, London 1958). Genauso wäre ein forschungsgeschichtlicher Aufriss der durchaus etablierten Konzeptualisierung der polnischen Philosophie als einer praktizistischen geboten gewesen (vgl. Adam Zieleńczyk, „Czynnik pragmatystyczny w filozofii polskiej", in: *Przegląd Filozoficzny* 26 [1923], z. 2–3, S. 135–143).

In Kap. 1 (S. 19–35) bespricht Huber den Amtskirchenkritiker und Wirtschaftsethiker Mateusz z Krakowa (ca. 1330–1410), einen europäischen, in Prag und Heidelberg wirkenden Gelehrten. Das umfangreichere zweite Kap. (S. 37–71) ist Paweł Włodkowic (1370–1435) gewidmet, der in Auseinandersetzung mit dem Deutschen Orden die „Staatsdoktrin des entstehenden [polnisch-litauischen] Doppelgemeinwesens" formulierte (S. 37, 60). Der dritte Abschnitt enthält das erste Doppelkapitel (S. 73–102), das die sozial und religiös grundierte Auseinandersetzung zwischen Andrzej Frycz Modrzewski (ca. 1503–1572) und Stanisław Orzechowski (1511–1566) präsentiert, aus der im Zuge der Gegenreformation der Apologet der Adelsfreiheit Orzechowski über die „Demokratisierungsgedanken" (S. 89) von Frycz Modrzewski als Sieger hervorgeht. Noch tiefer in die konfessionellen Auseinandersetzungen steigt Huber in Kap. 4 (S. 103–123) ein; mit der Gliederung in drei Entwicklungsphasen der unitaristischen Bewegung der Polnischen Brüder (S. 104) entfernt er sich vom personalen Gliederungsprinzip und philosophischen Werkfokus und attestiert Faust Socyn (1539–1604) und seiner „Anthropologisierung" (S. 111) bloß die Rolle eines Scharniers zwischen den Generationen der Rakower Schule.

Ein Zweigestirn von Theoretikern des Sarmatismus, der Standesideologie des polnischen Adels, Andrzej Maksymilian Fredro (1620–1679) und Szymon Starowolski (1588–1656), steht im Mittelpunkt des fünften Kapitel (S. 125–143). Auf die politkulturellen Auswüchse des Sarmatismus reagiert Ende des 18. Jh.s eine ganze Phalanx aufklärerischer Staatsreformer, die Väter der ersten europäischen Verfassung vom 3. Mai 1791 (Kap. 6, S. 145–177).

Darauf folgt das Doppelkapitel über den romantischen Dichterpropheten Adam Mickiewicz (1798–1855) und die Positivisten, die – das mag das einzig verbindende Element sein – am selben historischen Menetekel, nämlich der quasi-kolonialen Situation nach der dritten polnischen Teilung von 1795 laborieren. Dieses Trauma und seine Prägewirkung für die gesamte Zeit bis 1918 kommt bei Huber deutlich zu kurz, wogegen er sich in einen erratischen Exkurs zu Mickiewicz und Solov'ev (mit einer nachgerade windigen Fußnote zur Solov'ev-Rezeption; Anm. 20, S. 189f.) verliert.

Da hätte man lieber mehr erfahren über Tadeusz Kotarbiński (1886–1981), der im achten Kapitel knapp abgehandelt wird (S. 205–221). Der Grund für die eher kurze Würdigung mag darin liegen, dass die Warschau-Lemberger Schule, aus der die analytische Philosophie hervorgeht, am wenigsten einschlägig ist für Sozialphilosophie, und auch bei Kotarbiński, der nach Huber von allen Repräsentanten der Schule noch „am stärksten praktisch ausgerichtet" ist (S. 211), hält sich Huber lange bei Epistemologie und Ontologie auf, bevor er einen bescheidenen ethischen Ertrag sichert (S. 219). Anders sieht das – im letzten Kapitel (S. 223–244) – bei Kotarbińskis Altersgenossen, dem Ethiker Henryk Elzenberg (1887–1967) aus, dessen Ethos der „Tapferkeit vor dem Sein" und des „aufrechten Gangs" (S. 226, 242) sich vor der Folie der Totalitarismen des 20. Jh. entfaltet. Mit Elzenbergs Tod 1967 bricht Huber seinen Parcours ab – das spätere 20. Jh. spart er aus.

Dafür hat Huber triftigerweise mit Mickiewicz und Zbigniew Herbert (S. 228 f., 241 f.) auch Philosophie im literarischen Gewand einbezogen und mit Szymon Starowolski einen selten als Philosophen geadelten „schreibwütigen Polyhistor" (S. 136) berücksichtigt. Augenfälliger als diese methodisch begrüßenswerte Ausweitung aber sind die Lücken (da Huber sich ja der Chance begeben hat, seine Auswahl mit einer griffigen Definition von Sozialphilosophie zu armieren): Es fehlen alle messianistischen Tat-Philosophien, gerade diejenige von Mickiewicz, die Huber übergeht, aber auch die von Bronisław Trentowski und August Cieszkowski. Auch vermisst man die Aufständischen des 19. Jh.s, etwa Edward Dembowski oder Karol Libelt, genauso wie die konservative Romantik eines Zygmunt Krasiński oder den Arbeitsbegriff des Postromantikers Cyprian Kamil Norwid.

Im 20. Jh. hätte die Wertphilosophie und Soziologie von Florian Znaniecki genauso wenig übergangen werden dürfen wie die Kooperationsphilosophie von Edward Abramowski, die Arbeitsphilosophie von Stanisław Brzozowski sowie die Marxismus-Kritik von Czesław Miłosz und Leszek Kołakowski. Schließlich fehlen, obwohl Huber zu Recht anmahnt, dass aus der Sozialphilosophie für die polnische politische Gegenwart zu lernen sei (S. 15), alle Zeitgenossen, vom Neokonservativismus (Zdzisław Krasnodębski) bis zur Gender und Queer Theory. Während Huber in der Frühzeit das sozialphilosophische Element aus religiösem Denken herausarbeitet, übergeht er im 20. Jh. die breite Tradition der katholischen Sozialphilosophie, vom Thomismus über Karol Wojtyła zu Józef Tischner und dem hinter Radio Maryja stehenden ultrakatholischen Pater Tadeusz Rydzyk.

Die Stärken von Hubers *Einführung* liegen in der Sozialphilosophie der älteren Zeit, während es in der nationalen Sattelzeit des 19. Jh.s Schwächen gibt und im 20. Jh. Lücken klaffen. Die vorliegenden Kapitel sind – mit Ausnahme des siebten – gelungen; investiert Huber jetzt noch einige Jahre Arbeit, ist eine umfassende *Geschichte der polnischen Sozialphilosophie* in Reichweite. Eine tragfähige Basis dafür bildet der vorliegende Band allemal.

In der künftigen Fassung sollten – anders als in der vorliegenden, in der das nur ausnahmsweise geschieht (etwa S. 191 o. 231) – auch lateinische und polnische Originalbegriffe sowie Primärzitate angeführt werden. Die kaum eine halbe Seite umfassende Auswahlbibliografie „Allgemeine Literatur" (S. 244) wäre dann deutlich zu erweitern, mindestens um den für deutsche Leserinnen nächstliegenden Überblick (Zbigniew Kuderowicz, *Das philosophische Ideengut Polens*, Bonn: Bouvier 1988) oder das Lexikon polnischer Philosophen (Bolesław Andrzejewski, Roman Kozłowski [Hg.], *Słownik filozofów polskich*, Poznań: Wyd. Fundacji Humaniora 1999).

Besprochener Titel
Steffen Huber, *Einführung in die Geschichte der polnischen Sozialphilosophie. Ausgewählte Probleme aus sechs Jahrhunderten (Veröffentlichungen des Deutschen Polen-Instituts Darmstadt [33])*, Wiesbaden: Harrassowitz 2014, 253 Seiten, ISBN, 978-3-447-10232-2, € 26,-.

BEATE BECKMANN-ZÖLLER, RENÉ KAUFMANN (Hgg.)

Heimat und Fremde. Präsenz im Entzug

Festschrift für Prof. Hanna-Barbara Gerl-Falkovitz

1. Aufl.: Verlag Text & Dialog Dresden 2015, ISBN: 978-3-943897-17-3, Hardcover, 21,0 x 14,8 cm, 436 S., 24,90 € (D)

Der Mensch braucht Heimat – ein Mindestmaß an Sicherheit und Überschaubarkeit, Stabilität und Kontinuität. Heimat meint eine Form nicht mehr eigens zur Bewusstheit kommender, selbstverständlicher Vertrautheit und elementarer Einbindung in lokale, soziale und kulturelle (Vor-)Gegebenheiten, denen eine konstitutive Bedeutung für unsere Existenz, unsere Identität und unser Selbstbild zukommt. Heimat gibt sich uns dabei so selbstverständlich, dass wir ihrer paradoxerweise erst im Modus der Abwesenheit, des Verlustes und Entzuges gegenwärtig werden.

Den Menschen kennzeichnet ein spannungsvoller Grundbezug zum Heimatlichen: weil ihn sowohl das Bedürfnis nach Heimischsein als auch ein ebenso elementares Unterwegssein und der Aufbruch und Exodus aus dem Gewohnten hinaus in die Fremde charakterisieren. Heimat grenzt und schirmt sich gegen das un-heim-liche Fremde ab. Zugleich sind Heimat und Fremde konstitutiv aufeinander bezogen: Das und der Fremde erweisen sich letztlich sogar als Lehrer des Eigenen.

Die Beiträge der Festschrift zum 70. Geburtstag von Hanna-Barbara Gerl-Falkovitz denken in je ganz verschiedener Weise der damit aufgenommenen Spur einer Verquickung von Heimat und Fremde nach: im Fokus auf *Mensch*, *Leib*, *Ort* und *Transzendenz*.

Verlag Text & Dialog
verlag@text-dialog.de | **www.text-dialog.de/**shop
T: (+49)351-427 10 30 | F: (+49)351-219 969 56

Seiten*Blicke*

BEATRIX KERSTEN	Autopoiesis	144
ALEXANDRA GRÜTTNER-WILKE	Lyrik im Geist der Dialogphilosophie. Gedichte aus der Sammlung „Die Scherbe Blau" („Einsamkeit", „Nach deinem Besuch")	146
SANDRA-MARIA LERNBECHER	Ein Fundament für die Zukunft der Menschheit. Tagungsbericht zur Internationalen Konferenz „Edith Steins Herausforderung heutiger Anthropologie", Wien-Heiligenkreuz, 23.–25.10. 2015	148

Autopoiesis

Beatrix Kersten

Gelänge es, flexibel zu sein, kommunikativ, motiviert, strukturiert und orientiert, selbstkritisch und selbstbewusst, entscheidungsfreudig, aufgeschlossen, belastbar und versiert, ständig erreichbar, entspannt, effizient, heiter, interessiert und einsatzbereit, stets alle deadlines zu halten, alle Daten zu kennen, seinen Job zu leben, sein Team zu lieben, nie Probleme, stets Projekte zu haben, sie als challenge zu schätzen, kompetitiv anzugehen und effektiv zu lösen, immer positiv und produktiv Chancen verwertend –

www.photodune.net

Gelänge es, sympathisch und offen rüberzukommen, authentisch, sich mit einem Lächeln, einem flotten Spruch auf den Lippen gewinnbringend zu engagieren, in Beziehungen zu investieren, bewusst zu konsumieren, sich zu perfektionieren und zu optimieren, zu entwickeln, zu pampern, Psychohygiene zu üben, Zeit und Gefühle zu kontrollieren, zu disziplinieren und zu therapieren, mit Cardiofitness, Cleansings und Paleodiäten, die Goal-Tracker-Apps, Schrittzähler und Nährwerttabellen immer im Einsatz den Körper zum Tempel zu machen, in die richtigen Marken gehüllt und mit den technischen Insignien der Führung und Verführung versehen mal hübsch und hip, mal reif und seriös überzeugend durch alle Lebenslagen zu navigieren, den eigenen Marktwert steigernd und bei offenen Optionen die Work-Life-Balance haltend genügend Synapsen zu bilden, um sich verändernd zu überholen –

Gelänge es, fotogen zu posen und geistreich zu posten, inspiriert und dynamisch das Projekt Leben in den heiligen Hallen des Netzes voranzutreiben, kreativ verewigt vor jedermanns Augen Likes zu kassieren fürs Bestücken des Museums des Ego mit Augenblicken, das aalglatte Ich in den Zeitstrom der timeline zu werfen, sich filmend und chattend neu zu erfinden, vernetzt, verlinkt, in 140 Zeichen, als das What einer App, zwitschernd, bloggend, als grinsendes Smiley, gläserner Bürger, ortbarer User quantifiziert, evaluiert, entblößt virtuell perfekt zu existieren, seine Wünsche preisgebend, seine Präferenzen enthüllend mitzuwirken am Großen Ganzen von Crowd und Kommerz –

Gelänge es, zum Teilen und Heilen zu eilen, sich auslebend auszubeuten, kommunizierend zu kapitalisieren, sich zu adaptieren, zu inszenieren und zu transzendieren, alle Ansprüche des neoliberal-kapitalistischen Über-Ich übererfüllend ein makellos richtiges Leben im Falschen zu führen, alle Zwänge der Freiheit individuell internalisiert und integriert, alle Zweifel getilgt und im festen Glauben, die Wüste sei in mir, das schlechte Gewissen sei meins und keins, das man mir machte –

frei zu wählen, was mich manipuliert
und leidenschaftlich lückenlos Leistung zu bringen

wäre ich dann vollbracht?

Lyrik im Geist der Dialogphilosophie
Aus der Sammlung Die Scherbe Blau
Alexandra Grüttner-Wilke

Die Gedichte „Einsamkeit" und „Nach Deinem Besuch" sind dem Lyrikmanuskript *Die Scherbe Blau – Briefe an den Freund* entnommen. Als Zyklus, an einem Jahr entlang geschrieben, wird durch den Band innerhalb der Texte die Geschichte einer intensiven Begegnung, einer tiefen Freundschaft, „erzählt". Inspiriert ist diese Geschichte hinter den Gedichten auch von der Lektüre Josef Piepers, Romano Guardinis und Martin Bubers.

Als Leitmotiv sind Sätze aus Bubers Dialogischem Prinzip dem Band vorangestellt:

„Wo aber das Gespräch sich in seinem Wesen erfüllt, zwischen Partnern, die sich einander in Wahrheit zugewandt haben, sich rückhaltlos äußern und vom Scheinenwollen frei sind, vollzieht sich eine denkwürdige, nirgendwo sonst sich einstellende Fruchtbarkeit. Das Zwischenmenschliche erschließt das sonst Unerschlossene."

Den Gedichten ebenfalls eingeschrieben sind die Pieperschen Ausführungen zur Frage nach dem „Wesen der Liebe". Zentral sind dabei besonders zwei in „Über die Liebe" von Pieper heraus gestellte Elemente: die der Liebe wesentliche, die (göttliche) „Urbejahung" fundamental nachvollziehende Gutheißung des geliebten Menschen und die kreative Macht menschlicher Liebe, die das in der Erschaffung Begonnene fortsetzt und vollendet.

Umspannt und in das christliche Denken eingebettet wird die „erzählte" Begegnung durch Bezüge zu Romano Guardini. In seinem Hauptwerk „Der Herr" beschreibt Guardini den im Gewebe der Gemeinsamkeit stehenden Menschen. Dieses Stehen lässt es dem Menschen gemäß sein, durch den Menschen von Gott zu hören.

„Keiner baut sein Leben aus sich allein. Unser Dasein vollzieht sich aus der eigenen Mitte, zugleich aber von anderen Menschen her. Wir wachsen aus uns selbst, aber durch die Nahrung, die uns von Anderen gegeben wird; ebenso kommen wir zur Wahrheit wohl durch eigenes Erkennen, der Inhalt der Erkenntnis aber wird uns gebracht. Der Mensch ist dem Menschen Weg zum Leben, freilich auch zum Tode. Der Mensch ist dem Menschen Weg zur Wahrheit und zur Höhe, freilich auch zum Irrtum und zum Abgrund. So ist der Mensch dem Menschen Weg zu Gott, und es ist menschengemäß, dass Gottes Wort wohl unserem eigenen Herzen einleuchten muss, aber durch den anderen verkündet wird. [...] der Sprechende bringt kein nacktes Wort, sondern eines, das durch sein eigenes Leben gegangen ist. Er, der selbst Berührte, steht hinter seinem Wort."

Bündeln lassen sich die das Manuskript unterlegenden religionsphilosophischen Gedanken in dem tiefen Satz der Philosophin Hanna-Barbara Gerl-Falkovitz:

„Am Du des anderen wird die Anwesenheit Gottes sichtbar."

Einsamkeit

Auch in der weißen Liebe
ist Einsamkeit
die heimliche Stelle
an der das Osterfeuer nicht brennt
die daliegt am neuen Morgen
noch immer unversehrt

Nach Deinem Besuch

Behutsam legst du
auf der Schwelle
die Zauberkugel aus der
Manteltasche
meinem Kind in die geöffnete Hand,
luftgeformt und wunschgesponnen
märchenleicht und
weniger, als eine Seifenblase

Bis Du die Tür schließt hinter Dir
wird sie zu Gold
tragen wir sie
in die Schatztruhe
zu den Schneckenhäusern
und Muscheln,
den Kieselsteinen
und dem kleinen Stück Himmel,
bewahrt in der sandgeschliffenen
Scherbe Blau

Ein Fundament für die Zukunft der Menschheit
Tagungsbericht zur Internationalen Konferenz „Edith Steins Herausforderung heutiger Anthropologie", Wien-Heiligenkreuz, 23.–25. Oktober 2015

SANDRA-MARIA LERNBECHER

Aus 13 Nationen kamen Wissenschaftler und Interessierte in Wien und Heiligenkreuz zusammen, um über das Denken Edith Steins in Austausch zu treten. Auftakt war ein Spaziergang durch die Innenstadt Wiens, auf dem FRAU DR. ELISABETH MAIER, Vorsitzende der Edith Stein Gesellschaft Österreich, die Tagungsteilnehmer auf Spuren von Edith Stein führte. Die Phänomenologin und katholische Konvertitin jüdischer Abstammung war 1931 nach Wien geladen, um im Palais Niederösterreich anlässlich einer Jubiläumsfeier über die Hl. Elisabeth zu sprechen. Rund 85 Jahre später wurde – nach einem kurzen Besuch im damaligen Sitzungssaal im Palais - in der Wiener Universität eine Internationale Konferenz zur Anthropologie Steins eröffnet. Anthropologische Fragestellungen fanden ihren literarischen Niederschlag nicht nur in Steins Hauptwerken, sie durchziehen ihr Gesamtwerk, dass seit 2014 vollständig in der kritischen Edith-Stein-Gesamtausgabe (*ESGA*) vorliegt. An drei Tagen hat sich die Forschergemeinschaft um Edith Stein, gestärkt durch gemeinsame Mahlzeiten im Kloster und dem Chorgebet der Zisterzienser von Stift Heiligenkreuz, intensiv mit der Frage nach dem Menschen auseinandergesetzt. Zur Vorbereitung auf die Tagung, die von der katholisch-theologischen Fakultät der Universität Wien und der Hochschule Benedikt XVI. Heiligenkreuz in Zusammenarbeit mit den Edith Stein Gesellschaften Österreich und Deutschland sowie der „International Association for the Study of the Philosophy of Edith Stein (IASPES)" veranstaltet wurde, fand bereits von Mittwoch Abend an ein Textseminar an der Hochschule Heiligenkreuz statt. Dort durften Studierende, Doktoranden und Interessierte unter der Leitung von FRAU PROF. EM. HANNA-BARBARA GERL-FALKOVITZ (Heiligenkreuz, Österreich), zusammen mit RENÉ KAUFMANN M.A. (Dresden) und cand. phil. RENÉ RASCHKE (Dresden), dem *Aufbau der menschlichen Person* (ESGA, Bd. 14) nachgehen.

Eine Anthropologie zu entwickeln, die nicht auf „Teilwahrheiten" verengt wird, stellte Frau Prof. INGEBORG GABRIEL von der katholisch-theologischen Fakultät in Wien in ihren Begrüßungsworten als die große Aufgabe unserer Zeit dar. Ausführlich ging die Veranstalterin Frau Prof. em. HANNA-BARBARA GERL-FALKOVITZ am Ende der ersten Tagungseinheit auf die Herausforderung heutiger Anthropologie ein. In ihrem Abendvortrag „Gottgeliebtes Selbst" griff die Religionsphilosophin exemplarisch Themenkreise heraus, in denen sich die heutige Herausforderung widerspiegelt: der Mensch als Cyborg in der Anthropotechnik, die die Ersetzbarkeit des menschlichen Leibes impliziert, sowie moderne Gendertheorien, deren Theatervokabular auf eine maskenhafte Oberflächlichkeit statt Wirklichkeit hinweise. Für beide Theorien ist die Idee eines immens gesteigerten Grades an Selbstentwurf auszumachen, auf den Stein durch die Betonung des Selbst als Gabe und einer dadurch schon immer zugesprochenen Sinnhaftigkeit antwortet.

Eine Reihe weiterer Beiträge behandelten die Geschlechteranthropologie: So stellte Frau Dr. BEATE BECKMANN-ZÖLLER (München) Überlegungen zur „Erlösung der Geschlechter in der Anthropologie Edith Steins" vergleichend neben im Islam vorfindbare Geschlechtertypologien, während „Eine Antwort auf Gender" von Frau Dr. VALENTINA GAUDIANO (Loppiana/ Florenz, Italien) auf die Wichtigkeit der Steinschen Unterscheidung zwischen Species und Individuum für die Geschlechterfrage aufmerksam machte. Diese doppelte Zugehörigkeit der menschlichen Person trägt zu ihrer Komplexität bei, auf die Herr Prof. FRANCESCO ALFIERI (Rom, Italien) ganz allgemein das Augenmerk richtete und unter anderem auf die nicht zu vernachlässigende Kontextgebundenheit des Gefühlslebens hinwies. Erneut Ausschlaggebendes zur Genderdebatte trug Herr Dr. PETR URBAN (Prag, Tschechische Republik) vor. Indem „Edith Stein´s Phenomenology of Sexual Difference" die geschlechtliche Identität weder auf bloße biologische Fakten noch auf soziale Konstruktion zurückführt, entgeht sie den gegenwärtigen Trends von Naturalismus und Konstruktivismus. Phänomenologisch ermittelt Stein in aller Unterschiedlichkeit auch innerhalb eines Geschlechts einen Kern, der universell, dauerhaft und unmanipulierbar ist; zugleich trägt sie der individuellen Ausprägung Rechnung, da sie diesen Kern, der das ganze intentionale Leben prägt, je individuell und Typen-abhängig auf vielfältige Art und Weise ausgedrückt sieht.

Neben vielen genuin philosophischen Beiträgen, hatte die Konferenz zwei Hauptvorträge für den Bereich der Psychologie vorzuweisen: Frau Dr. METTE

Lebech (Maynooth, Irland), Mitveranstalterin und Vorsitzende der IASPES, schloss die Vortragsreihe am Sonntag mit Überlegungen zum Thema „Geistige Gesundheit und Krankheit bei Edith Stein". Sie sieht bei Stein die drei Mechanismen Vitalität, Rationalität und Vertrauen. Werden diese gestärkt oder überfordert, kann es zu Gesundheit oder Krankheit führen. Für den Genesungsprozess im Falle einer psychischen Erkrankung erscheint der Referentin ein individuell abgestimmtes Zusammenspiel von spiritueller Praxis, Psychotherapie und Medikation zielführend. Frau Prof. Angela Ales Bello (Rom, Italien) begeisterte mit einer Ausführung über Edith Steins Beiträge zur philosophischen Begründung der Psychologie und der Geisteswissenschaften. In gekonnt phänomenologischer Vorgehensweise arbeitete sie die Zuordnungen Kausalität und Psyche sowie Motivation und Geist heraus. Zwei Aspekte aus dem fundamentalen Gedankengut Steins könnten das psychologische Forschungsfeld bereits entscheidend bereichern: zum Einen die Vermeidung einer Psychologie ohne Seele, was schon Husserls Anliegen war; zum Anderen die phänomenologische Vorgehensweise, die in der Analyse von Psyche und Geist des Menschen ihren Ausgangspunkt wählt.

Auch aktuelle Herausforderungen kirchlichen Lebens fanden Widerhall in der Vortragsreihe: Während Herr Prof. Wojciech Zyzak (Krakau, Polen) über „Die Familie in Leben und Schriften der Hl. Teresia Benedicta vom Kreuz" sprach, stellte Frau Dr. Viki Ranff (Trier) eine ausführliche Analyse zum Thema der Jungfräulichkeit im Werk Edith Steins vor. Auf die Frage nach der spezifischen Berufung der Frau in der Kirche antwortet Stein mit dem Konzept der sponsa Christi (Braut Christi). Wenn Stein ein solches Selbstverständnis der Frau unabhängig von einer klösterlichen Existenz als fruchtbar ansieht, reflektiert sie damit nicht nur ihren eigenen Lebensweg, sondern nimmt zugleich den Grundgedanken der später entstehenden Säkularinstitute vorweg. Die Position enthält zudem eine Spitze, die in der Überlegung eines Gnadenvorzugs der Frau gegenüber der priesterlichen Berufung des Mannes liegt, da die Frau als sponsa niemals von der Seite Christi weicht.

Anlässlich des 500. Geburtstags der Hl. Teresa von Ávila wird vermehrt nach deren Rezeption im Werk Steins gefragt. Herr Dr. CHRISTOF BETSCHART OCD (Rom, Italien) untersuchte dies in Bezug auf Steins Seelenverständnis. Die Konfrontation der phänomenologischen und thomistischen Konzeption mit den räumlichen Metaphern, mittels derer die spanische Kirchenlehrerin ihre mystischen Erfahrungen zum Ausdruck brachte, versuchte der Vortragende an Hand der Spannungspaare „zentral-peripher" und „tief-oberflächlich" einzufangen. Frau Prof. SARAH BORDEN-SHARKEY (Illinois / USA) fragt, ob beim Steinschen Seelenmodell eher von einem Vermögen oder von einem Schloss („Capacity or Castle?") zu sprechen sei. Die Philosophieprofessorin sieht die Herausforderung für Stein darin, die Teresiansiche Vorstellung von der Seelenburg mit aristotelisch-thomistischem Gedankengut zu einer philosophischen Einheit zu verbinden. Zur Klärung dieser Problematik darf auf eine das Seelenverständnis Steins vertiefende Forschung gehofft werden. Ein genuin theologisches Feld betrat Herr Dr. TONKE DENNEBAUM (Mainz) mit soteriologischen Erwägungen über „Gottes Heil und die »Grenzen der sichtbaren Kirche«". Auf Grund ihrer Weite lässt sich die Ekklesiologie Steins als „Antizipation von *Nostra Aetate*" und – ergänzend möchte ich hinzufügen – auch von der viel zitierten Konstitution *Lumen Gentium* lesen. Die genannten Dokumente des Zweiten Vatikanischen Konzils beinhalten eine Selbstreflexion der Katholischen Kirche, sowie ihre Verhältnisbestimmung zu den nichtchristlichen Religionen, wobei dem Judentum als dem Volk des Alten Bundes eine besondere Nähe und Verbundenheit zur Kirche bestätigt wird. Stein schenkt dem von Gott geschlossenen Bund, der auch im Glauben ihrer Familie zum Ausdruck kommt, eine Bedeutung, die groß genug ist, um das Volk Israel gleichsam in den Leib Christi, der die Kirche ist, hineinzunehmen. Damit ist sie ihrer Zeit um einige Erkenntnisse des Konzils voraus, das über 20 Jahre nach ihrem Tod tagte.

Ein weiteres Feld der Steinforschung stellt der Bildungssektor dar. Aus ihrem Werk zum *Aufbau der menschlichen Person* geht hervor, dass Stein ihre anthropologischen Überlegungen im Rahmen ihrer eigenen pädagogischen Tätigkeit entfaltete. Herr RENÉ RASCHKE trat dafür ein, Stein als eine Impulsgeberin für den aktuellen Bildungsdiskurs zu sehen, die dem heutigen Blick auf die menschliche Person Orientierung stiftet. Frau Dr. PAMELA FITZPATRICK (North Carolina, USA) beleuchtete Stein im Hinblick auf deren eigene Lehrpersönlichkeit im Beitrag „The female teacher".

Was bereits durch die Lektüre der philosophischen Anthropologie im der Konferenz vorausgehenden Seminar aufschien, konnte durch die vielfältigen Tagungsbeiträge vertieft und bestätigt werden: Edith Steins Überlegungen zum Menschen zeigen sich als eine stringent entfaltete Anthropologie, die reduktionistischen Entwürfen über den Menschen in den unterschiedlichen Professionsfeldern entgegentreten kann und muss.

Sie kann es, weil sie sich ihr ganzes Leben hindurch immer wieder anthropologischen Fragestellungen gewidmet hat und ihre Erkenntnisse auf Grund ihrer scharfen Beobachtungsgabe und ihrer phänomenologischen Methode von bleibendem Wert sind.

Sie muss es, weil Teil-Anthropologien gegenwärtig einen erheblichen Einfluss auf Politik, Bildung und Medizin und damit sowohl auf die Gesellschaft als auch auf das Leben Einzelner haben. Eine Rückbindung der jeweils spezifizierten anthropologischen Blickrichtung an eine den ganzen Menschen berücksichtigende Anthropologie muss dort meist vergeblich gesucht werden. Die Anthropologie Steins hingegen zeichnet sich dadurch aus, dass sie die Leiblichkeit des Menschen in ihren philosophischen Überlegungen betont, ohne der naturalistischen Verkürzung anheim zufallen. Zugleich nämlich ist die Leib-Seele-Einheit Mensch „Geistbegabt", ein Gedanke, den Frau Dr. BEATE BECKMANN-ZÖLLER in ihrem bereits erwähnten Vortrag mehrfach entfaltete.

Daher ergeht die Aufgabe an die Steinforschung Kriterien zur Beantwortung der Frage „Was ist der Mensch?" auf Basis der Stein´schen Konzeption für die anthropologische Forschung bereit zu stellen. Eine Aufnahme, Übersetzung und Weiterentwicklung der Anthropologie Edith Steins in unterschiedlichste Disziplinen hinein zu unternehmen, dafür plädierte Frau Prof. CLAUDIA MARIÉLE WULF (Tillburg, Niederlande) im Schlussbeitrag zu Forschungsstand und Forschungsauftrag am Sonntag Vormittag. Dass eine solche Interdisziplinarität nicht nur Aufgabe für die Zukunft ist, sondern bereits zahlreiche und vielfältige Früchte trägt, mag durch den hier gewährten Einblick in ein noch weitaus breiter aufgestelltes Vortragsprogramm ersichtlich geworden sein.

Hanna-Barbara Gerl-Falkovitz

Unerbittliches Licht.
Versuche zur Philosophie und Mystik Edith Steins

Verlag Text & Dialog Dresden 2015, ISBN: 978-3-943897-19-7
Kt., 21,0 x 14,8 cm, 280 S., 24,90 € (D ohne MWSt.)

Binnen weniger Jahrzehnte trat Edith Stein (1891 Breslau–1942 Auschwitz) aus dem Dunkel eines namenlosen Todes in eine große internationale Bekanntheit. Zu dieser außerordentlichen Aufmerksamkeit tragen zwei Momente bei: ihre thematisch weit ausgreifenden, gedankenreichen Arbeiten im Rahmen von Phänomenologie und Religionsphilosophie; nicht minder aber auch ihr ungewöhnliches Schicksal im Einklang mit staunenswerter menschlicher Größe. Vor allem die Lebenswende von der Philosophin zur Karmelitin im ominösen Jahr 1933 und ihre Ermordung in Auschwitz im Alter von 51 Jahren erregte die Aufmerksamkeit – als ein Opfer unter vielen in dem massenhaften Sterben, aber als ein Opfer in bewußter Stellvertretung.

Vieles, was anderswo auseinanderfällt, ist bei Edith Stein notgedrungen unter Zwang, aber auch unter dem eigenen hohen Anspruch zusammengehalten worden. In ihr treffen sich Wissenschaft und Religiosität, Intellekt und Hingabe, anspruchsvolles Denken und Demut, Judentum und Christentum.

Hanna-Barbara Gerl-Falkovitz, em. Lehrstuhlinhaberin für Religionsphilosophie an der TU Dresden, legt mit diesem Buch eine Summe langjähriger Forschungen vor.

Verlag Text & Dialog
verlag@text-dialog.de | www.text-dialog.de/shop
T: (+49)351-427 10 30 | F: (+49)351-219 969 56

Autorinnen und Autoren

F = Forschungsschwerpunkte
P = Publikationen (Auswahl)
K = Kontakt

Prof. Dr. **Martin Büscher**, geb. 1957, Studium der Wirtschaftswissenschaften, Philosophie und Ev. Theologie in Köln, Freiburg, Heidelberg und Harare/Zimbabwe, Diplom und Promotion in Freiburg, Post-Doc-Studien in Cambridge (Mass.) und Moskau, Habilitation in St. Gallen, Vizedirektor des Instituts für Wirtschaftsethik; Leiter der Industrie- und Sozialarbeit der Ev. Kirche von Westfalen; seit 2009 Professor für Wirtschaftswissenschaften/Wirtschafts- und Unternehmensethik an der Kirchlichen Hochschule Wuppertal/Bethel für die interdisziplinäre akademische Weiterbildung (MA, PhD) von Führungskräften aus Diakonie und Sozialwirtschaft. *F:* Integrative Wirtschaftsethik, normatives Management, Ordnungsethik. *P: Marktwirtschaft und kontextuelle Ökonomie* (2000), *Integrating the Ethical Perspective – Methods, Cases, Levels in Business and Management* (mit D. Garcia und H. De Geer, 2005), *Discovering, Reflecting and Balancing Values* (mit M. Quante, 2014). *K:* buescher@diakoniewissenschaft-idm.de

Dr. **Maja Dshemuchadse** ist Mitarbeiterin am Lehrstuhl für Allgemeine Psychologie der Technischen Universität Dresden und arbeitet als Systemische Therapeutin in freier Praxis. *F:* Prozessdynamik von Entscheidungsprozessen, Zusammenhang von Kognition und Emotion sowie soziale Interaktion. *P: Einfluss von Stimmungen auf kognitive Parameter: Ein dynamisch-konnektionistischer Forschungsansatz*, Saarbrücken: Südwestdeutscher Verlag für Hochschulschriften 2009. „Improtherapie" (mit Stefan Scherbaum), in A. Wienands (Hg.), *System und Körper: Der Körper als Ressource in der systemischen Praxis.* Göttingen: Vandenhoeck & Ruprecht 2013. S. 160–176. Kontakt: maja.dshemuchadse@tu-dresden.de

Prof. Dr. **Felix Ekardt**, geb. 1972, akademische Abschlüsse in Jura (zwei Staatsexamen), Religionswissenschaft, Soziologie und (Rechts-)Philosophie; Promotion und Habilitation im Bereich der transdisziplinären Nachhaltigkeitsforschung Halle 2000 und Rostock 2003, 2002 bis 2008 Professor an der Universität Bremen. Seit 2009 Gründer und Leiter der – außeruniversitären – Forschungsstelle Nachhaltigkeit und Klimapolitik in Leipzig/Berlin; ferner Professor für Öffentliches Recht und Rechtsphilosophie an der Universität Rostock, Mitglied des Wissenschaftscampus Phosphorforschung Rostock und Fellow am Forschungsinstitut für Philosophie Hannover, weiterhin ständiger Gastautor in einigen überregionalen Zeitungen. *F:* transdisziplinäre Nachhaltigkeitsforschung, Umweltrecht und Umweltpolitik, Transformationsforschung, Governance-Forschung, Gerechtigkeits- und Menschenrechtstheorie; *P: Theorie der Nachhaltigkeit* (3. Aufl. 2015); *Ökonomische Instrumente und Bewertungen von Biodiversität* (2015); *Jahrhundertaufgabe Energiewende* (2014); *K:* www.nachhaltigkeit-gerechtigkeit-klima.de, mail@sustainability-justice-climate.eu

Prof. Dr. **Hanna-Barbara Gerl-Falkovitz** geb. 1945, promovierte (1971) und habilitierte sich (1979) an der LMU München über italienische Renaissancephilosophie, über Cusanus verlagerte sich ihr Interesse auf Religionsphilosophie. 1975–1984 war sie Studienleiterin auf Burg Rothenfels am Main, ab 1979 Lehrbeauftragte an den Universitäten München, Tübingen, Eichstätt, Bayreuth. 1986–88 Oberassistentin am Lehrstuhl für Christliche Weltanschauung, Religions- und Kulturtheorie der LMU München, 1989 Professur für Philosophie an der PH Weingarten; 1993–2011 Lehrstuhl für Religionsphilosophie und Vergleichende Religionswissenschaft an der TU Dresden; seit 2011: Ausbau des Europäischen Instituts für Philosophie und Religion (EUPH-Rat) an der Philosophisch-Theologischen Hochschule Benedikt XVI. in Heiligenkreuz bei Wien.

ALEXANDRA GRÜTTNER-WILKE, M.A., studierte Germanistik/Literaturwissenschaft, Philosophie und Erziehungswissenschaft in Dresden. Nach dem Studium lehrte sie als Stipendiatin der Robert-Bosch-Stiftung in Swidnik/ Polen. Anschließend unterrichtete sie Deutsch und Ethik an einem Dresdner Gymnasium. Nach einer Elternzeitpause arbeitet sie als freie Publizistin (u. a. für die Zeitschrift *Leben & Tod*) und Autorin literarischer Texte. Sie war Finalistin beim MDR-Literaturwettbewerb 2014 mit dem Beitragstext „`89", erschienen im Band *Die Taubenjägerin*, Verlag Poetenladen 2014. P: *Autorenbild – Autorenbildung – Autorenausbildung*, Nordhausen: Traugott Bautz 2011. K: alexandragruettner-wilke@web.de

Dr. MARTIN HÄHNEL, Studium der Philosophie, Romanistik sowie Wirtschafts- und Sozialgeschichte an der Technischen Universität Dresden. 2009 M.A. in Philosophie. 2010–2012 Lehrbeauftragter am Institut für Philosophie ander TU Dresden, 2011–2014 Lehrbeauftragter für Philosophie an der KU Eichstätt-Ingolstadt. 2010–2013 Promotion ebendort. Seit 2014 wissenschaftlicher Mitarbeiteran der Professur für Bioethik und am Lehrstuhl für Philosophie an der KU Eichstätt-Ingolstadt. F: philosophische Ethik und Anthropologie, Religionsphilosophie, philosophische Ästhetik. P: *Das Ethos der Ethik. Zur Anthropologie der Tugend*, Wiesbaden 2015; *Leib und Leben. Perspektiven für eine neue Kultur der Körperlichkeit* (mit Marcus Knaup), Darmstadt 2013. K: Martin Hähnel, KU Eichstätt-Ingolstadt, Lehrstuhl für Philosophie, Ostenstraße 26, 85072 Eichstätt, Mail: m.haehnel@ku.de.

Dr. FRIEDRICH HAUSEN studierte Philosophie in Dresden und promovierte 2012 an der TU Dresden. Derzeit arbeitet er an dem Postdoc-Projekt „Religiöse Einstellung – existenzieller Anspruch und feierliches Spiel". Seit 2007 ist er neben der Philosophie in der Dresdner Musik- und Kunstszene organisatorisch, künstlerisch und als Autor tätig. Veröffentlichungen: „Wert und Sinn – Apriorische Hermeneutik des Tuns und Fühlens in der Spur Max Schelers" (Scheleriana Bd. 3, Nordhausen 2015).

Dr. ANNE KEMPER, geb. 1961, nach dem Abitur einjähriger Aufenthalt in Schottland (Sozialarbeit), Studium der Katholischen Theologie (Dipl.) und der Philosophie (M.A.) in Tübingen, Stipendiatin im Graduiertenkolleg am Zentrum für Ethik in den Wissenschaften in Tübingen, Promotion im Fach Philosophie zum Thema Naturästhetik und Umweltethik, Theaterarbeit, Übersetzungen, langjährige Tätigkeit in der IT- und Unternehmensberatung, Lehraufträge u. a. zu Anthropologie der Arbeit und Ethnic Marketing, seit 2009 Beraterin/GF (Cunctus Consult). F: Kultur-, Sozial- und Arbeitsphilosophie, Ästhetik, Unternehmensethik. P:*Unverfügbare Natur. Ästhetik, Anthropologie und Ethik des Umweltschutzes*, Frankfurt a. M. 2001. K: anne.kemper@cunctus-consult.com

BEATRIX KERSTEN, M.A., geb. 1972, studierte Slawistik, Skandinavistik und Osteuropäische Geschichte in Bonn, Jyväskylä (FIN) und Prag (CZ). Während einer Ausbildung zur Cutterin und längerer Aufenthalte in Paris und Amsterdam Fernstudium der Philosophie und Politikwissenschaft an der Fernuniversität Hagen. Seit 2011 an der TU Dresden im Doktorat zu Romano Guardini und Martin Heidegger. Arbeitet u. a. als Texterin und literarische Übersetzerin. Seit 2013 Vorsitzende der Arbeitsgemeinschaft Religionsphilosophie Dresden. e.V. F: Existenzphilosophie, jüdische Religionsphilosophie (Rosenzweig, Buber, Heschel), mittelalterliche Philosophie, politische Philosophie der Moderne, Philosophie und Literatur, Friedrich Nietzsche, Hannah Arendt. P: *Von der glücklichen Zeitlichkeit zum gebrochenen Versprechen. Ein philosophisches Panorama des Augenblicks von Goethe über Nietzsche bis Adorno* (Nordhausen 2012). K: vorstand@religionsphilosophie-dresden.de, b.kersten@sprachgitter.de

Dr. **Jens Kramer**, Studienleiter für Evangelischen Religionsunterricht im Amt für kirchliche Dienste der EKBO, Berlin; Theologiestudium an der Humboldt-Universität zu Berlin; Promotion an der Universität Rostock bei Prof. Dr. Thomas Klie. *P: Diakonie inszenieren. Performative Zugänge zum diakonischen Lernen*, Stuttgart 2015; *Lernen, was es heißt zu helfen. Beiträge zur diakonischen Bildung*, Berlin: Wichern-Verlag 2012 (Mitherausgeber); *Kirche in der DDR*. zeitspRUng Sonderheft, Berlin 2010 (Mitherausgeber); „Lebensgestaltung – Ethik – Religionskunde", in: WiReLex: http://www.bibelwissenschaft.de/stichwort/100095/ (Artikel).

Sandra-Maria Lernbecher, geboren 1986 in Kempten (Allgäu), 2006–2013 Studium der katholischen Theologie an der LMU München und im Studium Theologicum Salesianum in Jerusalem; seit 2013 Mitarbeiterin und Doktorandin am Lehrstuhl für Dogmatik und Ökumenische Theologie an der LMU München, sowie Aufnahme des Bachelorstudiums der Philosophie an der Hochschule für Philosophie in München. *K:* sandra.lernbecher@kaththeol.uni-muenchen.de

Carmen Losmann, geboren 1978 in Crailsheim, studierte von 2003 bis 2009 an der Kunsthochschule für Medien in Köln im Fachbereich Film/Fernsehen. Ihr Debütfilm „Work Hard Play Hard" (2011) beschäftigt sich mit den gegenwärtigen Umstrukturierungsprozessen in der Arbeitswelt und wurde mit zahlreichen Preisen ausgezeichnet, u. a. mit dem renommierten Grimme-Preis. 2012 erhielt sie das Gerd-Ruge-Projektstipendium für die Recherche eines Dokumentarfilmprojekts, das sich mit den tieferen Zusammenhängen unseres Geld- und Wirtschaftssystems auseinandersetzt. Derzeit arbeitet sie als freiberufliche Autorin und Regisseurin.

Dr. (des.) **Anna Maria Martini**, geboren 1973 in Dresden, studierte Erziehungswissenschaft, Philosophie und Germanistik an der TU Dresden und arbeitete 2004 bis 2011 in Forschung und Lehre am dortigen Lehrstuhl für Religionsphilosophie und vergleichende Religionswissenschaft. Sie promovierte im Oktober 2013 in Philosophie bei Frau Prof. H.-B. Gerl-Falkovitz zum Thema Zweigeschlechtlichkeit. *F:* Weltreligionen. *K:* annamariamartini@web.de

Idris Nassery, 1985 in Kabul geboren, studierte nach dem Abitur in Paderborn an der Universität Bielefeld Rechtswissenschaft. Parallel zum rechtswissenschaftlichen Studium absolvierte er ein Ergänzungsstudium in Wirtschaftswissenschaften. Daraufhin studierte er zusätzlich als Stipendiat an der University of Oxford und an der School of Oriental and African Studies (SOAS), University of London, islamisches Recht mit dem Abschluss Master in Islamic Law (LL.M.). Danach durchlief er im Rahmen des Sonderprogramms „Master in classical Islam" (M.A.) an der University of Johannesburg in Kooperation mit diversen Gelehrten und Institutionen (Dar uloom madāris) in einem Einzelprogramm alle Disziplinen der Scharia. Seit Oktober 2012 ist er Doktorand am Zentrum für Komparative Theologie an der Universität Paderborn und promoviert dort als Stipendiat der Mercator Stiftung mit einer Arbeit zum Thema „Grundlegung zur einer islamischen Wirtschaftsethik – Von Al-Ghazali über Kant zu Habermas".

Dr. **Johannes Preusker** studierte 2004–2010 Philosophie und Alte Geschichte an der Universität Dresden. Seine Magisterarbeit über den Renaissanceplatonismus verfasste er bei Prof. Dr. Hanna-Barbara Gerl-Falkovitz. Unter der Betreuung von Prof. Dr. Thomas Rentsch geschrieben und verteidigt, wurde Preuskers leibphilosophisch orientierte Dissertation 2014 veröffentlicht. Er ist aktives Mitglied der Arbeitsgemeinschaft Religionsphilosophie Dresden e.V. *F:* Philosophiegeschichte, Religionsphilosophie, philosophische Anthropologie und Leibphänomenologie. *P:* „Das Menschenbild in Marsilio Ficinos ‚Über die Liebe'", Nordhausen: Traugott Bautz 2011; „Die Gemeinsamkeit der Leiber. Eine sprachkritische Interexistenzialanalyse der Leibphänomenologie von Hermann Schmitz und Thomas Fuchs", Frankfurt am Main: Peter Lang 2014. *K*: johannes.preusker@googlemail.com

Jun.-Prof. Dr. **Stefan Scherbaum** hat seit 2014 die Juniorprofessur für Methoden der Psychologie mit Schwerpunkt komputationale kognitive Modellierung an der Technischen Universität Dresden inne. *F:* Empirische Untersuchungen und Modellierungen der Dynamik kognitiver Prozesse, insbesondere der kognitiven Kontrolle, der Handlungssteuerung und Entscheidungsfindung. *P:* „Improtherapie" (mit M. Dshemuchadse), in A. Wienands (Hg.), *System und Körper: Der Körper als Ressource in der systemischen Praxis.* Göttingen: Vandenhoeck & Ruprecht 2013. S. 160–176. *K:* stefan.scherbaum@tu-dresden.de

Julia Schimming, geb. 1986, studierte Philosophie mit dem Schwerpunkt Religionsphilosophie, Kunstgeschichte und ev. Theologie an der TU Dresden, schrieb ihre Magisterarbeit über René Girards religiöse Gewalttheorie im Vergleich zu Walter Burkerts anthropologischer Opfertheorie bei Prof. Dr. Hanna-Barbara Gerl-Falkovitz, absolvierte anschließend eine berufsbegleitende Ausbildung zur Religionslehrerin bei der ev. Landeskirche Berlin-Brandenburg-schlesische Oberlausitz und ist seitdem als Religionslehrerin in Cottbus tätig. *K:* JuliaSchimming@web.de.

Dr. **Sabine Schmidt**, geb. 1959, Studium der Ethnologie, Afrikanistik und Pol. Wissenschaft in Seattle, Freiburg, Hamburg und Köln (M.A.), Promotion in Ethnologie im Rahmen eines DFG-geförderten Forschungsschwerpunktes "Konfliktforschung"an der Universität Tübingen. 2-jährige Feldforschung in Industrie- und Handwerksbetrieben (Frankfurt a.M.) in Zusammenarbeit mit Prof. Alice Schlegel, University of Arizona (gefördert durch die NSF), langjährige Tätigkeit in einem IT Beratungsunternehmen, seit 2009 Beraterin/GF (Cunctus Consult). *F:* Arbeits- und Industrieethnologie, Konfliktforschung, Interkulturalität, Methodologie der Sozialwissenschaften *P: World system impact on local patterns of conflict and violence: case studies and cross-cultural comparison*, Köln 1993; zus. mit Silverberg, Susan B.; Vazsonyi, Alexander T.; Schlegel, Alice E.: *Adolescent Apprentices in Germany: Adult Attachment, Job Expectations, and Delinquency Attitudes.* 1998. *K:* sabine.schmidt@cunctus-consult.com

Prof. Dr. **Dirk Uffelmann**, geb. 1969, studierte Slavistik und Germanistik in Tübingen, Wien, Warschau und Konstanz. Promotion in Konstanz 1999, Habilitation in Bremen 2005. Er lehrte u. forschte an den Universitäten Bremen, Erfurt, Edinburgh, Bergen, der Western Michigan University und der University of Puget Sound (WA), in Cambridge und München und ist gegenwärtig Inhaber des Lehrstuhls für Slavische Literaturen und Kulturen an der Universität Passau. *F:* Russische, polnische, tschechische, slowakische, ukrainische und zentralasiatische Literatur-, Philosophie- und Religionsgeschichte, Interkulturalität, Migration, postkoloniale Theorie, Masculinity und Internet Studies. *P:* Autor der Monografien *Die russische Kulturosophie* (1999) und *Der erniedrigte Christus – Metaphern und Metonymien in der russischen und sowjetischen Kultur und Literatur* (2010) sowie Mitherausgeber von *Orte des Denkens. Neue Russische Philosophie* (1995), *Kultur als Übersetzung* (1999) und der Zeitschrift für Slavische Philologie. *K:* Universität Passau, Lehrstuhl für Slavische Literaturen und Kulturen, Innstr. 25, D-94032 Passau, uffelmann@uni-passau.de

Dr. (des.) **Albrecht Voigt**, studierte Musik/Musikwissenschaften und (Religions-)Philosophie und promovierte zu Friedrich Nietzsche und Romano Guardini. Er ist Referent der Katholischen Akademie des Bistums Dresden-Meißen. *F:* Religion in der Moderne: Friedrich Nietzsche, Romano Guardini; Verhältnis von Theologie und Philosophie bzw. von Glaube und Vernunft. *P:* „*„Thule oder Hellas – klassische oder nordische Bildung?' Wirklichkeitsstrukturen europäischer Bildungstopographie bei Romano Guardini"*, in: Hanna-Barbara Gerl-Falkovitz (Hg.), Die Bildung Europas. Eine Topographie des Möglichen im Horizont der Freiheit, Dresden 2012, S. 167–174; in italienischer Übersetzung: „*Thule o Hellas? Educazione Classica o Nordica? Strutture Della realta in Romano Guardini nella Topografica Europea Dell'Educazione*", Padova 2013, S. 77–85; *Dionysos gegen den Gekreuzigten. Guardinis Blick auf Nietzsche* (2016, in Vorbereitung), *Wirkliche Göttlichkeit oder göttliche Wirklichkeit? Die Herausforderungen der Gegensatzproblematik in Romano Guardinis latentem Gespräch mit Friedrich Nietzsche* (2016). *K:* albrechtvoigt@gmx.de

Dr. RUUD WELTEN lehrt Philosophie an der Tilburg University in den Niederlanden. Er wurde 2001 mit einer Untersuchung zum biblischen Bilderverbot im Lichte der französischen Phänomenologie promoviert. Seither publizierte er zahllose Artikel und Bücher zur Phänomenologie, schrieb aber auch über Musik und verfasste philosophische Betrachtungen vom und über das Reisen. 2011 erschien von ihm in einer Übersetzung von Sylvain Camilleri *Phénoménologie du Dieu invisible. Essais et études sur Emmanuel Levinas, Michel Henry et Jean-Luc Marion* in den Editions L'harmattan in Paris. *K:* R.B.J.M.Welten@uvt.nl

Dr. REGULA M. ZWAHLEN, geb. 1975, studierte Slavische Sprachen und Literaturen, Kulturphilosophie und Politikwissenschaften Ostmittel- und Osteuropas in Freiburg i. Ue. (Schweiz); Promotion zum Dr. phil. (2009) in Freiburg i. Ue.; Diplomassistentin im Bereich Kulturphilosophie und Ästhetik an der Universität Freiburg Schweiz (2006–2011); seit 2010 Redakteurin der Zeitschrift *Religion & Gesellschaft* in Ost und West (RGOW) am Institut G2W in Zürich; seit 2011 Leiterin der „Forschungsstelle Sergij Bulgakov" am Ökumenischen Institut der Universität Freiburg Schweiz. *F:* Sergij Bulgakov-Forschung, Russische Philosophie, Philosophie der Menschenrechte, Philosophische Anthropologie, Religionsphilosophie; *P: Das revolutionäre Ebenbild Gottes. Anthropologien der Menschenwürde bei Nikolaj A. Berdjaev und Sergej N. Bulgakov* (2010); Mit-Hg. der deutschen S. Bulgakov Edition (2014); *K:* regula.zwahlen@unifr.ch; http://fns.unifr.ch/sergij-bulgakov

---

JOURNAL FÜR RELIGIONSPHILOSOPHIE

Nr. 1 (2012) „Was ist Religionsphilosophie?"
ISBN: 978-3-943897-04-3

Nr. 2 (2013) „Gabe – Alterität – Anerkennung"
ISBN: 978-3-943897-05-0

Nr. 3 (2014) „Ambivalenzen des Heiligen"
ISBN: 978-3-943897-11-1

Das Journal für Religionsphilosophie wird von der Arbeitsgemeinschaft Religionsphilosophie Dresden e.V. herausgegeben.
Es erscheint 1x jährlich (Oktober). ISSN: 2194-2420 (Printversion);
Preise: 20 € (Normalpreis ohne MWSt.),
14 € (Abonnement ohne MWSt.)

Verlag Text & Dialog
verlag@text-dialog.de | www.text-dialog.de/shop
T: (+49)351-427 10 30 | F: (+49)351-219 969 56